Die Arbeit hat das Gebäude verlassen

Die Autorin:

Jitske Kramer ist Kulturanthropologin, Unternehmerin und Autorin. Sie erforscht Wege zum Aufbau von Corporate Tribes und zur Stärkung gegenseitiger Beziehungen. Sie trägt ihr Wissen in Büchern und Vorträgen in die Welt der Organisation, Zusammenarbeit und Führung, um die Effektivität und die Ergebnisse von Einzelpersonen und Gruppen zu verbessern.

Im Jahr 2012 etablierte sie die Methode *Deep Democracy* in den Niederlanden und führt dazu gemeinsam mit ihrem Team von *Human Dimensions* zahlreiche Trainings durch. Sie ist Autorin von *Normaal is anders!*, *Deep Democracy – De wijsheid van de minderheid*, *Wow! Wat een verschil*, *Jam Cultures – Over inclusie: meedoen, meepraten, meebeslissen*, *Voodoo – Op reis naar jezelf via eeuwenoude rituelen* und Ko-Autorin von *De Corporate Tribe* (Managementbuch des Jahres 2016) und *Building Tribes*.

Der Übersetzer:

Rolf Dräther lebt und arbeitet in Hamburg freiberuflich als Berater, Coach, Buchautor und Übersetzer. Dabei ist für ihn Freude bei der Arbeit ein zentraler Erfolgsfaktor und besonderes Anliegen.

Jitske Kramer

Die Arbeit hat das Gebäude verlassen

Wie sich unsere Zusammenarbeit nach dem Corona-Kulturschock ändert

Aus dem Niederländischen von Rolf Dräther

 dpunkt.verlag

Jitske Kramer
www.jitskekramer.com

Lektorat: Christa Preisendanz
Lektoratsassistenz: Anja Weimer
Übersetzung: Rolf Dräther, *beratung@rolfdraether.de*
Copy-Editing: Ursula Zimpfer, Herrenberg
Satz: Veronika Schnabel
Herstellung: Stefanie Weidner, Frank Heidt
Umschlaggestaltung: Helmut Kraus, *www.exclam.de*
Druck und Bindung: mediaprint solutions GmbH, 33100 Paderborn

Bibliografische Information der Deutschen Nationalbibliothek
Die Deutsche Nationalbibliothek verzeichnet diese Publikation in der Deutschen National-
bibliografie; detaillierte bibliografische Daten sind im Internet über *http://dnb.d-nb.de* abrufbar.

ISBN:
Print   978-3-86490-863-7
PDF   978-3-96910-575-7
ePub   978-3-96910-576-4
mobi   978-3-96910-577-1

1. Auflage 2021
Translation Copyright für die deutschsprachige Ausgabe 2021
dpunkt.verlag GmbH
Wieblinger Weg 17, 69123 Heidelberg

Copyright © 2020 Boom uitgevers, Amsterdam, the Netherlands – Jitske Kramer
ISBN   978 90 244 3971 3
E-ISBN 978 90 244 3972 0
This translation was made possible in part thanks to the Santasado Agency.

Hinweis:
Dieses Buch wurde auf PEFC-zertifiziertem Papier aus
nachhaltiger Waldwirtschaft gedruckt. Der Umwelt zuliebe
verzichten wir zusätzlich auf die Einschweißfolie.

Schreiben Sie uns:
Falls Sie Anregungen, Wünsche und Kommentare haben, lassen Sie es uns wissen:
hallo@dpunkt.de.

5 4 3 2 1 0

Inhalt

Stimmen zum Buch

Mit viel Bewunderung habe ich dieses neue Buch von Jitske gelesen. Eine hervorragende Kombination aus anthropologischer Deutung und praktischen Tipps. Persönlich, wertschätzend, hoffnungsvoll.

Arend Ardon,
The Change Studio

Ich dachte immer: Große Veränderungen bedeuten Unsicherheit und Stress. Durch dieses Buch weiß ich, dass große Veränderungen auch Chancen bedeuten, einen neuen Blick, Mut und sogar Poesie.

Dolf Jansen, Kabarettist, Kolumnist,
Liedermacher, Präsentator und Marathonläufer

Jitske Kramer besetzt in der Welt der Managementvordenker eine interessante Nische. Als Anthropologin hat sie mit ihren Büchern, Kolumnen und Vorträgen den Blick aus einer anthropologischen Perspektive populär gemacht. Wenn Sie »Die Arbeit hat das Gebäude verlassen« lesen, entdecken Sie ganz sicher auch einen Magier in sich!

Niels Willems auf bol.com

Jitske Kramer formuliert aus einer anthropologischen Perspektive Antworten auf die Frage, wie wir in der neuen Wirklichkeit agieren können. Immer wieder lässt sie ihre eigenen Sorgen und Erfahrungen einfließen, was das Buch nicht nur lehrreich, sondern auch sehr persönlich macht.

Rudy Kor auf Managementboek.nl

Toll, dass es gelungen ist, zu diesem aktuellen Thema so viele relevante Informationen zusammenzutragen. Viele Menschen werden sich in den diversen Beispielen und Praxistipps wiedererkennen. Jitske Kramer schreibt in flüssigem Stil und auf eingängige Weise und jeder, der sie als Sprecherin kennt, ist sicher schon gespannt darauf, wie sie ihre hoffnungsvolle Geschichte in Bild und Ton auf die Bühne bringen wird. Hoffentlich ist ihr das bald wieder vor wirklich vollen Sälen möglich.

Vincent Mirck auf Frankwatching.com

Unter Druck entstehen die tollsten Dinge. Jitske wollte ein Buch in zehn Tagen schreiben und setzte sich so selbst eine straffe Deadline. Es ist eine Perle geworden, mit einer überraschend verbindenden Seite. Sie schrieb das Buch jedoch nicht allein. Sie hat ihren LinkedIn-Tribe um Input gebeten und verarbeitete den auf eine Weise, dass man als Leser eine Art Dialog erlebt – so, als ob andere auf das antworten, was sie schreibt. Was dieses Buch für mich zur ultimativen Empfehlung macht, ist die Botschaft von Hoffnung, der Fokus darauf, wie man diese Krise als Katalysator für bleibende Veränderung sehen kann. Ich schaue jetzt auf jeden Fall ein kleines bisschen positiver in die Zukunft.

Vicky Monsieurs auf VOV lerend netwerk

Jitske Kramer erläutert aus anthropologischer Perspektive, wie die Corona-Krise unser Arbeitsleben verändert und welche Folgen das für unsere Arbeitskultur hat. Wie sorgt man dafür, dass das Arbeiten von zu Hause aus ein Erfolg wird? Und wie gestaltet man als Führungskraft eine Organisation für diese neue hybride Arbeitskultur?

Charelle Kooy auf Zakelijketrainer.nl

Leere Flächen, muss jetzt sein
Umarm dich durch den Bildschirmrand
Schau nach außen und nach innen
Fühl wie alles plötzlich schwand

Was wir hatten, ist nicht mehr
Unbekannt ist, was wird sein
Was nun ist, das ist chaotisch
Unsicher, stell mich drauf ein

Die Arbeit hat das Gebäude verlassen

Will dich packen, will dich fassen
Will statt ferne nah dir sein
Will, dass du mich siehst dort draußen
In Besprechungen – online

Fühl die Spannkraft uns bewegen
Fühl dein Weinen und dein Glück
Fühl die Tatkraft in den Plänen
Treiben uns ein täglich Stück

#wekunnendit
Jitske Kramer
Oktober 2020

1

Ach, was kann in ein paar Monaten schon passieren?

Unser Arbeitsalltag ist seit Monaten völlig über den Haufen geworfen. Besprechungen werden abgesagt oder auf später verschoben und online abgehalten. Manche dürfen noch immer nicht wieder ins Büro, andere müssen Wege finden, innerhalb all der Corona-Maßnahmen sicher weiterarbeiten zu können. Wann und wo wir arbeiten, war bis März 2020 völlig klar und selbstverständlich, doch das ist inzwischen anders. Es ist eine Veränderung, die Teil eines weltweiten Kulturschocks ist und großen Einfluss auf jede Unternehmenskultur hat. Ich erlebe sie als eine chaotische Zeit, die mich fortwährend fordert, andere Routinen und Fähigkeiten zu entwickeln – mit vielen kurzfristigen Änderungen und Zweifeln daran, was all das langfristig bedeutet.

Wenn mir jemand vor einem Jahr gesagt hätte, dass ich im Oktober 2020 mit Maske einkaufen gehe, Hotels und Restaurants für vier Wochen geschlossen sind, ich fast alle meine Vorträge online halte (oder in großen Sälen vor einer Handvoll Menschen und mit komplizierter Wegführung), dass Händeschütteln (von Begrüßungsküssen ganz zu schweigen) zu einer verpönten Geste geworden ist, unser öffentliches Gesundheitswesen wegen eines Virus unter Druck steht, Schulen geschlossen wurden und weltweit Millionen Menschen sich in einem Lockdown befinden … ich hätte ihn nur ungläubig angesehen.

Fragen zur Zusammenarbeit

Ob es uns gefällt oder nicht, wir müssen uns damit abfinden. Wir alle sind, unabhängig davon, was einzelne Personen über das Virus, die Maßnahmen und die Politik denken, mit Fragen wie den folgenden konfrontiert: Wie funktioniert Führung remote? Wie arbeitet man gemeinsam an einem Projekt, ohne sich treffen zu können? Wie bewahrt man den Stolz auf das Unternehmen und die Verbindung mit seinem Team, wenn man sich für längere Zeit nicht real sehen kann. Wie sorgt man dafür, dass niemand vereinsamt oder gerade jetzt unter der Arbeitslast zusammenbricht? Wie arbeitet man neue Mitarbeitende ein? Wie nimmt man Abschied? Wie klärt man unbequeme Dinge und sorgt trotz Abstand für gute Stimmung? Wie lassen sich die Chancen nutzen, um veraltete Arbeits- und Lebensweisen zu verbessern? Was kann man heute tun, um langfristig besser dazustehen? Wie kann man gerade jetzt innovativ sein? Welche neuen Rituale braucht es jetzt? Wie passt man seine Unternehmenskultur an diesen neuen Kontext an?

All das sind Fragen, die mich als Unternehmerin, als Sprecherin bei verschiedensten Organisationen, als Mensch und als kulturelle Anthropologin beschäftigen. Ich weiß genauso wenig wie Sie, wie es in einem Jahr aussehen wird. Und angesichts der Erfahrungen des vergangenen Jahres kann sich die Welt wirklich in alle Richtungen entwickeln. Eins weiß ich jedoch sicher: Durch die Art, wie wir weltweit mit COVID-19 umgehen, sind unsere Routinen zerbrochen. Manche müssen sich ungeheuer schnell bewegen, um überall mithalten zu können. Andere fühlen, wie ihr Leben zum Stillstand gekommen ist. Etliche Aktivitäten sind ausgesetzt. Und jeder Mensch hat zu all dem seine eigene Meinung und reagiert anders auf diese jähen Veränderungen.

In der Woche, in der ich das schreibe, titelt das *Financieele Dagblad* »Einsamkeit schnürt den im Homeoffice Arbeitenden die Kehle zu« und berichtet, dass im Frühjahr in vielen Unternehmen eine gewisse Euphorie entstand, weil es funktioniert, dass innerhalb weniger Tage Hunderte von Mitarbeitende von zu Hause arbeiten konnten. Ein halbes Jahr später hat sich die Stimmung verändert. Alle klammerten sich an die Idee, dass sie nach dem 1. September wieder ins Büro zurückkehren können, doch nun stellt sich die Frage, wie lange das alles noch dauern wird. Manche Organisationen reden von Juni 2021, aber auch Januar 2022 habe ich schon gehört. Die anfängliche Halleluja-Stimmung ist weg. Wie werden wir gemeinsam miteinander die kommenden Monate, oder Jahre, gut durchstehen? Und wie gestalten wir Dinge, die wir wirklich gut finden, nachhaltig? Laut *Financieele Dagblad* sind zwei Drittel der von ihnen befragten CEOs der Meinung, dass die Unternehmenskultur Schaden nimmt. Ich hoffe, dass dieses Buch helfen wird, die schwersten Schläge aufzufangen, da der Verlust an sozialen Kontakten auf breiter Linie zunimmt.

Fremde im eigenen Land

Durch Corona fühle ich mich manchmal wie eine Fremde im eigenen Land. Nur wenn man voller Hingabe in eine vollkommen unbekannte Welt eintaucht, kann man neue Einsichten gewinnen. Das ist es, was ich mache, wenn ich im Rahmen meiner Arbeit auf Reisen bin, um andere Kulturen kennenzulernen. Und genau das mache ich nun im eigenen Land, wo alte Regeln nicht mehr verlässlich gelten. Meine anthropologische Sichtweise hilft mir dabei enorm. Sie ist meine Perspektive auf die Welt und die Brille, durch die ich dieses Buch geschrieben habe.

Mit anthropologischem Blick

Dinge anthropologisch zu betrachten, heißt, seine eigene Meinung zurück-zustellen. Also statt zu glauben, man hätte alles verstanden, sich Zeit zu nehmen und sich auf das Unbekannte einzulassen. Auf diese Weise versuche ich zu ergründen, was die Ereignisse in der Welt in mir auslösen. Anthropo-logisch zu beobachten bedeutet, das Fremde zu erleben, ohne dass die eigene Meinung dabei ständig dazwischenfunkt. Das ist nicht immer einfach. Sicher nicht, wenn man vom Lauf der Dinge überrascht wird, und auf keinen Fall, wenn dies gegen die eigenen Wertvorstellungen verstößt. Dann hat man plötzlich Gedanken wie: gut oder nicht gut, schön oder hässlich, richtig oder falsch. Natürlich kann man so urteilen, doch für eine anthropologische Sichtweise sollte man in der Lage sein, dieses Urteil zurückzustellen, da man sich sonst niemals in die aktuelle Situation hineinversetzen kann.

Wenn es Ihnen gelingt, die eigenen Interpretationen von den Beobachtungen zu trennen, eröffnet sich Ihnen die Möglichkeit, außerhalb des eigenen Kon-texts zu beobachten und zu fühlen. Statt »Was für ein Quatsch, dass das so sein muss« zu denken, könnten Sie sich fragen: »Woher kommt es, dass mich das berührt? Was ist daran für mich so wichtig?« Vorurteilsfrei beob-achten bedeutet, der Geschichte der Kollegin, der Begriffswelt der Teenager auf dem Sofa, den Argumenten der Geschäftsführung … wirklich zuzuhö-ren. Nicht eingefärbt durch die eigene Meinung oder Emotion, nicht aus Verblüffung über den anderen, sondern mit dem festen Wunsch, sich in den anderen hineinversetzen und ihn verstehen zu wollen – bereit und willens zu sein, sich berühren zu lassen und die eigene Meinung anzupassen. Und selbst dann bleibt es fraglich, ob Sie den anderen wirklich kennenlernen. Eine anthropologische Sichtweise öffnet eine Welt von Möglichkeiten, die wir in diesen unbeständigen Zeiten dringend brauchen. Wenn wir aus dieser Perspektive auf altes Verhalten und überkommene Gewohnheiten schauen, können wir uns neu entscheiden.

Die Arbeit hat das Gebäude verlassen

Dieses Buch handelt nicht davon, was ich von den Maßnahmen halte, welche Auswirkungen COVID-19 auf unsere Gesellschaft haben wird oder welche Risiken alle möglichen Verschwörungstheorien oder politischen Bewegungen in sich bergen. Der Fokus ist kleiner, konkreter und praktischer – es geht um die Arbeit. Ich denke, dass wir nach allen Erfahrungen, die wir jetzt sammeln, nicht wieder zu einer Normalität zurückkehren werden, in der wir die ganze Woche zwischen neun und fünf gemeinsam in einem Gebäude sitzen müssen. Ich will damit sagen:»Die Arbeit hat das Gebäude verlassen, *work has left the building.*« Das wiederum hat große Auswirkungen auf unsere Arbeitskulturen und unsere Art zu kommunizieren, zu führen und zusammenzuarbeiten. Viele Menschen sind gerade durcheinander. Clevere Unternehmen investieren jetzt in eine Wende zur Professionalisierung der Remote-Arbeit, um für Mitarbeitende und Kund:innen reizvoll und interessant zu sein und zu bleiben. In den kommenden Kapiteln gebe ich viele Tipps und teile Überlegungen, wie man diese Wende einleiten kann.

Zudem eröffnet uns die aktuelle Situation enorme Chancen, die Themen, mit denen wir in der alten Normalität wirklich nicht zufrieden waren, tiefgreifend und nachhaltig zu verändern. In diesem Buch finden sich weniger Lösungsstrategien, sondern vielmehr Ideen, wie wir diese besondere Zeit für verschiedenste lebenswichtige Transformationen, mit denen wir uns schon seit Jahren herumschlagen, nutzen können. Im Kleinen (z.B. bessere Work-Life-Balance, mehr Ruhe und Aufmerksamkeit für uns und einander, weniger Staus) wie im Großen (z.B. Bürokratie im Gesundheitswesen, Klimaveränderungen, Flüchtlingsströme, Staus, CO_2-Emissionen, Mangel an Lehrkräften, Tierschutz).

Dieses Buch ist eine Zusammenfassung meiner Überlegungen, Erfahrungen und Ideen zu den aktuellen Themen. Das betrifft sowohl das plötzliche Remote-Arbeiten als auch den Umgang mit vielen unerwarteten einschneidenden Veränderungen. Es enthält neben neuen Texten auch überarbeitete Versionen bereits veröffentlichter Artikel. Die Idee, innerhalb von zehn Tagen ein Buch zu schreiben, ist im Rahmen der selbst auferlegten Challenge entstanden, im Oktober 2020, während des zweiten Teil-Lockdowns. Und mein Herausgeber, Lektor, Setzer und die Druckerei haben sich der Herausforderung angeschlossen, um das Buch in Rekordzeit in die Buchläden zu bringen. Normalerweise dauert es von der Idee bis zum Buch rund ein Jahr. Uns ist es in sechs Wochen gelungen. Weshalb diese Challenge? Weil ich gemerkt habe, wie viele Menschen sich mit ähnlichen Fragen beschäftigen wie ich, und ich diese Suche gern kurzfristig unterstützen will. Und auch, um mir selbst ein herausforderndes Ziel zu setzen in dieser gefühlt endlosen Zeitspanne, in der ständig alles Mögliche aus meinem Kalender verschwindet, ich mich unaufhörlich in neue technische Möglichkeiten für Vorträge einarbeiten muss, verspürte ich das Bedürfnis nach Ruhe, Fokus, Inhalt, Motivation und einer ordentlichen Dosis positiven Adrenalins.

Co-Creation

Die enorme Fülle an Reaktionen auf meine LinkedIn-Posts zu den Fragen in diesem Buch war überwältigend. Ich möchte an dieser Stelle von ganzem Herzen allen für die berührenden Zuschriften und Beiträge im Laufe des Schreibprozesses danken. Viele Beispiele habe ich in Kästen mit dem Titel »Erfahrung aus dem Feld« aufgenommen. Es ist wirklich schön, wie wir in diesen seltsamen Zeiten von- und miteinander lernen können. Gemeinsam ist es besser als allein, auch mit Abstand, und auf jeden Fall jetzt, wo wir so viel durchmachen.

*Was für eine schöne Art, ein Buch zu schreiben! Mein Herzenswunsch ist, dass wir gemeinsam wagen, uns zu verändern, und dass wir uns dabei gegenseitig unterstützen. – **Erfahrung aus dem Feld***

Was vor Ihnen liegt, ist weder eine Blaupause noch ein Stufenplan. Auch keine vollständige Analyse aller Variablen, keine Interpretation von Zahlen. Es gibt sicher noch viel mehr zu durchdenken, zu analysieren und zu erzählen, als ich jetzt in diesen neun Kapiteln leisten kann. Mein Fokus liegt vor allem auf den Menschen mit einem hohen Homeoffice-Anteil und somit weniger auf Berufsgruppen wie Busfahrer:innen, Polizist:innen, Lehrende, Vollzugsbeamt:innen, Arbeitende in der Produktion und Pflegekräften. Wobei ich mir vorstellen kann, dass auch diese sich von den unterschiedlichen Kapiteln inspirieren lassen können.

Effekte von COVID-19 auf unser Leben

Wenn man sich die folgenden Aufzählungen anschaut, die die Reaktionen zusammenfassen, die ich in den vergangenen Wochen in den sozialen Medien gelesen habe (Achtung, das ist keine offizielle, groß angelegte, wissenschaftlich fundierte Studie und ganz sicher nicht vollständig), kann man sich fragen, ob wir wirklich erst eine derart disruptive Situation brauchten, um uns von Verpflichtungen zu befreien und uns mehr Ruhe zu gönnen. Ich hoffe von Herzen, dass wir mehr Vorteile aus dieser seltsamen Zeit ziehen können.

Positive Effekte, die Menschen in den sozialen Medien nennen	Negative Effekte, die Menschen in den sozialen Medien nennen
■ Haus gemütlicher hergerichtet, Familienbande enger, mehr Kontakt zur Nachbarschaft	■ Geringeres Einkommen
	■ Weniger Kontakte außerhalb der Familie
■ Kürzertreten, später zu Bett, besserer Schlafrhythmus	■ Kranke Kinder und Eltern
	■ Schlechte schulische Leistungen
■ Kein »zwei oder drei Begrüßungsküsschen-Elend« mehr	■ Einsamkeit, Langeweile, Ziellosigkeit
■ Akzeptanz von Gebärdensprache	■ Stress durch all die Maßnahmen, die sich immer wieder ändern, Angst vor dem Virus
■ Weniger sozialer Druck, eine Reihe von Verpflichtungen entfallen, wirklich freie Wochenenden ohne irgendwelche Pläne	■ Trubel zu Hause durch all die Mitbewohnenden und werkelnde Nachbarschaft
	■ Aufgeschobene Operationen
■ Effektivere Meetings und Wegträumen hinter dem Laptop, ohne dass es jemand mitbekommt	■ Aggression, kollektive Ermüdung und Burnout

$\rightarrow$

Positive Effekte, die Menschen in den sozialen Medien nennen	Negative Effekte, die Menschen in den sozialen Medien nennen
▣ Viel wandern, die eigene Gegend und Region entdecken, neue Hobbys wie Gitarrespielen, Zeichnen, Fotografie, Kochen, Haustiere und Zimmerpflanzen ▣ Zeit, um das Hier und Jetzt zu fühlen und wieder wertzuschätzen, weniger Geld ausgeben ▣ Sauberere Luft, weniger Staus, geringerer Kraftstoffverbrauch ▣ Weniger Einbrüche ▣ Menschen mit Handicaps und chronischen Krankheiten fühlen sich gleichwertiger, da nun mehr Menschen häufiger zu Hause sind und von zu Hause arbeiten ▣ Kein Geldstück mehr für den Einkaufswagen (kleines Glück) ▣ Mehr Flexibilität bei der Einteilung des eigenen Tages ▣ …	▣ Nicht mehr reisen, Gefühl von Eingeschlossensein ▣ Wenig bis keine Kneipe, Festivals, Theater, Chor, religiöse Zusammenkünfte ▣ Für Singles schwieriger, jemanden zu daten ▣ Hohe Arbeitslast, mit geringer Personalausstattung und dennoch Ziele remote erreichen zu müssen ▣ Viele »Corona-Kilos« schwerer ▣ Verlorenes Vertrauen in die Politik und Zweifel an der Wissenschaft ▣ Unsichere und aussichtslose Zukunft ▣ Zunehmende Armut, immer mehr Menschen kommen zu den Tafeln ▣ Schlechte Ausbildung für eine ganze Generation junger Menschen ▣ Bei Krankheit und Tod nicht an der Seite seiner Lieben sein können ▣ Zunahme häuslicher Gewalt und Kinder, die in der schlechten Beziehung der Eltern gefangen sind ▣ Viele Bereiche, die auf der Kippe stehen, viel drohende Arbeitslosigkeit ▣ Große strategische Vorhaben und kreative Projekte bleiben liegen, weil sie online nicht gelingen ▣ Führungskräfte mit Mangel an menschlichen Qualitäten scheitern und sorgen für viel Verärgerung in Teams ▣ Immer mehr Polarisierung, Entstehung neuer »wir/die«-Unterscheidungen, z.B. die, die im Umgang mit digitalen Medien erfahren sind und über die Mittel verfügen, online zu leben, und die, die all das nicht haben ▣ …

Tab. 1–1   Reaktionen, die ich in den vergangenen Wochen in den sozialen Medien gelesen habe – Oktober 2020 (also keine offizielle, groß angelegte, wissenschaftlich fundierte Studie).

Auf Reisen

Ich finde es schön und tröstlich zu begreifen, dass für mich als Mensch eine derartige Pandemie zwar neu ist, für uns als Menschheit jedoch nicht. Wir haben schon früher Katastrophen, Kriege und Pandemien überlebt und uns an völlig neue Situationen angepasst. Ich sehe uns auf einer Reise voller Unsicherheiten, unverhoffter Augenblicke, Frustration, Kummer und Freude. Eine Reise, die wir uns nicht gewünscht haben, mit einer Reisegesellschaft, die wir uns nicht selbst ausgesucht haben. Eine Reise, die uns – wie auch immer – verändert, die in die Geschichtsbücher eingehen wird und von der wir der nächsten Generation erzählen werden.

Die COVID-Maßnahmen sind zeitlich begrenzt, doch wie wir heute damit umgehen, wird auf uns als Individuum und auf die Gesellschaft als Ganzes bleibende Auswirkungen haben. Meine Reiseempfehlung: Begrüßen und akzeptieren Sie, dass es nun einmal so ist, wie es ist. Beobachten Sie mit anthropologischem Blick. Und finden Sie heraus, wie Sie einander gegenseitig unterstützen, inspirieren und herausfordern können – von fern und nah. Diese Zeiten verlangen von allen ein hohes Maß an Flexibilität, Kreativität, Durchhaltevermögen, Loyalität und Empathie. Wir können das.

Safe travels,
Jitske Kramer
Utrecht, 26. Oktober 2020

Füreinander da

Niederlande, Niederlander
Achtet etwas aufeinander

Haltet Abstand, ja
Auch füreinander da

Ein wenig umschauen
Ein wenig ausschauen

Ein wenig nach einander umschauen
Ein wenig nach einander ausschauen

Haltet Abstand
Und dadurch, ja
Füreinander da

Merel Morre
(https://www.merelmorre.nl/)

2

Corona-Kulturschock:
Phasen der Unsicherheit

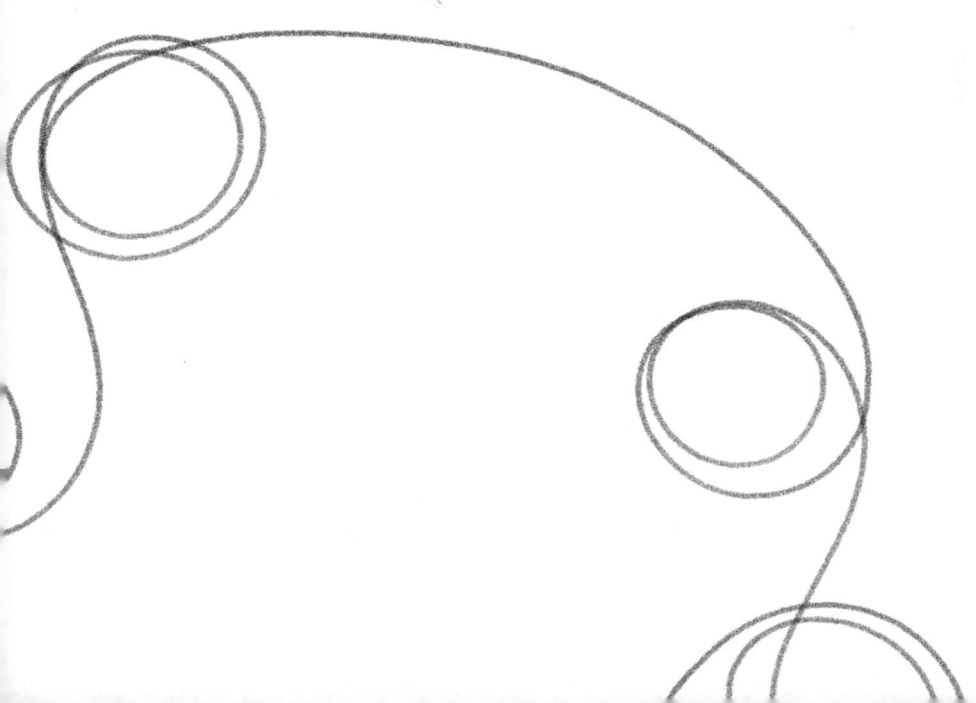

Corona hat uns in einen kollektiven weltweiten Kulturschock versetzt. Ohne einen Schritt vor die Tür zu setzen, sind unsere menschlichen Gewohnheiten und Routinen durcheinandergeraten, und so suchen wir in Scharen nach der neuen Normalität. Wir befinden uns in einem Interim, in einer Zwischenzeit, in der weltweit alte kulturelle Regeln ihre Gültigkeit verloren haben und wir nach neuen suchen müssen. Eine einzigartige und unsichere Situation. Mit dem Wissen um das Phänomen Kulturschock können wir unsere Zukunft einigermaßen vorhersagen, denn jeder Kulturschock folgt einem ähnlichen Verlauf.

Kulturschock

Ein Kulturschock entsteht durch den Stress, den wir erleben, wenn gewohnte Wege der Kontaktaufnahme wegfallen. Die Unsicherheit und das aussichtslose Gefühl kosten uns viel Energie und es bleibt uns weniger Kraft, etwas aus der Situation zu machen. Eben noch ist man völlig mutlos, doch schon im nächsten Moment verspürt man unbändige Energie. Man hat das Gefühl, von launischen emotionalen Wogen überspült zu werden, doch im Grunde sind es nur vier vorhersagbare Phasen.

Emotionale Wellen der Anpassung

Menschen nicht mehr berühren zu dürfen, Kontakt nur noch über den Bildschirm, sich mit anderthalb Meter Abstand durch den Supermarkt zu schlängeln, den ganzen Tag die Kinder zu Hause … an manchen Tagen erträgt man es leichter als an anderen. Es ist beruhigend zu wissen, dass dieses Gefühl normal ist. Sobald kulturelle Bräuche durchbrochen werden, ist man gezwungen, über Dinge nachzudenken, die vorher selbstverständlich waren. Was vorigen Monat noch richtig war, ist nun auf einmal verkehrt. Wem kann man glauben? Woher kommen Orientierung und Sicherheit? Der Corona-Kulturschock versetzt uns in einen faszinierenden emotionalen Mix aus Zweifel, Angst und Einsamkeit, aber auch aus Genießen, zur Ruhe kommen, ums Leben kämpfen und aus kreativer Energie.

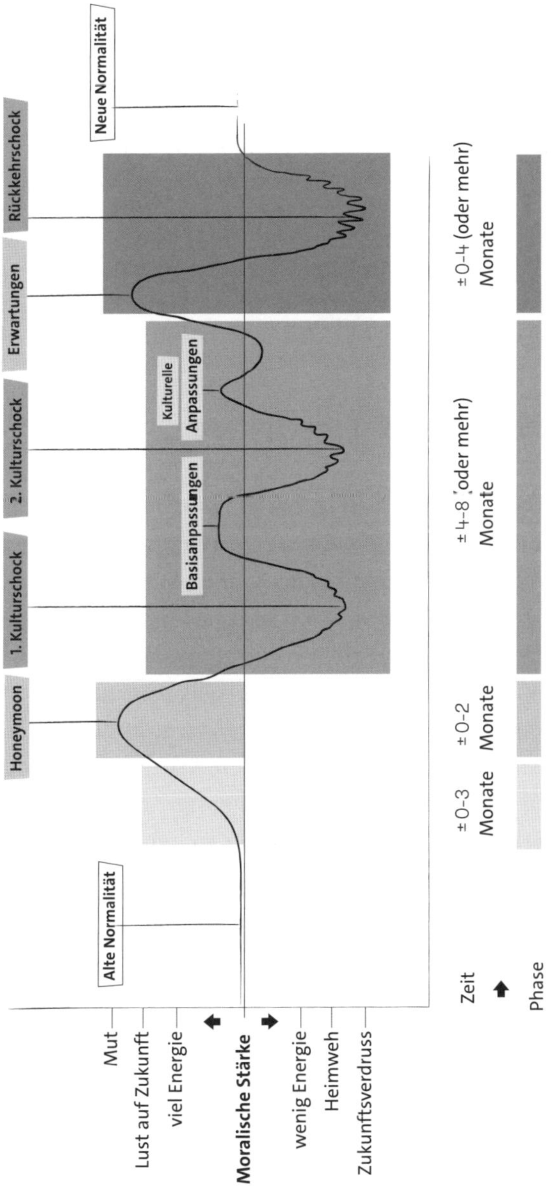

Abb. 2–1   Die Phasen des Corona-Kulturschocks, frei nach den Arbeiten von Kalervo Oberg

In diesem Film erkläre ich in zwei Minuten die Phasen des Corona-Kulturschocks anhand dieser Grafik (grafische Umsetzung: Olivier Boeke).

Anm. d. Übers.: Leider zurzeit nur auf Holländisch verfügbar, es kann jedoch ein automatisch erzeugter deutscher Untertitel ausgewählt werden.

Anhand des Kulturschock-Modells sind unsere emotionalen Reaktionen auf das Unbekannte logisch und sogar vorhersagbar. Jeder durchläuft diese Phasen, wenn auch in seinem eigenen Tempo und mit unterschiedlicher Intensität. Das ist der Grund, weshalb wir zu Hause oder in Talkshows manchmal grandios aneinander vorbeireden oder verärgert auf die Betrachtungen anderer reagieren. In jeder dieser Phasen haben wir nämlich andere Bedürfnisse und kommunizieren auf Basis anderer Emotionen und moralischer Ansichten, ganz so, als stammten wir aus unterschiedlichen Welten.

2.1   Alles beginnt mit der Startphase

2020 – Große Teile der Welt waren bereits unterwegs, Mitte März brachen auch wir auf zu einer Reise, ohne unser Zuhause zu verlassen. Eilig stopften wir Toilettenpapier, diverse Sorten Chips, Schokokekse und Nudeln in unsere Koffer. Unser Ziel erwies sich als ein Ort, den wir gut kennen, der aber innerhalb weniger Tage eine völlig neue Bedeutung erlangen sollte: das Zuhause. Wir hatten keine Ahnung, was auf uns zukommen würde. Die einen setzten sich lachend darüber hinweg, andere nahmen es bitterernst. Manche sahen nur Probleme, andere vor allem Chancen. Es wurde gehamstert, weil alle hamsterten. Wir wussten noch nicht, wie ernst die Lage war, und etliche gingen auf Nummer sicher.

Für die einen veränderte sich die tägliche Routine schlagartig, weil Arbeit wegfiel oder aber enorm zunahm. Für andere änderte sich im Grunde wenig, weil sie weitestgehend so weiterarbeiten konnten wie bisher. Plötzlich kam es zu einer Spaltung in der Gesellschaft: Auf der einen Seite Menschen an vorderster Front, die ungeheuer hart arbeiteten, und auf der anderen solche, für die alles stillstand. Zudem wurden die Unterschiede zwischen Menschen mit festem Gehalt und Selbstständigen und flexibel einsetzbaren Mitarbeitenden, deren Einkommen plötzlich wegfielen, spürbar.

Die Phasen des Kulturschocks sind für jeden gleich. Das Tempo und die Intensität, mit denen der Einzelne diese Phasen durchläuft, hängen jedoch davon ab, inwieweit seine täglichen Aktivitäten, seine Beziehungen und die Situation zu Hause vom Corona-Virus beeinflusst werden.

Menschen, die plötzlich gezwungen waren, zu Hause zu arbeiten

… Wir wohnen zu zweit in einem kleinen Appartement und es war unmöglich, dass wir beide zusammen am Küchentisch in Videokonferenzen sitzen. Deshalb ha ben wir mit einem Brett über unsere Nachttische im Schlafzimmer einen kleinen Schreibtisch gebaut.

… Für mich persönlich war es toll. Ich sparte dadurch täglich rund drei Stunden Fahrzeit. Wunderbar, mehr Ruhe und weniger Stress.

… Einloggen klappte erst nach viel Hin und Her. Und dann probierte ich mit Tränen in den Augen herum, um den richtigen Link und die richtigen Einstellungen zu fin den und ins Online-Meeting reinzukommen. Totaler Frust und eine leichte »Ich schon wieder«-Panik. Und dann war ich plötzlich auf dem Bildschirm, stand ich auf einmal weinend vor meinen Kolleginnen und Kollegen.
– Erfahrung aus dem Feld

Menschen, die aus dem Haus mussten, als fast alle daheim bleiben mussten

… Zu Beginn der Krise fand ich es auf der Arbeit ziem- lich unheimlich. Plötzlich kamen Menschen mit Hand- schuhen und Maske an meinen Schalter. Ich fühlte die Spannung bei mir und bei ihnen.

... Wir verschafften uns einen Überblick, welche Dinge wirklich von entscheidender Bedeutung sind, was manchmal gar nicht einfach war. Was ist wichtiger: Den Müll abzuholen oder dass die Kanalisation ordentlich funktioniert?

... Viele Klientinnen und Klienten verstanden die Maßnahmen nicht, waren verwirrt und bekümmert. Auch der Kontakt zu den Verwandten war schwierig, vor allem, wenn sie mich beschimpften, weil sie nicht einverstanden waren.

... Ich habe große Angst, mich selbst anzustecken. Und davor, »etwas« mit nach Hause zu nehmen und so andere anzustecken. Das will man nicht auf dem Gewissen haben.

... Es waren Wochen voller Panik und eine Art Hyperfokus. Zudem hatte ich noch zwei Kinder zu Hause.
– Erfahrung aus dem Feld

Was soll man glauben? Wie schlimm ist es wirklich?

In dieser ersten Phase kommen oft Zweifel auf, ob man vielleicht zu übertrieben oder eher zu lax auf die Veränderung reagiert. Neues Verhalten wird eingefordert, doch wie reagieren andere, wenn ich mich wirklich daran halte? Wie anders ist die Situation eigentlich und – mache ich mich zum Trottel, wenn ich mitmache? Sich nicht mehr die Hand zu geben, sorgte anfangs für viel Heiterkeit und witzige Filmchen. Wenn man fürs *Social Distancing* einen Schritt zurücktrat, fühlte sich das äußerst unhöflich an. Das ist verrückt. Und es entsteht *Peer Pressure,* ein Gruppenzwang, sich an die Maßnahmen zu halten, oder eben auch nicht. Das hängt von der Meinung im Freundeskreis ab. Menschen sind soziale und Geschichten erzählende Wesen. Woran wir glauben, hat große Auswirkungen auf unser kollektives Verhalten. Bleibt man beispielsweise zu Hause, um andere nicht zu infizieren, oder aber, um selbst nicht infiziert zu werden? Mit der Veröffentlichung der Grafiken zu »Flatten the Curve« Mitte März 2020 wurden die Problematik und die Auswirkungen von Corona deutlicher. Die Herausforderung in diesem Corona-Kulturschock besteht in der Notwendigkeit, eine unsichtbare Gefahr sichtbar und greifbar zu machen. In Gegenden, in denen der Begriff »Virus« der Bevölkerung nicht so gut bekannt ist, wird auf andere Geschichten zurückgegriffen. In Indien liefen Polizisten mit grotesken Virusmützen herum. Und in Indonesien warnte man vor Corona, indem man es in Gestalt von Geistern durch die Straßen streifen ließ.

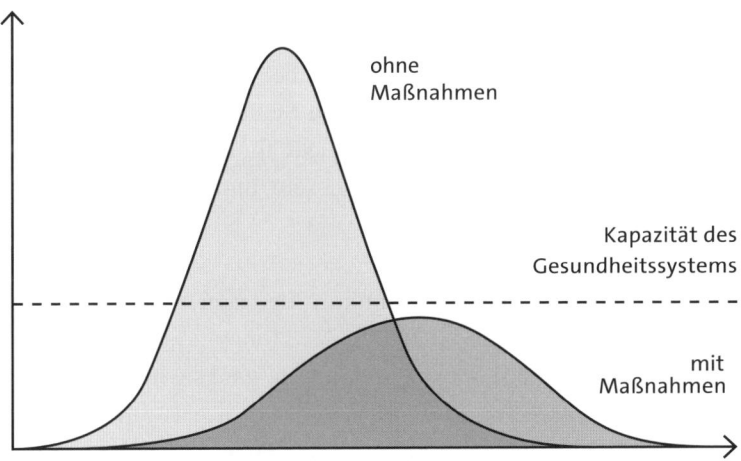

Abb. 2–2   »Flatten the Curve«
            (Quelle: Centres for Disease Control and Prevention)

Am 14. März 2020 veröffentlichte die Niederländische Rundfunkstiftung einen Film über »die alles bestimmende Kurve in der Corona-Krise«.

2.2   Eigentlich ist das doch eine willkommene Veränderung: die Honeymoon-Phase

Eine bekannte Folgephase eines Kulturschocks ist die Honeymoon-Phase, in der man die neue Situation durch eine leicht verklärte Brille betrachtet: Eigentlich ist es doch recht angenehm, nicht mehr jeden Tag im Stau zu stehen, nicht mehr den sozialen Druck zur Teilnahme an allen möglichen Aktivitäten zu spüren, Zeit zu haben, ein Buch zu lesen, voller Kreativität neue Wege für alte Routinen zu finden, die Kraft des eigenen Teams zu erfahren, wenn aktuell in dieser Krise plötzlich alles auf einmal getan werden muss. Man organisiert gemütliche Online-Essen, genießt die Ruhe in der Stadt, Introvertierte blühen auf. Man fühlt sich etwas unbehaglich in seinem Glück, wo doch der Anlass für die Veränderungen die Sicherung der Gesundheit und Lebensfähigkeit von Menschen ist. Vielleicht fühlt man sich auch ein wenig schuldig: Darf ich eigentlich glücklich sein und im Garten sitzen, während andere ums Überleben kämpfen?

In dieser Phase des Kulturschocks kann man in der neuen Situation tiefes Glück erleben. Nicht alle werden das Glück der Honeymoon-Phase erfahren. Manche werden diese Phase nicht durchlaufen, weil sie härter von den Folgen von COVID-19 betroffen sind. Sie können verärgert auf die vielen freudigen Nachrichten über Ruhe und Freiräume reagieren, vielleicht sogar eifersüchtig sein. Wer in der Honeymoon-Phase steckt, will gern so lange wie möglich darin bleiben, weil es so schön ist, die Augen noch eine Weile vor der unromantischen und weitaus realistischeren neuen Wirklichkeit zu verschließen. Die Euphorie, mit der in den ersten Wochen der Krise über die Vorteile von Homeoffice und Online-Optionen gesprochen wurde, passt exakt in diese Honeymoon-Phase.

2.3   Das Neue ist nun vorbei: die Veränderungsphase

Und dann begreift man, dass das nicht Tage oder Wochen, sondern wahrscheinlich Monate dauern wird. Immer häufiger erlebt man Gefühle wie Unbehagen, Kummer und Unverständnis. Der Reiz des Neuen ist vergangen. Man vermisst das Stimmengewirr der Menschen. Man sieht und erlebt das Elend in den Krankenhäusern. Mit dem Laptop am Küchentisch zu arbeiten, ist durchaus mal etwas anderes, fängt jedoch langsam an zu nerven. Der gute Anzug hängt schon ziemlich lange im Schrank, man vermisst Make-up und die Stöckelschuhe. Alle Routinen und der gewohnte Rhythmus sind durcheinandergeraten. Man will, dass es aufhört, doch es gibt kein Entkommen. Man muss da durch. Aber wie? Man ist frustriert von den Dingen, die nicht mehr auf altgewohnte Weise funktionieren. Wäre das ein Urlaub, man würde jetzt abreisen. Aber das geht nicht. Wie lassen sich Arbeit *und* Privatleben in *einem* Haus organisieren, wie regelt man den Einkauf, die Besuche bei den Eltern? Trifft man Freunde – oder besser nicht? Wie all die Arbeiten zufriedenstellend fortführen … Es ist so viel zu tun, dass der Wille zum Weitermachen ab und an fehlt. Man ist müde, fühlt eine sonderbare Form von Heimweh, hat ein gesteigertes Verlangen nach Chips, Schokolade und Alkohol. Einfach, um die Härte der Veränderung nicht zu spüren. Das ist der erste Kulturschock.

Sich anpassen, um weitermachen zu können: der erste Kulturschock

Man passt sein Verhalten an, lernt die neue Sprache der Videotelefonie und diverser Online-Apps. Man bringt wieder Struktur in seinen Tagesrhythmus, entdeckt die beste Zeit, um entspannt einkaufen zu gehen. Man vermisst zwar die sozialen Kontakte, findet aber einen Weg, den Kontakt mit Freunden und Familie aufrechtzuerhalten. Man hat wieder einen Rhythmus, eigentlich läuft's schon wieder. Die Basisanpassungen sind vorgenommen, das Leben kann sich wieder etwas normalisieren. Jetzt muss man nur noch dafür sorgen, dass alle gesund bleiben.

Ein Stimmungsbild aus dem Homeoffice in den ersten Corona-Wochen

17. März 2020, Tag 2, 09:55 Uhr

Natürlich habe ich einen Zeitplan, wie fast alle habe ich eine Menge toller Vorbilder in den sozialen Medien gesehen, wirklich Spitze! Nun die Realität: Vier Kinder und die Eltern im Homeoffice sitzen alle zusammen im Wohnzimmer am Tisch. Man verschickt Sprachnachrichten als neue Art sich abzustimmen. Total nervig. Ältester Sohn meckert rum; hat keine Lust anzufangen und will sich nicht einloggen. Zweiter Sohn liest zoomend laut vor, Gruppe 3[a], ist halt so. Dritter Sohn guckt *Koekeloere*[b] auf SchoolTV. Wissen Sie noch, mit 'nem Maulwurf und 'nem Regenwurm. Tochter spielt mit Bügelperlen. Ich? Ich brauche 20 Minuten, um mich »einfach nur« einzuloggen. Ich fange an, eine E-Mail zu schreiben. Tochter steckt sich Bügelperle in die Nase, streitet es ab. *Koekeloere* zu Ende. Dritter Sohn weiß nicht, was er machen soll. Tochter heult. Bügelperle sitzt fest, Panik kommt auf. Ältester Sohn doch bei der Arbeit, aber: »Maaaaaaammaaaaa, einloggen geht nicht.« Mama hat die Pinzette gefunden. […] Dritter Sohn singt/rennt durch das Haus: »Ich bin Corona Corona« auf die Melodie von »Gangnam Style« … Bleibt mir im Ohr. Sohn zwei liest stur laut vor. Ältester quengelt weiter, dass das Einloggen nicht geht. Mama schreit: »Hör auf!« […] Chef ruft Papa an: »Wie sieht es aus?« Kollegin ruft Mama an. Sohn zwei ruft: »Mama, auf dem Plan steht, dass jetzt Pause ist.« – *Blog von Ferial Melssen. Mit Zustimmung übernommen aus* Van huis uit, *eine Publikation der Stadt Arnhem über die ersten Corona-Monate.*

---

a. Anm. d. Übers.: Gruppe 3 der Grundschule entspricht der ersten Klasse in Deutschland, in der die Kinder anfangen, Lesen, Schreiben und Rechnen zu lernen. Siehe auch hier: *https://de.wikipedia.org/wiki/Bildungssystem_in_den_Niederlanden*.

b. Anm. d. Übers.: Hier kann man sich die erste Folge von Koekeloere anschauen: *https://www.youtube.com/watch?v=Ykwj50HD-dQ*.

Tipps, um diesen ersten Kulturschock zu überstehen:

Etablieren Sie einen Rhythmus, passen Sie die Arbeits-, Schul- und Lebensplanung an die neue Situation an, versuchen Sie nicht, wie in der alten Normalität weiterzumachen. Finden Sie Halt in wiederkehrenden Aktivitäten. Bleiben Sie realistisch und strukturieren Sie Ihren Tag entlang kleiner erreichbarer Ziele. So haben Sie häufiger das tolle Gefühl, etwas geschafft zu haben. So ein Schuss Dopamin tut jetzt richtig gut. Halten Sie sich bei ungesundem Essen und Alkohol zurück, sorgen Sie für ausreichend Schlaf und finden Sie für sich eine Form von Sport oder Bewegung. Bringen Sie Ihr Haus auf Vordermann und lernen Sie die neue Online-Sprache, die Sie ab jetzt brauchen werden, um funktionieren und Menschen treffen zu können. Hören Sie Musik, lesen Sie Geschichten, suchen Sie Trost in der Kunst und vergessen Sie nicht, ab und zu über sich selbst zu lachen.

Alles läuft gut, doch nach einer Weile, nach ein paar Tagen, Wochen oder Monaten, das variiert von Mensch zu Mensch, beginnen die Emotionen erneut zu schwanken. Man fühlt die Opfer, die man bringt, und man hat Lust, sich heimlich mit jemandem zu verabreden. Vielleicht tut man es sogar, *f*ck it!* Das Durchhaltevermögen wird auf eine harte Probe gestellt und immer häufiger fragt man sich, was einem im Leben eigentlich wichtig ist.

Freundschaften zerbrechen, weil einige Menschen so gänzlich anders mit den Corona-Maßnahmen umgehen. Das macht traurig. Gelegentlich fühlt man sich ohne all die Menschen um sich herum einsam. Man hört oder erlebt, dass man sich von den Menschen, die an Corona sterben, nicht verabschieden kann. Abends wird man vielleicht von Ohnmacht überwältigt, wenn man sich das weltweite Ausmaß dieser Krise bewusst macht. Es wird spürbar, was Ronald Giphart kürzlich als »Zukunftsgram« beschrieb, den Gram über eine Zukunft, die es nicht geben wird. Verrückterweise findet man jedoch in der Akzeptanz der neuen Situation und der Erkenntnis, dass man nicht viel daran ändern kann, auch eine Art von Trost und Beruhigung. All diese Signale kündigen den zweiten Kulturschock an. Dieser trifft die Seele. Man wird mit seinen tieferen Werten und Überzeugungen im Leben konfrontiert, denen von heute, von morgen und generell.

Der mentale Schlag: der zweite Kulturschock

Während dieses zweiten Schocks fühlt man sich möglicherweise verwirrt über die Annahmen, auf denen man sein Leben aufgebaut hat, stellt Fragen zu den Grundpfeilern unserer Gesellschaft oder fragt sich, wie unsere Ökonomie funktioniert. Man wünscht sich Erklärungen und die Versicherung, dass all das in naher Zukunft nicht umsonst gewesen ist. Das ist die Phase, in der die initialen Veränderungen struktureller werden. Unsicherheit, Verdruss und Ohnmacht schlagen zu. Man begreift, dass man sich über einen längeren Zeitraum wie in einer gefährlichen Situation verhalten muss, obwohl man diese Gefahr vielleicht selbst gar nicht erfährt. Beim ersten Schock musste der Geist allen neuen Input filtern, um ihn zu begreifen, in diesem zweiten Schock will er zudem etwas damit verbinden. Nun begegnet man bedingungslos sich selbst. Man wird mit seinen grundlegendsten Überzeugungen konfrontiert. Die Kollision zwischen Freiheit und eigenen Entscheidungen, Befolgen von Richtlinien und Fürsorge für die Gruppe. Man erlebt die Stille der sonst so hektischen Stadt und begreift, wie sehr man des Lärms müde ist, der normalerweise in den Straßen herrscht. Weshalb wohnt man eigentlich in der Stadt? Man denkt darüber nach, welchen Wert man Nahrung, Bildung, Reisen, Feiern, Ausbildung der Kinder, Pflege der Eltern, dem Sinn der eigenen Arbeit beimisst. Jetzt, früher und in Zukunft. Man fühlt sich verletzlich und unsicher.

Und es dauert und dauert …

Letzte Woche saß mein Mann an seinem Arbeitsplatz. Im vorderen Zimmer, hinter dem Fernseher und einer großen Zimmerpflanze. Die Schiebetüren zu, denn wir haben genug von seinen dienstlichen Gesprächen. Dieses Mal sitzt er anders da, energielos. Ich frage: »Alles in Ordnung?« Er: »Nun, ich weiß es nicht. Ich sitze zwar hinter meinem Laptop, aber wozu eigentlich? Ich habe das Gefühl, dass ich jetzt schon ein Jahr lang hier zu Hause sitze. Und Urlaub nehmen ist auch sinnlos, wir unternehmen ja doch nichts …« Und auf einmal hat er Tränen in den Augen. Mein energiegeladener, Marathon laufender, leistungsorientierter, immer aktiver Mann. Ihm macht seine Arbeit ungeheuer viel Freude … und nun ist sie schon so lange so »langweilig«. Ich frage ihn: »Was macht dir rund um deine Arbeit und die heutige Situation zu schaffen?« Er: »Wie bleibe ich motiviert?« – Erfahrung aus dem Feld

Dieser zweite Kulturschock wird auch als Schock des mentalen Rückzugs bezeichnet, weil man auf sich selbst zurückgeworfen und mit den Grundwerten, auf denen das eigene Leben basiert, konfrontiert wird. Wenn man etwas verändern will, so ist jetzt der Moment, um damit loszulegen. Denn ob man will oder nicht – man evaluiert sein altes Leben. Man begreift allmählich, was man von der alten Situation erhalten will, und fühlt das nagende Heimweh des Verlusts. Und man spürt überdeutlich, welche Dinge sich rigoros verändern sollen. Schritt für Schritt zieht man neue Schlüsse, die sich in Kopf und Körper festsetzen. Man schreibt seine Geschichte neu, trifft andere Entscheidungen und so vollzieht sich eine grundlegende Kulturveränderung. Das sind nicht die guten Vorsätze für irgendwann oder konzeptionelle abstrakte Gespräche, sondern grundlegende Veränderungen, die wahrhaft zum Bestandteil der eigenen neuen Identität werden. Wenn ich mich beispielsweise über die Fleischindustrie aufrege, dann werde ich in dieser Phase zu dem Schluss gelangen, dass ich wirklich weniger Fleisch, Bio-Fleisch oder gar kein Fleisch mehr essen sollte. Lebe ich am richtigen Ort? Wie wichtig ist mir eigentlich Reisen? Arbeit? Eltern? Ernährung? Bin ich damit zufrieden, wie ich meine Kinder großziehe? Bekomme ich von meinem Liebsten, was ich brauche? Was ist ein Menschenleben wert? Warum arbeite ich eigentlich in diesem Unternehmen? Mit all diesen Fragen blickt man fortwährend in die eigene Seele und das eigene Gewissen.

Wie können wir einander durch diese Phasen des Kulturschocks begleiten? Was können Führungskräfte tun? In Kapitel 8 gehe ich – mit Lektionen aus der Anthropologie – auf diese Fragen ein.

Eine tiefgreifende bleibende Veränderung?

Ich denke, dass eine grundlegende gesellschaftliche Veränderung durchaus möglich ist. Zumal diese Corona-Zeit nun schon so lange dauert. Wären die Corona-Maßnahmen bereits vor dem Sommer 2020 aufgehoben worden, dann wären wir alle einfach wieder in unsere alte Normalität zurückgekehrt. Da nun jedoch schon viele Menschen über einen langen Zeitraum diesen zweiten Kulturschock durchleben, ist Veränderung unvermeidlich. Doch … nicht jede Veränderung ist positiv. Der Schaden in der Wirtschaft und in Bereichen wie dem Hotel-, Gaststätten- und Veranstaltungsgewerbe sowie der Kunst ist enorm. Kinder und Jugendliche können im Moment nicht optimal unterrichtet werden, Schwächere in der Gesellschaft werden zusätzlich getroffen und die Auswirkungen all der Maßnahmen in anderen Teilen der Welt haben enorme Armut zur Folge – um nur einige Dinge zu nennen. Zugleich erleben wir während dieses zweiten Schocks der Veränderungsphase, dass fundamentale Entscheidungen getroffen werden können und radikale Umgestaltung möglich wird. Denn es gab in unserer alten Normalität durchaus einige Dinge, mit denen wir uns schon länger herumgeschlagen haben, beispielsweise die Klimakrise, das Gesundheitssystem, der Mangel an Lehrkräften, Finanzströme, CO_2-Emissionen, das Verhältnis zwischen Arm und Reich … Wir leben in einer spannenden Zeit voller widersprüchlicher Ideen, Interessen und Konflikte. Je besser wir damit umgehen, desto mehr Vorteile können wir aus diesen verwirrenden Zeiten ziehen. Das erfordert von allen gute persönliche Führung, um miteinander und mit uns selbst in Kontakt zu bleiben und nicht in Vorwürfen, Angriffen oder Schlimmerem zu versanden. Die Summe aller individuellen Entscheidungen kann eine großartige Kulturveränderung hervorbringen. Dabei zählt, was jede einzelne Person sagt, denkt und tut.

In dieser zweiten Welle verlässt mich manchmal der Mut. Manchmal weiß ich wirklich nicht, wie ich mich aus meinem Wohnzimmer in mein Rumpelkammer-Arbeitszimmerchen schleppen soll. Das endet dann schon mal mit einem Tag Netflix. Damit bin ich sicher nicht allein, deshalb habe ich meinen Teamleiter gefragt, ob ich mit einem Kumpel arbeiten kann, am besten mit jemandem, der nicht so nahe an meinem eigenen Arbeitsgebiet dran ist, mit dem ich gemeinsam durch die Woche gehe. – Erfahrung aus dem Feld

Manche sprechen davon, dass sie »bleibend gezeichnet« oder »sozial gescheitert« aus dieser Corona-Zeit hervorgehen werden. Ich möchte hier gern positivere Begriffe verwenden, ausgehend von der Idee: Wie können wir den Schaden begrenzen und den Raum, der sich jetzt für Veränderungen öffnet, für diverse notwendige Transformationen nutzen? Eben weil in der alten Normalität nicht alles normal, geschweige denn perfekt war. Wenn wir genau jetzt mit Expert:innen, Sachverständigen und wichtigen entscheidungsbefugten Personen aufrichtige Gespräch führen, in denen alle bereit sind, sich darauf einzulassen *und* ihre Meinung zu ändern, können wir als Gesellschaft in der Lage sein, die Welt mit anderen Augen zu sehen und möglicherweise einschneidende Veränderungen unserer alten Normalität herbeiführen. Dann kann diese außergewöhnliche Zeit eine wahrhaft neue Normalität hervorbringen. Wenn es nach mir geht, inklusiver und nachhaltiger, doch das ist eine Meinung und ein Ideal und nicht Thema dieses Buchs. Hier liegt der Fokus auf den Auswirkungen dieser Zeit auf unsere Arbeitskulturen.

Tipps, um diesen zweiten Kulturschock zu überstehen:

Schaffen Sie Raum für gute Gespräche. Mit sich selbst und mit anderen. Es ist an der Zeit, einige alte menschliche Tugenden neu zu würdigen: Zweifel, Bescheidenheit, Stille und Mut. Unannehmlichkeiten veranlassen Sie zum Denken und führen zu neuem Wissen. Sicherheit findet man nun, wenn man die Stille zulässt, wenn man zweifelt und Fragezeichen hinter alte Annahmen setzt. Indem man Zwischenlösungen mit Bescheidenheit begegnet. Antworten auf grundlegende Fragen müssen reifen und entstehen in der Stille zwischen den Meinungen. Dieser zweite Schock ist eine magische und außergewöhnliche Zeit, der man nicht mit Spreadsheets und Zielvorgaben begegnen kann. Schaffen Sie Rituale, um diese außergewöhnlichen Gespräche und Überlegungen von der täglichen Realität, die einfach blindlings weiterrast, zu trennen. Denn tun Sie das nicht, so wird Ihr Stresspegel steigen und Sie werden schlechter schlafen, weil Sie den Gesprächen mit sich selbst einfach nicht entkommen können. Lernen Sie, handfest zu zweifeln, um nicht in Verzweiflung und Grübelei zu versinken. Und finden Sie den Mut, neue Überzeugungen zuzulassen und die Welt wirklich zu verändern, in Haltung, Verhalten, Prozessen und Gesetzen – für jetzt und später. Durch die sich verändernden Maßnahmen werden wir immer wieder aufs Neue gefordert, unser Verhalten anzupassen. So schlingern wir fortwährend zwischen dem ersten und dem zweiten Schock hin und her, und das ist aufreibend und frustrierend. Das verursacht viel unbeherrschte Reaktionen durch anhaltenden Stress und eine kollektive Ermüdung aufgrund zerstörter Routinen, Unklarheit und wenig Aussicht auf ein Ende. Das wachsende Wissen über das Virus führt dazu, dass frühere Annahmen angepasst werden müssen. Es kursieren viele sich widersprechende Meldungen, wobei einer den anderen des Verschwörungsdenkens bezichtigt. Welchen Fachleuten kann man glauben? Welchen Wert haben die Richtlinien? Viele Menschen erleben in dieser Periode Frustration, Unverständnis, Einsamkeit, Heimweh, Neid auf den anderen, Kummer, Irritation, Angst und Ohnmacht. Einer Minderheit geht es richtig gut, doch sie traut sich beinahe nicht, das laut auszusprechen. Worauf es nun ankommt, ist die Vitalität, Spannkraft, Geduld und das Durchhaltevermögen aller. Gepaart mit dem Bedürfnis nach klarer und menschlicher Führung.

Es ist noch immer eine unnormale Zeit

Schritt für Schritt finden wir Wege, uns in einer Anderthalbmeter-Gesellschaft zu Hause zu fühlen. Vorsichtig hatten sich manche Bereiche des Lebens wieder geöffnet, die nun im Rahmen dieses zweiten Teil-Lockdowns im Oktober 2020 erneut geschlossen sind. Von Beginn der Startphase gerechnet, sind wir nun acht Monate unterwegs. An viele Dinge beginnt man sich zu gewöhnen, doch die Bedrohung durch Corona bleibt. Wir haben neue Routinen entwickelt und wir spüren, was wir vermissen: gute Freund:innen und Familienmitglieder in den Arm zu nehmen, spontane Treffen, Festivals, Reisen, mit seinem Team physisch zusammenzuarbeiten, sich in Gruppen unbefangen zu bewegen. Das führt zu einer Reihe innerer Konflikte: Wie folgsam will ich sein? Oder muss ich sein? Unterlasse ich Dinge wegen des Gesundheitsrisikos oder rein aus Angst vor Imageschäden oder gesetzlicher Haftung? Was glaube ich wirklich und was nicht? Wie stehe ich zum Umgang mit Risiken im Leben und wie ist das bei anderen? Akzeptieren wir, dass Krankheiten zum Leben dazugehören und wir so gesehen lernen müssen, mit dem Virus zu leben, das ein natürlicher Teil von Leben und Tod ist? Oder glauben wir, dass wir es bekämpfen, eindämmen und unter Kontrolle bringen müssen? Das sind typische moralische Dilemmas, die zu diesem zweiten Kulturschock gehören.

Regeln sind Vorschriften?

Wissen Sie, ich finde es schwierig, dass wir manchmal vergessen, wofür die Corona-Regeln da sind. Ich war in einem Laden, in dem man am Eingang einen Einkaufswagen nehmen muss. Ich hatte ihn vergessen. Ich war allein im ganzen Laden, nahm schnell die Handschuhe, die ich brauchte, und ging damit zur Kasse. Ich wollte bezahlen, doch die Verkäuferin bestand darauf, dass ich zurückging, einen Wagen nahm, dort die Handschuhe hineinlegte, um dann wieder zurück zur Kasse zu kommen. Das machte mich wütend. Ja, ich hatte den Wagen vergessen, aber der Grund für diese

*ganze Einkaufswagen-Regel ist doch, die Anzahl der
Menschen im Laden zu zählen? Und ich war allein!
Wir sollten uns immer wieder ermuntern, weiter für
uns selbst zu denken. – Erfahrung aus dem Feld*

Wie begleitet man Menschen und sich selbst von einem Schock zum anderen

Eine Begleitung erfordert, genau hinzuschauen, wo sich jemand befindet,
und gezielt die Unterstützung anzubieten, die benötigt wird. Dieses Kultur-
schock-Modell beschreibt die Phasen, die jemand durchläuft, gibt jedoch
nicht vor, dass man so schnell wie möglich von der einen Phase in die andere
wechseln muss. Es handelt sich nicht um einen Wettbewerb! Die eine Phase
ist nicht besser als die andere, es unterscheiden sich lediglich die Unsicherheiten und die Art des Lernens. Fragen Sie, was sie oder er braucht, um
mehr Halt und Sicherheit zu erfahren, um wenigstens wieder etwas moralischen Mut zu fassen. Im ersten Kulturschock werden die Bedürfnisse sich
mehr um praktische Dinge drehen, z. B. das Erlernen der (digitalen) Sprache
und dem Tag einen Rhythmus zu geben. In der zweiten Phase geht es eher
darum, wie Menschen mit diesen Veränderungen umgehen. Fragen Sie
danach. Sprechen Sie mit den Menschen darüber, was die aktuelle Situation
für sie bedeutet, was sie als wichtig erleben, was sie vermissen, worauf sie
hoffen, was sie bereits gelernt haben. In Kapitel 8 beschreibe ich, welche Art
von Führung und Unterstützung aus anthropologischer Sicht in dieser Phase
gebraucht wird.

Wir wissen nicht, wie lange all das noch dauern wird, aber vielleicht erreichen wir einen Punkt, an dem uns alle Corona-Maßnahmen so vertraut sind,
dass wir uns mental und physisch damit wohl fühlen und eigentlich nichts
anderes mehr wollen. Ich habe zum Beispiel von einer Hochschule gehört,
die vor dem Sommer ihre Türen von 10:30–15:30 Uhr geöffnet hatte, um auf
jeden Fall wieder praxisorientierte Ausbildung zu ermöglichen, ohne dabei
den ÖPNV zu seinen Spitzenzeiten zu belasten. Als im September 2020 wieder Präsenzunterricht möglich war, war niemand allzu erpicht darauf. End-

lich war in all die Hektik etwas Ruhe eingekehrt und der neue Rhythmus angenehm. Die Zeit wird zeigen, ob sich das je wieder ändern wird. Menschen formen zusammen Kulturen und Kulturen ihrerseits formen die Menschen.

2.4   Und irgendwann wird sich die Welt wieder öffnen: die Rückkehrphase

Und ja, irgendwann kommt der Moment, an dem sich die Welt wieder öffnet und wir die Anderthalbmeter-Gesellschaft hinter uns lassen, zumindest denke und hoffe ich das. Niemand weiß wann, aber es wird der Moment kommen, an dem wir uns wieder ohne Bedenken entschließen können, einander in den Arm zu nehmen oder uns dicht an dicht über einen belebten Markt oder ein ausverkauftes Festival zu drängen. Eines Tages werden wir unseren Eltern wieder ohne große Hemmungen um den Hals fallen, denn wir sind nicht zur Abstinenz geboren. Wir werden einander zurufen: Alles wird wieder normal! Große Party! Es wird »Willkommen daheim«-Partys geben, Befreiungsfestivals und Freudenfeuer. Euphorie! Endlich können wir uns wieder normal verhalten und alles wird, wie es war! Und dann … bleibt das Alte hinter den Erwartungen zurück. Wieder werden wir auf breiter Front mit einem Mix von Emotionen konfrontiert, von Verwirrung, Kummer, Glück, Erleichterung und Frustration.

Zudem hat man durch all das Heimweh die alte Situation in der Fantasie ungeheuer verklärt, und so ist die Realität nun vielleicht schrecklich enttäuschend. Nach den ersten paar Meetings sind die Kollegen vielleicht wieder genauso nervig wie früher. In einem Büroturm will man nun wirklich nicht mehr arbeiten. Keine Lust, wieder im Stau zu stehen, und schon gar nicht, sich »wieder daran zu gewöhnen«. Und auf keinen Fall will man wieder einsteigen in das hohe Tempo, die vielen Festivals und die neueste Mode. Kinder protestieren gegen fade Schulspeisung und fordern Homeschooling-Tage.

Der dritte Kulturschock: der Rückkehr-Schock

Das ist der Startschuss für die Rückkehrphase. In internationalen Kooperationsprojekten ist das eine berüchtigte Phase, weil man glaubt, nach langer Zeit im Ausland wieder in sein altes Leben zurückzukehren, doch bei seiner Rückkehr merkt man, wie sehr man sich verändert hat. Der Rückkehr-Schock ist ein umgekehrter Kulturschock, bei dem sich der Komfort des alten Lebens nach all den Veränderungen gar nicht mehr so komfortabel anfühlt. Eine heftige Phase, weil wir dachten, wir können uns nun endlich entspannen und unser altes Leben wieder aufnehmen. Doch Alt und Neu müssen erst ein Verhältnis zueinander finden. Man taucht erneut in eine Veränderungsphase ein, in der das während der Reise Erlernte in das alte Leben integriert werden muss. An einige Dinge wird man sich wieder gewöhnen, andere will man absolut nicht zurück und wird sie deshalb verändern.

Wie diese Rückkehrphase aus dem Corona-Kulturschock genau aussehen wird, ist schwer vorauszusagen. Angenommen, per Oktober 2020 würden alle Maßnahmen ausgesetzt – werden wir dann binnen eines Monats wieder im Stau stehen? In vollen Theatern und Kinos sitzen? Gewaltige Firmen-Events organisieren und massenhaft Flugtickets in tropische Regionen oder zum Après-Ski buchen? Oder haben wir uns dafür mental und praktisch schon zu sehr verändert? Haben wir den Mut, das Desinfizieren in jedem Laden wegzulassen? Arbeiten wir weiter im Homeoffice? Ich denke, dass unser Verhalten danach sehr stark davon abhängen wird, wie lange diese Corona-Zeit dauert, inwieweit wir uns selbst verändern und wie viele Veränderungen bereits nachhaltig umgesetzt werden. In der internationalen Arbeit beobachten wir, dass es Menschen, die sich an andere Kulturen sehr erfolgreich anpassen, größere Schwierigkeiten haben, nach Hause zurückzukehren. Sie reagieren irritiert, wenn andere von ihnen erwarten, dass sie zu Hause »wieder zur Normalität übergehen«. Vergleichbares wird sich im Corona-Kulturschock abspielen. In den kommenden Monaten und Jahren werden wir entdecken, wie sehr sich unser Denken und Handeln durch die Corona-Maßnahmen bleibend verändert hat.

Tipps, um diesen dritten Kulturschock zu überstehen:

Der wichtigste Tipp ist, sich darüber im Klaren zu sein, dass es so etwas wie einen Rückkehr-Schock gibt. Zurück zur alten Normalität bedeutet nicht das Ende eines Veränderungsprozesses, sondern seine Fortsetzung. Erneut sind Gespräche mit sich selbst und anderen erforderlich und erneut muss eine neue Routine gefunden werden. Doch dieses Mal mit dem Fokus, gemeinsam einen guten, optimalen Mix aus Alt und Neu zu finden. Sie können sich aufgedreht fühlen, aber auch müde und ratlos, wenn aller COVID-Trubel endet. Achten Sie gut auf sich, essen Sie gesund, schlafen Sie genug und sorgen Sie für ausreichend Bewegung.

2.5 Ist das eine vorübergehende oder bleibende Veränderung?

Wie glatt man die vier Phasen des Kulturschock-Modells durchläuft, hängt vom eigenen Charakter und den Fähigkeiten im Umgang mit Unsicherheit ab. Aber auch davon, wie man diese Zeit betrachtet: Ist sie etwas Vorübergehendes, das man mit minimalen Anpassungen übersteht, oder sorgen die Maßnahmen für bleibende Veränderungen? Lebt man in einer Krise oder in einer Transformation? Im ersten Fall ist die Corona-Reise eine Art Krisen-Urlaub, in dem man sich zu helfen wissen muss, sicher eine Menge guter Vorsätze für danach entwickelt, jedoch nicht über die Anpassungen nach dem ersten Kulturschock hinauskommt. Im zweiten Fall haben sich die eigenen Gedanken und Erfahrungen stärker verändert, es ist eher ein Übergehen in eine neue Lebens- und Arbeitsweise. In eine Kultur, die wir gemeinsam aufbauen müssen. Dann bleibt es nicht bei guten Vorsätzen, sondern Ideen werden tatsächlich in Verhalten umgesetzt und beeinflussen, wie man sein Leben einrichtet. Nach dem zweiten Kulturschock denkt man beispielsweise deutlich anders über Arbeitszeiten, Fortbildung und Freizeit. Und man versucht bereits während der zweiten Phase, diese Erkenntnisse in eine neue

Normalität zu integrieren. Und so fühlt man während der Rückkehrphase, dass das alte Leben nun wieder möglich ist, aber nicht mehr passt. Man kann sich natürlich wieder mit allen anderen von neun bis fünf ins Büro setzen, aber wir wollen das nicht mehr.

Wenn wir wieder fliegen dürfen, dann machen wir das! Und ich denke, vor dem Sommer werden wir einen Weg finden, um uns wieder zu treffen, z.B. durch Schnelltests. – Erfahrung aus dem Feld

Die Lobby der alten Normalität

Durch einen Kulturschock kann man ein anderer Mensch werden. Ein kollektiver Kulturschock kann eine andere Gesellschaft mit tiefgreifenden Veränderungen rund um Ausbildung, Gesundheitswesen, Viehzucht, Konsum, Reisen, Politik ... hervorbringen. In jedem Fall geht es bei dem ganzen Veränderungsprozess darum, die innere Spannung abzubauen, die wir durch die äußeren Veränderungen, mit denen wir umgehen müssen, erfahren. Ein Weg zur Auflösung dieser inneren Spannung ist es, die eigene Geschichte, also was man glaubt und in seinem Verhalten zum Ausdruck bringt, zu verändern. Ein anderer besteht darin, die äußeren Faktoren anzupassen. An etlichen Fronten wird der Ruf nach Erneuerung laut, gleichzeitig sorgt jedoch unsere eigene Müdigkeit und unser Hang zu alten Routinen ganz sicher für eine dämpfende Wirkung. Schulen nehmen den Betrieb wieder auf, Organisationen, Restaurants und Kinos öffnen wieder. Werbekampagnen werden sich darin überbieten, uns davon zu überzeugen, so schnell wie möglich wieder möglichst viel zu konsumieren, auf Reisen zu gehen und alle denkbaren Aktivitäten zu unternehmen. Wenn das wirklich passiert, hoffe ich, dass wir mutig genug sind, unnötigem Konsum zu widerstehen, und dass wir ausreichend moralische Stärke finden, um auch während des Rückkehr-Schocks durchzuhalten, um die positiven Veränderungen, die uns die Veränderungsphase zweifellos gebracht hat, aufrechtzuerhalten und durchzusetzen. Denn die alte Normalität war in vielerlei Hinsicht überhaupt nicht so ideal.

Chancen oder Einschränkungen

Gerade in der Phase, in der wir uns jetzt im Herbst 2020 befinden, ist es wichtig, weiterhin in Chancen statt in Einschränkungen zu denken, und zwar mit Blick auf die Werte und Grenzen eines jeden Menschen. Menschlich, doch gerecht. Aber wie? Davon handeln die folgenden Kapitel.

3

Hybride Arbeitskultur: Zeit und Ort flexibel einrichten

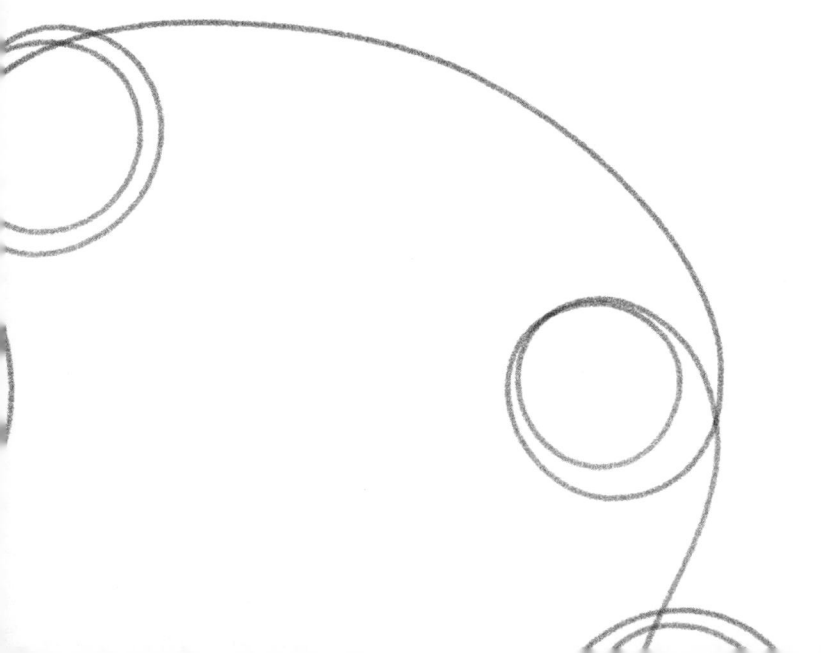

Noch nie konnten wir auf einen Schlag so viele Erfahrungen mit Arbeit im Homeoffice sammeln. Technisch sind keine Grenzen gesetzt, doch innerhalb vieler Unternehmen bedeutet der Übergang zu mehr Remote-Arbeit und Homeoffice einen gewaltigen Umbruch. Die positiven Erfahrungen von Menschen reichen von Effizienz und Produktivität – weil Aufgaben, die immer liegen geblieben sind, nun endlich in Angriff genommen werden können – bis hin zu weniger Reisezeiten, Staufreiheit und einer besseren Work-Life-Balance. Und, insbesondere wenn man an die Zukunft denkt, eröffnet sich eine Reihe möglicher Einsparpotenziale rund um Leasingverträge, Catering, Gebäudereinigung und Büroräume. Doch es gibt auch Nachteile, wie Frustration über streikende Technik, schlechte Arbeitsplätze an Küchentischen und in Kleiderschränken (ja, das habe ich wirklich gehört!), mangelnder Kontakt zu Kolleg:innen, Einsamkeit, Isolation, häusliche Spannungen bis hin zu Aggressivität, Unaufrichtigkeit darüber, wer ins Büro darf und wer nicht, längere Arbeitstage aufgrund von Überkompensation, Ermüdung durch Online-Meetings, mangelndes Wissen über Remote-Steuerung und Schwierigkeiten, den Übergang zwischen Arbeit und Privatleben hinzubekommen.

Viele Unternehmen arbeiten seit Jahren an verschiedenen Formen von Remote-Arbeit und Digitalisierung, oft unter der Bezeichnung »New Work«. Im Grunde hat Corona diese Transition beschleunigt. Ich gehe davon aus, dass Online-Arbeit und Homeoffice erhalten bleiben werden, auch wenn die medizinische Notwendigkeit, von zu Hause aus zu arbeiten, nicht mehr besteht. Dafür bietet das Arbeiten von zu Hause aus für viele Menschen und Unternehmen zu viele Vorteile. Die Norm, dass Werktätige die ganze Woche über von neun bis fünf auf der Arbeit sein müssen, gehört damit unserer Vergangenheit an. Erste Umfragen, zum Beispiel eine LinkedIn-Untersuchung, zeigen, dass weltweit vierzig Prozent der CEOs davon ausgehen, dass ihre Belegschaft auch nach der Pandemie häufiger zu Hause arbeiten wird. Wie ich bereits sagte: »Die Arbeit hat das Gebäude verlassen (*Work has left the Building*).« Dieser Strukturwandel erfordert mehr als provisorische Homeoffice-Spielereien. Auch uneingeschränktes und vollständiges Remote-Arbeiten ist sicher nicht die Zukunft. Ich gehe davon aus, dass nach der Corona-Zeit eine Reihe von Mischformen, sogenannte hybride Arbeitskulturen, entstehen werden. Und das im Umfeld von Menschen, die sich bei ihrer Bewerbung nicht bewusst für einen hybriden Arbeitsplatz entschieden haben.

*Ich bemerke an mir selbst, dass ich am liebsten im Hier und Jetzt bleiben will. In die Zukunft blicken, den kommenden Monat planen, meine Schüler auf die Abschlussprüfungen vorbereiten, erzeugt in mir Panik, Angst, Frustration und ein Gefühl von Mutlosigkeit. Wird es wirklich eine Abschlussprüfung geben? Sagen wir heute das eine und müssen demnächst das andere tun? Viel Unverständnis bei den Schülern und bei mir ... Wäre es doch nur vorbei, könnten wir einfach »wie immer« weitermachen, und ich weiß auch, dass das nicht möglich ist. – **Erfahrung aus dem Feld**

3.1   Was ist eine hybride Arbeitskultur?

Hybrides Arbeiten bedeutet, sich den Arbeitsort flexibel aussuchen zu können. In hybriden Arbeitskulturen ist nicht das verfügbare Gebäude für den Arbeitsort maßgebend, sondern die Art der Arbeit, der Zweck der Tätigkeit, das gewünschte Maß an Interaktion, die Effizienz der Kommunikation und die persönlichen Vorlieben der Mitarbeitenden und Auftraggeber:innen (Kund:innen, Schüler:innen, Abnehmer:innen). Das ist eine Veränderung, die auch unabhängig von Corona in dieses Zeitalter digitaler Optionen, des Bedarfs an Spezialist:innen und der Verringerung von Staus passt. Corona hat diesen Wandel unerwartet beschleunigt, weshalb sich viele Unternehmen notgedrungen an vollständiges Arbeiten von zu Hause aus und verschiedene Formen hybrider Teams und Dienstleistungen gewöhnen mussten: Menschen und Teams, die zu gleichen Teilen in der Firma und zu Hause arbeiten. Veranstaltungen, die für ein Online-Publikum gestreamt werden, während eine kleine Gruppe das Podiumsprogramm live verfolgen kann.

Homeschooling für Schüler:innen, die sich in Quarantäne befinden, während andere in der Schule dem Unterricht folgen. Medizinische und andere Konsultationen, die per Videocall stattfinden.

An vielen Aufgaben können wir offensichtlich überall arbeiten: zu Hause, unterwegs, im Büro und in Online-Arbeitsumgebungen wie Zoom und Teams. Allerdings nicht an allen; manche Arbeiten erfordern unmittelbaren Kontakt mit realen Menschen. Idealerweise sollte die Wahl des Standorts von der erforderlichen Interaktion und der Notwendigkeit, zur gleichen Zeit im selben Raum zu sein oder nicht, abhängig gemacht werden. Corona kümmert das wenig, sorgt jedoch dafür, dass wir gezwungen sind, unsere alten Ansichten über gute Formen der Zusammenarbeit gründlich zu überdenken. Auf diesem Experimentierfeld können wir nun endlos neue Arbeitsformen erproben.

Bei hybridem Arbeiten sind die Auswahlmöglichkeiten bezüglich Zeit und Ort zahlreicher als in unserer alten Normalität. Bürogebäude wird es weiterhin geben, doch die Anforderungen an deren Einrichtung und Funktionalität werden sich deutlich verändern. Hybrides Arbeiten bedeutet eine Kombination aus festen physischen Begegnungsstätten, Arbeitsplätzen, die man irgendwo unterwegs buchen kann, Homeoffices, zeitgemäßen und robusten virtuellen Arbeitsumgebungen und flächendeckend schnellem WLAN. Das bedeutet auch unterschiedliche Formen der Zusammenarbeit und unterschiedliche Managementstile, beides Kernkomponenten einer Unternehmenskultur.

Nicht alle sind begeistert

Nicht jede Person ist von dem Gedanken begeistert, dass uns das Arbeiten von zu Hause aus erhalten bleibt. Einige sehnen sich nach dem Büro und den Kolleg:innen. Andere scheuen die strukturellen Veränderungen, die rund um Führung, Zusammenarbeit, Kommunikation und die Gestaltung von Prozessen und Gebäuden erforderlich werden. Und ganz ehrlich – Homeoffice ist auch nicht für jeden Typ von Arbeit und Tätigkeit möglich oder wünschenswert. Sobald also die Maßnahmen gelockert werden oder entfallen, werden wir bessere und realistischere Abwägungen anstellen können.

Im April hat eine neue Kollegin bei uns angefangen und im Mai erfahren, dass sie chronisch krank ist. Das hat große Auswirkungen auf ihr Leben. Sie vermisst das Arbeiten im Büro sehr, wo die Kollegen sehen können, dass es einem nicht gut geht, oder dass man früher nach Hause geht, weil noch ein Krankenhausbesuch ansteht. Die Leute fragen zwar jetzt nach ihr, nehmen jedoch keinen rechten Anteil. Aufgrund ihrer kurzen Beschäftigungszeit kennt sie die Kollegen noch nicht wirklich. Ich stehe mit ihr in Verbindung, weiß aber auch nicht recht, womit ich sie unterstützen kann.
– Erfahrung aus dem Feld

An entfernten Standorten und zu wechselnden Zeiten zu arbeiten, erfordert von allen Flexibilität und zusätzlichen Fokus, um sich mit dem Kollektiv abzustimmen und es wahrzunehmen. Aus der Ferne sieht man nicht mehr so genau, wie es jemandem geht. Genauso wenig lässt sich erkennen, ob jemand hart arbeitet. Die Stechuhr ist zwar aus fast allen Arbeitsumgebungen verschwunden, doch der Gedanke, nach Arbeitszeit steuern zu müssen, hält sich hartnäckig in unseren Überzeugungen zu Organisationsformen und Koordination. Diese etwas konservative Haltung kann zudem durch eingeschränkte digitale Fähigkeiten mancher Personen im Management noch verstärkt werden. Als E-Mails Einzug hielten, gab es Führungskräfte, die alles im Sekretariat ausdrucken ließen. Die digitalen Möglichkeiten haben einen gewaltigen Aufschwung genommen, was vor allem in heutigen Zeiten ständiges Hinzulernen erfordert. Zeit für Auffrischung und Weiterbildung!

Arbeitszeiten

Ich habe schon mehr als einmal Streit darüber gehabt. »Bürostunden sind von neun bis fünf«, wurde mir, ohne mit der Wimper zu zucken, mitgeteilt. Aber seit ich zu Hause arbeite, fange ich immer schon zwischen sieben und halb acht an zu arbeiten und bin gegen halb vier fertig. Praktisch, denn ab halb drei rennen meine kleinen Kinder wieder durchs Haus. Ich arbeite also meine üblichen Stunden und habe darüber hinaus noch mehr Zeit für meine Kinder. Doch mein Vorgesetzter kann das nur schwer akzeptieren.
– Erfahrung aus dem Feld

Lieferpflicht statt Anwesenheitspflicht

Beim hybriden Arbeiten geht es nicht mehr um Anwesenheits-, sondern um Lieferpflicht (und in Schulen mit hybridem Unterricht um Lern- statt um Anwesenheitspflicht). Statt um Stunden geht es um Ergebnisse. Ein Unternehmen, eine Führungskraft, kontrolliert dann nicht mehr die erbrachten Stunden oder wie lange jemand vor Ort ist, sondern ist bestrebt, so optimale Umstände zu schaffen, dass die besten Ergebnisse aller Zeiten geliefert werden können. Das erfordert maßgeschneiderte Lösungen und die Nutzung digitaler Möglichkeiten. In diesem Kapitel lege ich den Fokus auf eine Reihe von organisatorischen Fragen, in den folgenden Kapiteln geht es dann darum, was hybrides Arbeiten für Führung, Zusammenarbeit und Kommunikation bedeutet.

Bullshit-Jobs werden sichtbar

*Ich selbst habe einen systemrelevanten Beruf. Das sorgt
für Zufriedenheit. Doch es gibt auch Menschen, die zu
Hause sitzen und merken, wie wenig sie eigentlich wirklich zu tun haben. Das finde ich furchtbar. Bullshit-Jobs
werden in Zeiten von Corona besonders deutlich sichtbar, denke ich.* **– Erfahrung aus dem Feld**

3.2   Die Unternehmenskultur definieren

Es gibt kein Standardvorgehen, wie man eine Unternehmenskultur an flexible Arbeitsorte anpasst. Es existiert kein Blueprint, den Sie ausrollen, es gibt
keine Standardschritte, denen Sie folgen können. Jedes Unternehmen wird
im Zuge dieser Neugestaltung vor ähnlichen Fragen stehen, die Antworten
werden jedoch immer auf das einzelne Unternehmen zugeschnitten sein.
Alle Entscheidungen bezüglich Verhaltensweisen, Vereinbarungen und
Methoden hängen immer mit den Zielen des Unternehmens, seinen Kernaufgaben, der heutigen Kultur, den Mitarbeitenden und den Kund:innen
zusammen. Unternehmenskultur und Ziele müssen zum Ausgangspunkt für
Entwurf und Herangehensweise werden.

Um die richtigen Entscheidungen bei den Anpassungen an die neuen hybriden Möglichkeiten zu treffen, ist es wichtig, die Ausgangslage Ihres Unternehmens zu kennen. Hybrides Arbeiten ist kein Selbstzweck. Auch wenn
diese Veränderungen durch die Corona-Maßnahmen ausgelöst werden, so
treffen Sie doch langfristige Entscheidungen, die sowohl den Unternehmens-
zielen als auch den Mitarbeitenden nützen. Schritt 1 ist deshalb eine (neuer-
liche) Definition der Unternehmenskultur: die Mission, die Begeisterung,
was sind die Werte und inwieweit müssen sich Spiel- und Verhaltensregeln

verändern. Dieses Thema allein kann schon ein ganzes Buch füllen, deshalb verweise ich für diejenigen, die alles darüber wissen wollen, gern auf die Bücher »Corporate Tribe« und »Building Tribes«.

Die Entscheidungen, die bezüglich der einzurichtenden Online-Arbeitsumgebung, zu Off- und Online-Aktivitäten und zur Art der Führung getroffen werden, müssen mit Vision und Mission des Unternehmens kongruent sein. Eine angesagte Lifestyle-Coaching-Agentur trifft andere Entscheidungen als eine renommierte Anwaltskanzlei. Menschen formen Kulturen und Kulturen formen Menschen. Sobald man die anthropologischen Prinzipien hinter diesem Formungsprozess versteht, wird Kulturwandel einfacher. Deshalb in wenigen Sätzen ein Crashkurs in Anthropologie.

Kultur entsteht und erneuert sich in der ständigen Interaktion zwischen Menschen. Da nichts aus sich selbst heraus eine Bedeutung besitzt und wir nicht im Chaos leben können, erschaffen Gruppen von Menschen gemeinsam eine Ordnung. Gemeinsam finden wir einzigartige Antworten auf universelle Fragen und diese Antworten bestimmen unsere Kultur, die Art unseres Zusammenlebens, unseren Tribe (Stamm). Die Kultur des Tribes verändert sich unablässig, wann immer wir tagsüber miteinander sprechen, lachen, weinen, streiten und Entscheidungen treffen. Tribes sind dynamisch. Kulturwandel ist etwas ganz Natürliches, deshalb ist ein Umstellen auf hybrides Arbeiten im Prinzip jederzeit möglich. Dazu werden vielleicht neue kreative Arbeitsweisen gebraucht, ein paar unumstößliche Wahrheiten müssen hinterfragt und Prozesse und Gebäude neu eingerichtet werden. Spannend bleibt immer, wer letztlich welche Entscheidungen bezüglich der zu entwickelnden neuen Normalität treffen darf.

Maßnahmen, um Ihre Unternehmenskultur (neu) zu definieren:

▦ Vergessen Sie nicht, dass Kulturen durch Interaktion und Entscheidungsfindung geformt werden. Legen Sie deshalb gemeinsam fest, wer bei diesen kul-
turformenden Gesprächen mitreden und mitentscheiden darf.

▦ Bestimmen Sie Ihr »Warum«, die Mission und Vision. Das bildet die Richtschnur
für kommende Entscheidungen.

▦ Tragen Sie zusammen, was Menschen zu guter Arbeit motiviert – im Allgemeinen und ganz speziell für Ihr Unternehmen, sodass Sie für diese Dinge
sorgen und weiter darauf aufbauen können.

▦ Stellen Sie fest, worauf Sie stolz sind, was Ihren heutigen Erfolg ausmacht. Finden Sie Wege, es zu bewahren.

▦ Finden Sie heraus, wovon Sie die Nase voll haben, was nicht mehr gut funktioniert. Berücksichtigen Sie dies bei den Veränderungen.

▦ Bestimmen Sie ein Team, das während dieser Experimentierphase alle Erfolge
und Fehlschläge des heutigen hybriden Arbeitens zusammenträgt. Falls Sie
das versäumen, werden Ihnen positive Veränderungen und neue Trampel-
pfade entgehen.

▦ Definieren Sie Online-Kommunikationsstil und -methode so, dass sie zu Ihren
Mitarbeitenden, Zielen und Kundengruppen (Anwender:innen, Schüler:innen,
Patient:innen, Bewohner:innen usw.) passen. Finden Sie einen Mix aus Formel-
lem und Informellem, aus Reporting und zwischenmenschlichem Kontakt.

3.3   Wie virtuell soll es werden?

In hybriden Kulturen ist der Arbeitsort flexibel. Mal arbeitet man im Büro,
mal nicht. Im Idealfall kombiniert das hybride Arbeiten die Vorteile von
Homeoffice und Arbeiten im Büro. Das Gebäude ist eigentlich nur für Aktivitäten erforderlich, die eine gleichzeitige und physische Anwesenheit meh-
rerer Kolleg:innen notwendig machen. Beispielsweise für Arbeiten mit großen Maschinen oder spezieller Ausrüstung. In allen anderen Fällen ist die
Wahl des Arbeitsortes frei und man trifft sie auf der Grundlage von Funktionalität, Effektivität, Menschlichkeit, Freude, technischen Möglichkeiten
für virtuelles Arbeiten und in nächster Zeit auch noch auf der Basis von
Corona-Maßnahmen.

Ich war so glücklich, als ich wieder für ein paar Stunden pro Woche ins Büro durfte, doch das wurde eine gewaltige Enttäuschung. Ich hatte mich darauf gefreut, meine Kollegen wiederzusehen, doch es war fast niemand da. Die Kaffeemaschinen waren abgeschaltet. Eine Menge Ausstattung war weg. Es war so trostlos.
– Erfahrung aus dem Feld

Für hybrides Arbeiten muss die Möglichkeit geschaffen werden, auch außerhalb der Firmenräume selbstständig und gemeinsam mit Kollegen zu arbeiten. In welchem Maße das möglich ist, unterscheidet sich von Unternehmen zu Unternehmen, was in Zeiten von erzwungenem Homeoffice zu unterschiedlichen Niveaus von Stress und Entspannung führt. Unter dem Druck wurde vieles machbar und plötzlich ließen sich alle möglichen technischen Dinge arrangieren, die anfangs unmöglich erschienen. Mit Umzugswagen wurden Computer, Bürostühle und Arbeitsmaterial herumgefahren. Technische Abteilungen haben Überstunden gemacht, um jeden in MS Teams zu holen. Ohne diese Einrichtung von Homeoffice-Arbeitsplätzen geht natürlich gar nichts, aber damit ist man dann noch nicht fertig. Ich habe sogar von Unternehmen gehört, die während der Lockerungen der vergangenen Monate wieder zeitweise in der Firma arbeiten wollten, was aber nicht funktionierte, weil alle Stühle und Computer weg waren.

Niveaus hybriden Arbeitens

Um auf eine gute und gesunde Weise hybrid arbeiten zu können, ist mehr nötig, als den normalen Besprechungskalender in Online-Meetings umzuwandeln. Das ist viel zu ermüdend. Im direkten Kontakt spüren wir die Energie der anderen. Das Lachen in einer Klasse, das Augenzwinkern einer Kollegin oder eines Kollegen, die unverhoffte Begegnung während der Mittagspause, durch die neue Ideen fürs Projekt entstehen. Online lässt sich das gleiche Arbeitsschema nicht aufrechterhalten. Finden Sie neue Formen des Kontakts, die den angestrebten Zielen und dem Typ der Zusammenkünfte entsprechen. Und organisieren Sie Online-Treffen, die zu Ihrer Organisationskultur passen, zum Beispiel Einzelfallbesprechungen oder Brainstormings (mehr dazu in Abschnitt 3.4). Die Online-Struktur, die Apps und die technischen Tools verkörpern im Wesentlichen das virtuelle Firmengebäude und ersetzen die Backsteinmauern, das System von Gängen, die Pinnwände, Poster, Schränke und Kaffeeecken des festen physischen Orts.

Im Augenblick diktiert Corona den Umfang der Arbeit im Homeoffice, doch sobald die Maßnahmen gelockert werden, können wir das Thema strategischer betrachten und hybride Arbeitsformen daraus entwickeln. Dann wird wichtig, inwieweit die Möglichkeiten zur Remote-Arbeit bereits in Prozesse und Steuerung überführt wurden. In diesem Zusammenhang machte mich jemand auf die Darstellung der sechs Niveaus virtuellen Arbeitens von Matt Mullenweg, dem Gründer von Automattic (und bekannt durch die Entwicklung von WordPress), aufmerksam. Mit seinem einfachen Modell kann man evaluieren, wo man in puncto virtuelles Arbeiten aktuell steht, und wie die diesbezüglichen kurz- und langfristigen Ambitionen des Unternehmens aussehen. Im Folgenden finden Sie eine Übersicht der sechs Niveaus, wie sie von Mullenweg charakterisiert werden, angereichert durch meine eigenen Gedanken und Erkenntnisse.

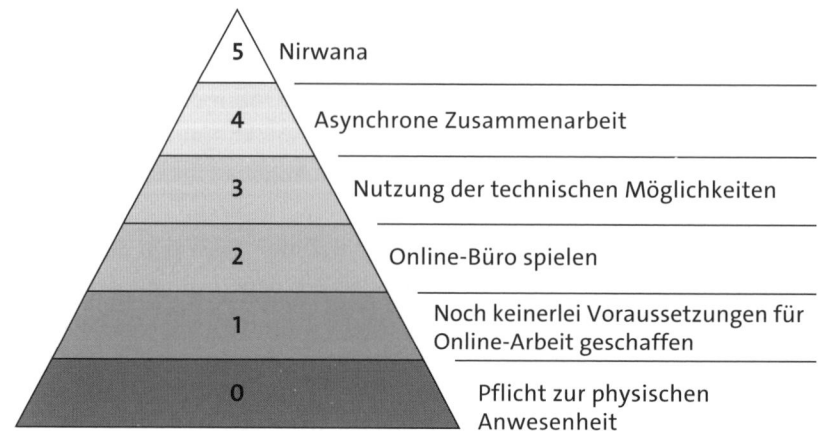

Abb. 3–1   Sechs Niveaus virtuellen Arbeitens nach Matt Mullenweg
(Quelle: FRANKWATCHING.COM, siehe auch https://ma.tt/2020/04/five-levels-of-
autonomy/)

0. Pflicht zur physischen Anwesenheit. Hier ist das Arbeiten von zu Hause
aus schlichtweg unmöglich, wie zum Beispiel bei Bauarbeitern, der Feuer-
wehr, Pflegepersonal, Personal im Hotel- und Gaststättengewerbe. Das sind
diejenigen, die während des Lockdowns dennoch draußen unterwegs sind,
während die meisten Menschen zu Hause bleiben müssen. Ganz sicher können auch sie von einem guten digitalen Umfeld profitieren, doch wirkliches
hybrides Arbeiten ist für diese Gruppe keine Option. Was jedoch durchaus
möglich ist, sind ab und an Videogespräche mittels guter Online-Kommuni-
kations- und Planungswerkzeuge. Weil wir es so gewohnt sind, verorten wir
viele Aktivitäten, die hier nicht zwangsläufig hingehören, automatisch in dieser Kategorie. Zum Beispiel Unterricht, kurze Beratungsgespräche mit Ban-
ken oder Versicherungen, bestimmte Konsultationen beim Hausarzt oder ad-
ministrative Tätigkeiten. Durch die Auswirkungen von COVID-19 wurden
unsere Annahmen infrage gestellt. Manches werden wir, sobald es möglich
ist, sofort wieder rückgängig machen, von anderen Vorteilen werden wir
weiter profitieren wollen.

Die folgenden Niveaus beschreiben, inwieweit ein Unternehmen Online-
und virtuelles Arbeiten bereits ermöglicht hat.

1. Noch keinerlei Voraussetzungen für Online-Arbeit geschaffen. Mitarbeitende(insbesondere in der Wissensarbeit) können auf diesem Niveau mit Zugang zu E-Mail und Agenda mit Müh und Not einige Stunden von zu Hause aus arbeiten. Darüber hinaus ist hauptsächlich unternehmensseitige Ausstattung erforderlich und die Beschäftigten sind nicht oder nur eingeschränkt in der Lage, sich von außen ins Intranet einzuloggen. Unternehmen, die sich vor Corona auf diesem Niveau bewegten, und das sind recht viele, mussten in den vergangenen Monaten mit großen Schritten aufholen und sind oft ins Niveau 2 hineingestrauchelt.

2. Online-Büro spielen. Alle Beteiligten können per Videoanruf miteinander kommunizieren, arbeiten aber weiter auf die »alte« Weise. Alle Besprechungen bleiben, wie sie sind – nur jetzt eben online. Das bedeutet: Videogespräche in großen Gruppen und ständig E-Mail und Telefon checken, um einerseits nichts zu verpassen und andererseits nachzuweisen, dass man auch wirklich arbeitet und seine Stunden erbringt. Eine ermüdende Situation, in der die alten Arbeitszeiten bindend sind und die vielfältigen digitalen Optionen noch gar nicht genutzt werden. Viele Organisationen befinden sich derzeit offenbar auf diesem Niveau. Für besseres hybrides Arbeiten müssen Prozesse neu entworfen, die Arbeitszeiten oft noch flexibler und die digitalen Fähigkeiten und Fertigkeiten ausgebaut werden.

3. Nutzung der technischen Möglichkeiten. Ab hier beginnt man von den neuen Möglichkeiten des Online-Arbeitens zu profitieren – mit geteilten Dokumenten (Google Docs, Dropbox), Planungs-Apps (wie Trello, Basecamp) und differenzierten Kommunikationskanälen (E-Mail, Slack, WhatsApp, Yammer, Teams, Zoom, Telefon, handgeschriebene Notizen). Meetings werden durch andere Arten von Kommunikation und Abstimmung ersetzt. Nicht jedes Teammitglied muss mehr zum gleichen Zeitpunkt irgendwo sein, asynchron arbeiten wird möglich. Für viele funktionale Aufgaben ist physische Anwesenheit nicht mehr erforderlich und alle verfügen über ein ausreichendes Maß an digitalen Fähigkeiten. Natürlich müssen die Technik und die damit verbundene Sicherheit in Ordnung bzw. gewährleistet sein, z.B. durch Verhaltensregeln im Umgang mit unternehmenskritischen Informationen und, wo erforderlich, durch adäquat gesicherte, verschlüsselte und schnelle Internetverbindungen.

4. Asynchrone Zusammenarbeit. Die Vorstellung, dass alle zur selben Zeit arbeiten müssen, wurde völlig aufgegeben. Die meisten Aktivitäten erfordern keine sofortige Reaktion. Die Beteiligten empfangen Informationen über unterschiedliche vereinbarte Kanäle und Tools und reagieren, wann es ihnen am besten passt. Das gibt den Mitarbeitenden die Zeit und den Raum, sich zu fokussieren und ihrem eigenen Rhythmus zu folgen. Zu wichtigen Fragestellungen kann sich jede Person einbringen, sobald sie den Weg zu den betreffenden Informationen kennt. Alle respektieren die Zeit, den Rhythmus und den Fokus der anderen. Die Stechuhr ist ein Relikt aus der Vergangenheit und Anwesenheit wird nicht länger an Produktivität, Stunden oder Output gekoppelt. Nachtmenschen arbeiten bis spät in die Nacht und die »frühen Vögel«, sobald die Sonne aufgeht. Es ist lediglich auf ausreichend zeitliche Überlappung für Kontakt- und Abstimmungsmöglichkeiten zu achten – und natürlich, um mit Kund:innen, Schüler:innen, Klient:innen und anderen arbeiten zu können. Unternehmen können so für Menschen aus anderen Zeitzonen, mit unterschiedlichen Lebensstilen und anderen physischen Möglichkeiten hochgradig inklusiv sein. Dazu sind jedoch die entsprechenden digitalen Fähigkeiten bei allen Beteiligten Voraussetzung.

5. Nirwana. Sowohl die physische als auch die technische Arbeitsumgebung sind so perfekt eingerichtet, dass man als verteiltes Team, das vollständig remote arbeitet, besser funktioniert, als ein physisches Team das je könnte. Laut Mullenberg ist das ein unerreichbares Ideal – doch durchaus eines, das man anstreben kann.

Während ich über Mullenbergs Nirwana nachdachte, beschlich mich noch ein anderes Gefühl. Viele High-Tech-Gurus, Kinder der Generation Y, Selbstständige und digitale Nomaden sprechen im Internet und in den sozialen Medien voller Hingabe und Begeisterung über all diese neuen Möglichkeiten. Geschichten von Hoffnung und Freude dominieren offenbar diese Kommunikation. Ich finde mich darin durchaus wieder, gleichzeitig kenne ich auch viele Menschen, die einfach in Ruhe arbeiten wollen, mit klar abgegrenzten Zeiten und einem festen Arbeitsort. Wir dürfen bei der Gestaltung dieser neuen Arbeitsweisen nicht vergessen, dass nicht alle gleichermaßen gut mit dynamischem asynchronem Arbeiten zurechtkommen, derzeit jedoch damit konfrontiert sind – zumindest zeitweise, vielleicht sogar für immer. Deshalb sollte man wissen, zu welcher Gruppe man gehört, weil das die eigene Art zu sprechen, zu denken und zu handeln beeinflusst. Verlieren wir also diejenigen nicht aus den Augen, die das anders erleben, sondern beziehen wir auch sie in die Neugestaltung und die damit verbundenen Schritte mit ein. Im Augenblick diktiert Corona viel, doch ich erwarte, dass das mit der Zeit nachlässt.

Großer Umbau: Informationen straffen

Vor allem in großen Unternehmen sind sehr viele Anpassungen sowohl technischer als auch kultureller Art erforderlich, um das nächste Niveau von Online-Arbeiten zu erreichen. Es ist vergleichbar mit einem Umbau, bei dem man online Räume und Begegnungsstätten schafft und dann an bestehende Strukturen und Gebäude koppelt. Eine bekannte Herausforderung bei jeder Form von Arbeit, und ganz sicher auch bei hybridem Arbeiten, ist es, die Übersicht über die Anzahl der Kommunikationskanäle zu behalten. Ehe man sich versieht, hat jemand per E-Mail ein Dokument geschickt, das in der App-Gruppe besprochen, während einer Videokonferenz überarbeitet und in Slack protokolliert wurde … Gute und clevere Dokumentation ist entscheidend. Und obwohl E-Mail das universellste Tool ist, das alle kennen, ist es äußerst ungeeignet für gute (asynchrone) Zusammenarbeit an Dokumenten und in Projekten. Ich bin kein Experte für Apps und überlasse das gern anderen. Doch die Schaffung einer guten Online-Infrastruktur ist unabdingbar – sie ist wie das virtuelle Gemeinschaftshaus mit Zugang zu Bibliotheken, Arbeitsplätzen, Klatsch- und Tratschecken. Der Fokus liegt vor allem darauf, wie wir als Menschen mit diesen Dingen umgehen, was diese Formen von Online- und hybrider Arbeit für unsere Art der Kontaktaufnahme, der Zusammenarbeit und der Führung bedeuten. Sehr interessante und neue Tendenzen sind derzeit die Möglichkeiten, die die AR/VR-Technologie eröffnet. Damit kann man mit anderen Menschen remote zusammenarbeiten, als ob man nebeneinandersteht. Auf *www.spatial.io* ist zu sehen, was bereits im Oktober 2020 so alles möglich ist. Ich erwarte, dass diese Entwicklung sehr schnell fortschreiten wird.

Online-Arbeit bietet große Vorteile für Menschen mit einer körperlichen Beeinträchtigung

Ich habe von verschiedenen Seiten gehört, dass sich Menschen mit einer körperlichen Beeinträchtigung jetzt viel mehr als gleichwertiger Teil eines Teams oder Unternehmens erfahren. Ich sprach darüber mit Rick Brink. Rick ist Beauftragter für Behindertenangelegenheiten, eine Initiative der Rundfunkanstalt KRO-NCRV.

Rick Brink: »Menschen mit einer Beeinträchtigung fühlen sich überdurchschnittlich einsam und die Hauptursache dafür ist, dass sie keine Arbeit finden. Das beeinträchtigt sie. Ich erhielt in letzter Zeit tatsächlich Nachrichten von Menschen mit Beeinträchtigung, die sagten: ›Es ist wirklich toll, dass die gesamte Gesellschaft nun einmal spürt, wie es mir jeden Tag geht.‹ Natürlich ist diese Gruppe, genau wie alle anderen Menschen, durch das Corona-Virus eingeschränkt. Vielleicht manchmal sogar noch etwas stärker. Weil sie zum Beispiel oft mit gesundheitlichen Problemen und deshalb mit einem höheren Corona-Risiko zu kämpfen haben. Doch Corona verschafft dieser Gruppe auch Vorteile. Viele Menschen mit einer Beeinträchtigung haben Probleme mit ihrem Energiehaushalt oder haben ein Transportproblem. Die Corona-Krise hat uns gelehrt, dass wir enorm viel von zu Hause aus erledigen können. Zu Hause studieren ebenso wie zu Hause arbeiten. Dadurch können Menschen sich einfacher ihren Tag einteilen und müssen nicht mehr physisch zu diversen Terminen erscheinen. Das verbessert für Menschen mit Beeinträchtigung die Chancen, zu studieren oder in den Arbeitsmarkt einzutreten. Doch sobald sich alles öffnet und vom Management wieder erwartet wird, dass man ins Büro kommt, entsteht erneut Ungleichheit. Meine oberste Priorität ist es, dafür zu sorgen, dass das nicht passiert. Nutzen wir doch die Lektionen, die Corona uns gelehrt hat – um mit Traditionen zu brechen und dafür zu sorgen, dass Menschen mit Beeinträchtigung auf dem Arbeitsmarkt nicht länger unterrepräsentiert sind. Jetzt ist der Moment, an dem wir die Gesellschaft irgendwie resetten, zurücksetzen. Die leidigen Eigenschaften von Corona in etwas Positives verwandeln. Denn das gibt Menschen mit Beeinträchtigung Chancen!« *– Rick Brink, Beauftragter für Behindertenangelegenheiten*

3.4   Zwischen synchronem und asynchronem Arbeiten variieren

In hybriden Unternehmen brauchen nicht alle zur gleichen Zeit am selben Ort zu arbeiten. Es entsteht ein Mix aus sowohl synchronem als auch asynchronem Arbeiten.

Asynchron arbeiten

Ein wichtiger Schritt, um die wahren Vorteile hybriden Arbeitens zu erfahren, besteht darin, den Mitarbeitenden die Möglichkeit zum asynchronen Arbeiten zu eröffnen. Das heißt, dass Menschen gemeinsam an Projekten arbeiten, wobei jede Person ihren eigenen Rhythmus und die eigenen Arbeitszeiten beibehält. Im ersten Schritt hin zu asynchronem Arbeiten werden alle Besprechungen optional. Wer verfügbar ist, ist dabei, aber die Grundannahme ist, dass nicht alle jederzeit anwesend sein können. Das erfordert die optimale Nutzung der technischen Möglichkeiten und der damit verbundenen Erwartungsmuster und Umgangsformen. Beispielsweise wird die Agenda bereits vorher festgelegt und in die Runde geschickt, sodass alle, die nicht dabei sein werden, dennoch ihren Input beisteuern können. Wichtig ist, im Vorfeld Klarheit über den Status bestimmter Vorschläge und der Entscheidungsfindung zu schaffen. Nehmen Sie das Meeting auf, was bei einem Online-Treffen recht einfach ist, und dokumentieren Sie den Inhalt sehr sorgfältig. So können sich diejenigen, die nicht dabei waren, das Meeting später ansehen oder die Inhalte nachlesen. Das ist für informelle soziale Treffen ebenso wichtig wie für inhaltliche Meetings. Zum Beispiel können Personen, die nicht teilnehmen, dann Grüße oder Beiträge schicken, die andere für sie vorlesen.

Asynchrones Arbeiten erfordert eine andere Denkweise als synchrone Arbeit. Die Flexibilität und Freiheit jedes Teammitglieds werden in hohem Maße akzeptiert und formen die Basis der Zusammenarbeit. Kein Stress mehr, wenn man irgendwo nicht teilnehmen kann. Die Zeit selbst und der Zeitpunkt, an dem etwas zu tun ist, spielen keine Rolle mehr. Alle Benachrichtigungen und Plings und Plongs von E-Mail und Apps können abgeschaltet werden. Sie führen nur zu Stress und stören die Konzentration. In einer speziellen Routine zu Tagesbeginn checkt man noch einmal die wichtigsten Tools und Planungs-Apps – und dann geht's an die Arbeit. Für wirkliche Dringlichkeit und unbedingt erforderliche Gleichzeitigkeit werden explizit Termine vereinbart, und nicht andersherum. Ich denke, dass es für jedes Unternehmen interessant sein kann, jetzt eine Bestandsaufnahme zu machen, für welche Arten von Aktivitäten dies möglich und wünschenswert ist, sodass Sie die aktuelle Situation zum Experimentieren nutzen und professionelle Arbeitsweisen entwickeln können.

> **Synchron arbeiten bedeutet,** dass Menschen gleichzeitig gemeinsam arbeiten. Planungsaufgaben und Termine untereinander abzustimmen ist dabei ein entscheidendes Element des Arbeitsprozesses. Indem man irgendwo teilnimmt oder nicht, zeigt man, wie beschäftigt oder manchmal auch wie wichtig man ist. Manche Arbeiten können nur synchron ausgeführt werden.

> **Asynchron arbeiten bedeutet,** an Projekten zusammenzuarbeiten, wobei jedes Teammitglied den eigenen Rhythmus und die eigenen Arbeitszeiten beibehält. Gleichzeitigkeit ist manchmal erforderlich, auch schön, aber sicher kein Muss.

> **Hybrides Arbeiten** gibt Ihnen nicht nur die Flexibilität, *wann* Sie arbeiten, sondern auch die Möglichkeit, *wo* Sie arbeiten: zu Hause, von unterwegs, im Büro, in einem virtuellen Besprechungsraum, anderswo. Die Wahl des Ortes hängt von den Optionen rund um die Aufgabe und den persönlichen Vorlieben ab. Und danach können Sie an diesem Ort entscheiden, ob Sie gemeinsam mit anderen synchron an etwas arbeiten wollen oder lieber asynchron.

Hybrides Arbeiten: zwischen synchronem und asynchronem Arbeiten variieren

Hybrides Arbeiten verlangt nach einem anderen Rhythmus als die alte Arbeitsweise vor Ort im Unternehmen. Schaffen Sie einen Rhythmus, einen Kommunikations-*Herzschlag*, um sich weiterhin mit Ihrem Team und der Organisation verbunden zu fühlen. Das ist die Lebensader beim Remote-Arbeiten. Finden Sie heraus, wie oft Sie sowohl über den Arbeitsfortschritt als auch zur Aufrechterhaltung des gegenseitigen Kontakts miteinander sprechen müssen. Schaffen Sie eine gute Struktur, in der alle ihr eigenes Tempo wählen können. Ermöglichen Sie Flexibilität und berücksichtigen Sie so gut es geht den Biorhythmus und die familiären Umstände jedes Teammitglieds. Familien mit kleinen Kindern werden einen anderen Rhythmus haben als Singles oder ältere Mitarbeitende. Wenn Sie mit einem internationalen Team in unterschiedlichen Zeitzonen arbeiten, dann richten Sie es so ein, dass alle einmal spät oder auch sehr früh arbeiten müssen. Verdeutlichen Sie, wer was wann zu liefern hat, und schaffen Sie einen Kommunikationsfluss auf Basis klarer Ziele und Ergebnisse. Innerhalb dieser Struktur kann sich nun jede Person die Freiheit nehmen, nach ihren eigenen Fähigkeiten und Bedürfnissen zu arbeiten. Vereinbaren Sie miteinander, wann wer verfügbar ist, sorgen Sie dafür, dass jedem Teammitglied dieser Zeitplan vorliegt und es ein paar Stunden Überlappung gibt, sodass Sie Online- und Offline-Meetings organisieren können, an denen alle teilnehmen können. Und natürlich ist eine der größten Herausforderungen dabei, eine gute Work-Life-Balance zu halten. Die meisten Menschen neigen dazu, eher mehr als weniger Zeit mit der Arbeit zu verbringen (nein, natürlich nicht alle). Für alle gilt also: Finden Sie eine gute Mischung aus erreichbar und nicht erreichbar sein. Schauen Sie dazu auf jeden Fall auch in das Kapitel 7 zum Thema Zweifel und Stille.

Die besten Kommunikationskanäle je Vorhaben wählen

Videokonferenzen sind nicht für alles die beste Lösung. Entwerfen Sie einen intelligenten Kommunikationsprozess. Klären Sie miteinander, wofür jeder Kanal zum Einsatz kommt und innerhalb welcher Zeitspanne eine Reaktion erwartet wird. Auf eine WhatsApp-Nachricht beispielsweise schnell, auf eine E-Mail binnen eines Tages und auf Slack, wann es am besten passt. Mit einem Rhythmus pro Kommunikationskanal entfällt der Impuls, auf alles sofort reagieren zu müssen, nur um zu beweisen, dass man arbeitet. In hybriden Arbeitskulturen beweist man Engagement nicht mit der Anzahl Meetings, die man abhält, nicht mit Seufzern über einen vollen Kalender oder indem man nach Feierabend noch in der Firma bleibt. Engagement äußert sich in Output, Ergebnissen, Ideen und persönlichen Kontakten zu Kolleg:innen. Finden Sie deshalb Wege, wie das für alle Beteiligten (online) sichtbar wird. Evaluieren Sie verschiedene Tools und Apps, um sich gegenseitig auf dem Laufenden zu halten (z.B. Slack und Trello), und wechseln Sie zwischen telefonischem Kontakt und Videoanrufen. Suchen Sie nach intelligenten Kommunikationswegen, die Zeit sparen, statt zusätzlich Zeit und Energie zu kosten. In Ihren Überlegungen können Sie das folgende Schema mit den Dimensionen Zeit und Ort einbeziehen. Eine wesentliche Voraussetzung ist, dass sämtliche Informationen online für alle leicht zugänglich sind.

Schema für hybrides Arbeiten: Mix aus Synchronität und Ort

	Am selben Ort	**An einem anderen Ort**
Synchron	*Dimension 1* ■ Zusammenarbeit: findet in einer physischen Umgebung statt, in der jedes Teammitglied zur gleichen Zeit anwesend ist. ■ Hilfsmittel: elektronisches Whiteboard, Flipchart, Kaffee ■ Form: Workshop, Training, Vortrag, Brainstorming. Ein hohes Maß an Interaktion ist problemlos möglich. Eine beeindruckende Geschichte gemeinsam erleben.	*Dimension 2* ■ Zusammenarbeit: findet in einer Online-Umgebung statt, in der jedes Teammitglied zur gleichen Zeit anwesend ist ■ Hilfsmittel: Chat, Videokonferenz, Kollaborationssoftware ■ Form: Online-Workshop, Online-Vortrag. Interaktion ist möglich, soweit die Technik es zulässt. Schwieriger ist es bei größeren Gruppen. Vorwiegend senden.
Asynchron	*Dimension 3* ■ Zusammenarbeit: findet in einer physischen Umgebung statt, in der jedes Teammitglied abwechselnd und nicht gleichzeitig anwesend ist. Schichtarbeit. ■ Hilfsmittel: visuelle Übergabe auf Flipchart oder Whiteboard, Kollaborationssoftware (z.B. Trello), Projektmanagement ■ Form: Vlog, Blog, Staffel-Brainstorming, Projekte. Direkte Live-Interaktion ist nicht möglich, muss über Bild- und geschriebene Sprache erfolgen.	*Dimension 4* ■ Zusammenarbeit: findet in einer Online-Umgebung statt, in der jedes Teammitglied abwechselnd und nicht gleichzeitig anwesend ist. ■ Hilfsmittel: Internet, individuelle Arbeitsplätze, klare Zeitpläne, Kollaborations-Apps (z.B. Trello), Projektmanagement ■ Form: Vlog, Blog, Staffel-Brainstorming, Projekte. Direkte Live-Interaktion ist nicht möglich, muss über Bild- und geschriebene Sprache erfolgen.

Beim hybriden Arbeiten entscheidet man über die Arbeitsform anhand der Variablen Zeit und Ort und des Umfangs der gewünschten Aktivität. In der Praxis können sich die Dimensionen aus dieser Übersicht für verschiedene Teams und Aktivitäten vermischen. Da wir derzeit aufgrund der Corona-Maßnahmen häufig nicht am gleichen Ort sein können, obwohl die Interaktionstypen und Zielstellungen das erfordern, müssen wir uns behelfen. Das sorgt zumindest dafür, dass wir kreativ werden und viele neue Formen von Zusammenarbeit und Kommunikation entdecken.

Digitale Spielregeln: das Handbuch

Das Softwareunternehmen GitLab arbeitet zu hundert Prozent digital, auch *Remote Working* genannt, wobei die Beschäftigten vom jeweils eigenen Arbeitsort aus arbeiten. Solange man über eine gute Internetverbindung verfügt, spielt es keine Rolle, wo man arbeitet. Mit rund 1.200 Mitarbeitenden und mehr als 3.000 Menschen, die an den Produkten mitwirken, ist GitLab nach eigener Aussage über 66 Länder verteilt und das größte vollständig remote arbeitende Unternehmen der Welt. Um das gut zu organisieren, nutzen sie ein *Firmenhandbuch*, das gedruckt mehr als 5.000 Seiten umfassen würde. Die Grundlage dieses Handbuchs bilden die Werte der Organisation (Collaboration, Ergebnisse, Effizienz, Diversität, Inklusion & Zugehörigkeit, Iteration und Transparenz). Eine der wichtigsten Regeln besagt, dass man bei einer Frage immer erst zum Handbuch greift, sodass man Dinge nicht unnötigerweise neu erfindet. Und dass jede Lösung sorgfältig dokumentiert wird. Inzwischen wurde jemand eingestellt, der diese Prozesse strafft. Weil GitLab daran glaubt, dass jeder Mensch einen Beitrag leisten kann und deshalb Co-Creation wichtig ist, findet man das vollständige Handbuch als Open Source auf der Website des Unternehmens. Es ist ein umfangreiches Dokument, in das es sich mehr als lohnt, hineinzuschauen, um Inspiration und Ideen zu erhalten, wie man die eigene hybriden Arbeitskultur gestalten und umsetzen kann. Den Link finden Sie am Ende des Buches bei den Quellenangaben.

3.5   Den Ort variieren, an dem gearbeitet wird

Neben der Entscheidung zwischen synchronem und asynchronem Arbeiten hat man zusätzlich die Wahl, wer wo arbeitet. Im Augenblick ist das zwar abhängig von den Corona-Maßnahmen, doch ich erwarte, dass man ab einem bestimmten Zeitpunkt wieder die freie Wahl hat. In jedem Fall ist dabei eine Reihe von Dynamiken zu berücksichtigen, denn schließlich soll jedes Teammitglied das gleiche Engagement, den gleichen Stolz und die gleiche Loyalität gegenüber den anderen im Team empfinden und sich gleichermaßen an den formellen und informellen Interaktionen beteiligen können.

Physische Teams, von denen jedes an einem eigenen Standort arbeitet

Zwei oder mehr Teams befinden sich an unterschiedlichen Standorten und arbeiten häufig offline zusammen. Manchmal auch in verschiedenen Zeitzonen, wodurch sie de facto in Schichten arbeiten. Die Menschen fühlen sich ihrem Team und ihrem Standort sehr verbunden. Es kann auch ein Gefühl für wichtigere Standorte (da Firmenhauptsitz, kürzeste Entfernung zu Kund:innen oder größte Anzahl von Mitarbeitenden) und weniger wichtige (ein sehr kleines Team, in einer anderen Zeitzone) geben. Das beschreibt für viele Menschen die Situation vor Corona.

Remote-Teams

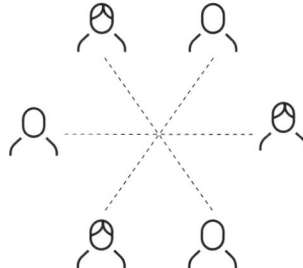

Es existiert kein zentraler Standort. Alle arbeiten hundert Prozent verteilt am jeweils eigenen Arbeitsort. Das ist für eine Reihe internationaler, oft softwarebezogener Firmen seit Jahren gangige Praxis. Doch durch Corona werden viele Menschen, die sich sonst nie für eine solche Arbeitsweise entscheiden würden, plötzlich damit konfrontiert. Sogar dann, wenn der Typ der Arbeitsaufgaben dafür keineswegs ideal ist.

Hybride Teams

Das Team hat einen festen Standort, an dem mehrere Personen dauerhaft arbeiten und /oder verschiedene Teammitglieder zu unterschiedlichen Zeiten anwesend sind. Das ist ein Modell, das auch recht häufig zu finden ist, vor allem beispielsweise in großen Unternehmen mit einem Netz von Freiberuflern oder in international agierenden Organisationen. Das Hauptrisiko von hybriden Teams besteht darin, dass die Personen, die nicht vor Ort sind, nicht ausreichend in Prozesse eingebunden und einbezogen werden, weil das lokale Team übersieht, wie viel sie in Flur und Kaffeeküche miteinander klären. Die anderen Teammitglieder, oft Satelliten genannt, können sich als Folge davon allein und weniger mit dem Team und der Organisation verbunden fühlen. Das liegt auch daran, weil sie, teils zurecht, den Eindruck haben, dass sie in etlichen Projekten den Anschluss verpassen, da sie etwas außen vor sind. So wird die Situation von vielen Teams aussehen, wenn die Corona-Maßnahmen etwas gelockert werden. Dann dürfen beispielsweise zehn Prozent einer Abteilung am Standort arbeiten. Dann ist es umso wichtiger, die Verbindung zueinander über gemischte Formen von Kommunikationskanälen offenzuhalten.

Eine klassische Falle all dieser Arten von Zusammenarbeit ist das »Auf der anderen Seite des Zauns ist das Gras immer grüner«-Syndrom. Diejenigen, die nicht am Standort arbeiten, haben das Gefühl, dass es dort mit all der Gemütlichkeit, dem leckeren Kaffee und den vielen Gesprächen auf dem Gang und informellen Entscheidungsprozessen viel besser wäre. Die Mitarbeitenden am Standort hingegen neiden den anderen vielleicht ihre Freiheit, das gemütliche Arbeiten zu Hause und den eigenen Rhythmus. In der Corona-Zeit kommt noch die Angst vor dem Virus und den damit verbundenen Gesundheitsrisiken hinzu, wenn man unter Menschen gehen und zur Arbeit kommen muss. Doch auch Einsamkeit und andere unschöne Umstände zu Hause können für diejenigen, die nun nicht ins Büro kommen dürfen, belastend sein. Das kann zu einer Zweiteilung führen, die großen Einfluss auf die Lebensumstände eines jeden Menschen und sein Erleben der aktuellen Situation hat, in der wir uns befinden.

Meine Frau arbeitet nun schon monatelang vom Dachboden aus mit ihren internationalen Teams. Alles online. Sie geht kaum nach draußen, während ich mit anderen Menschen vor Ort arbeite. Ich merke, dass sie die Welt sehr ängstlich betrachtet, so kenne ich sie eigentlich gar nicht. Das führt häufiger zu Streit. Letztens war unser Sohn erkältet. Ich interpretierte die

Vorschriften des GGD[1] so, dass er noch zur Schule gehen darf, während sie aus denselben Informationen schlussfolgerte, dass er in Quarantäne gehört und ich am besten auch zu Hause bleibe. Ich wünschte, meine Frau könnte oder müsste auch etwas häufiger unter Menschen gehen. Ich werde sonst noch verrückt.
– Erfahrung aus dem Feld

Wie wir das bei Human Dimensions handhaben

Vor diesem Buchprojekt habe ich ehrlich gesagt nie so explizit aus der Perspektive von synchronem und asynchronem Arbeiten auf Prozesse geschaut. Beim Schreiben wurde mir klar, dass wir mit unserem Team bei Human Dimensions bereits seit Jahren auf diese Weise arbeiten. Im Jahr 2006 habe ich Human Dimensions gegründet – mit dem Ziel, Organisationen so zu aktivieren, dass sie für alle Mitarbeitenden, Kund:innen, Zulieferer und die Welt äußerst attraktiv sind. Mit unserem Team bieten wir Trainings und Vorträge zur Entscheidungsfindungsmethode »Deep Democracy«, zu Diversität und Inklusion, anthropologischer Sichtweise, Führung und kulturellem Wandel an.

Wir alle treffen uns nur fünf Mal im Jahr am selben physischen Ort. Die restliche Zeit stehen wir über Slack in Kontakt. Klar sehen wir uns zwischendurch in allen möglichen kleineren Gruppen. Davon teilen wir dann Bilder und Informationen auf Slack. E-Mail benutzen wir kaum noch und arbeiten über Dropbox an geteilten Dokumenten. In entscheidenden Momenten, wenn schnelle Reaktion gefragt ist, nutzen wir WhatsApp. Und während des ersten Lockdowns hatten wir ein wöchentliches Online-Meeting für »Tränen, Glück und andere Sachen«, das nun zu einem monatlichen Online-Hangout für Menschen geworden ist und eine wertvolle Ergänzung zu unseren sonstigen Kontaktmomenten darstellt. Zu jedem Meeting vereinbaren wir jedes Mal explizit, wie wichtig eine Teilnahme ist: Heilige Tage

→

---

1.   Anm. d. Übers.: GGD steht für Gemeentelijke oder Gemeenschappelijke Gezondheidsdienst, auf deutsch: Städtischer oder Gemeinsamer Gesundheitsdienst.

oder optional oder seeeeehr gern, es sei denn, es geht nicht. Für wichtige Entscheidungen sind die Agenda und der aktuelle Status der Entscheidungsfindung bekannt. Kann man nicht dabei sein, so liefert man Input und vertraut darauf, dass die eigene Perspektive in die Entscheidungsfindung einbezogen wird. Unsere Arbeit mit Trainings und Vorträgen erfordert Gleichzeitigkeit mit unseren Teilnehmer:innen und im besten Falle, dass alle zur gleichen Zeit physisch anwesend sind. Auf diesem Gebiet haben wir in den vergangenen Monaten viel dazugelernt und angepasst und inzwischen Möglichkeiten für verschiedene Formen von Online- oder hybriden Zusammenkünften geschaffen. Doch unsere erste Wahl bleibt synchron und physisch mit einer Gruppe an einem Ort.

Maßnahmen, um Ihren hybriden Arbeitsplatz einzurichten:

- Schaffen Sie für jeden einen Online-Zugang, also gute Laptops und schnelles WLAN. Investieren Sie in gute Ausstattung und Technik, beispielsweise in gute Headsets. Eine Investition, die viel Stress und Hektik vermeidet.
- Achten Sie auf einen klaren virtuellen Grundriss. Die virtuelle Struktur ist im Grunde nichts anderes als die Wände und Türen in Ihrem realen Firmengebäude. Welche E-Mail-Adressen, Apps, Chat-Kanäle und URLs gibt es für HR-Fragen, Projektinformationen, informelle Aushänge, den neuesten Klatsch und Tratsch, Neuigkeiten, finanzielle Entwicklung usw. Und natürlich sind, ebenso wie in der Offline-Umgebung, die Sicherheit und der Zugang gut geregelt.
- Finden Sie eine Balance zwischen Autonomie und Zusammenarbeit. Jede Person kann einen anderen Rhythmus haben, also legen Sie eine Grundstruktur fest, die Ihrer Zusammenarbeit einen Herzschlag in der Kommunikation verleiht. Beachten Sie dabei den Biorhythmus jedes einzelnen Teammitglieds.
- Finden Sie heraus, wie virtuell Sie heute bereits arbeiten und was Ihre diesbezüglichen Ambitionen sind. Überdenken Sie, ob der Übergang zu asynchronem Arbeiten zu Ihrer Organisation passt, und legen Sie fest, welche Schritte dazu erforderlich sind.
- Legen Sie für jede Tätigkeit fest, was bezüglich synchron/asynchron bzw. physischer Anwesenheit und Online-Arbeit wünschenswert ist. Ordnen Sie die Tätigkeiten in das Schema von Synchronität und Ort

(siehe Seite 54) ein. Behalten Sie dabei im Hinterkopf, dass Corona regelmäßig für suboptimale Kombinationen sorgt, weil zum Beispiel aufgrund der Tätigkeit eigentlich alle offline und gemeinsam arbeiten müssten. Nutzen Sie die aktuelle Situation, um neue Formen zu erproben, zu experimentieren und Ihre diesbezüglichen Annahmen zu hinterfragen.

■ Sorgen Sie für einen guten Mix an Kommunikationskanälen und legen Sie gemeinsam für jeden Kanal die Dringlichkeit fest. Finden Sie einen Grundrhythmus, der zum großen Ganzen passt und in den sich alle gut einfügen können. Denken Sie dabei neben Meetings und funktionalen Zusammenkünften auch an Online-Aktivitäten, die die Unternehmenskultur stärken. Mehr dazu in Kapitel 5.

3.6   Hybrides Arbeiten ist nicht neu – es ist nomadisches Arbeiten

Remote-Arbeiten fühlt sich vielleicht neu an, ist es aber gar nicht. In dieser Hinsicht können wir viel von nomadischen Völkern lernen, die ohne festen Wohnort leben und regelmäßig weiterziehen. Die Gründe sind häufig das Klima, die Jahreszeiten und eine bestimmte Form von Ackerbau oder Viehzucht. Dennoch sind Nomaden keine Einzelgänger und der Zusammenhalt in den Stämmen und Familiengruppen ist sehr eng. Beispiele für nomadische Völker sind die Tuareg in der Sahara, die Inuit in Grönland, Sinti und Roma, Viehnomaden in der Mongolei und Yahi-Indianer in Kalifornien. Es folgen vier Lektionen, die sofort einen Einblick in den Rest dieses Buches geben.

Lassen Sie das Statusspiel zu

Jeder Mensch will sich innerhalb der Gruppenhierarchie unterscheiden: Ohne Statusspiel gibt es keine Bindung. Nomaden regeln das über Schätze, die sie sichtbar tragen oder zur Schau stellen, zum Beispiel goldene Zähne (Massai) und Ketten (Sinti und Roma), persische Teppiche, Kamele und Vieh. Rangordnung gehört zu unserem Menschsein dazu, machen Sie sich das klug zunutze. Auch in hybriden Arbeitskulturen ist es wichtig, darüber nachzudenken, wie dieses Statusspiel aussehen kann. Die Bedeutung sichtbarer, nicht ortsgebundener Statussymbole wird zunehmen, da jetzt ein eigenes großes Büro weniger Eindruck macht. In Corona-Zeiten ist menschlicher Kontakt rar und zugleich mit einem gewissen Risiko behaftet. Dadurch wird die Tatsache, in Kontakt stehen zu dürfen oder eben gerade nicht, zu einem Statussymbol. Achten Sie deshalb gut darauf, wem Sie aus welchen Gründen wozu Zugang einräumen. Häufiger Kontakt zu Führungskräften und Kolleg:innen tut vielen Menschen gut und sorgt für Ranking. Verschicken Sie persönliche E-Mails, nehmen Sie kleine Filme auf, zeigen Sie Menschen Ihre Anerkennung. Sorgen Sie auch anderweitig dafür, dass die Mitarbeitenden auf verschiedenste Weise untereinander und vor Kund:innen Eindruck machen können. Zum Beispiel durch schnelles WLAN, gute Laptops, einen schönen Bildschirmhintergrund für Videokonferenzen, eine Jogginghose mit Logo der Firma für entspanntes Arbeiten zu Hause, einmal pro Woche ein nach Hause geliefertes Lunchpaket …

Organisieren Sie begeisternde Zusammenkünfte

Gerade wenn die Entfernungen groß sind, werden bei nomadischen Völkern Zusammenkünfte wichtig. Die Inuit kommen von nah und fern zu jährlichen Festen und Gesangswettbewerben zusammen. Dort werden Hochzeiten geschlossen, wird Recht gesprochen und Familienbande werden gepflegt. Wer nicht kommen will, wird angespornt, doch dabei zu sein, oder ihn trifft ewige Schmach. Um über die Entfernung Verbindung und Vertrauen zu schaffen und nachhaltig zu pflegen, müssen wir uns mit einiger Regelmäßigkeit sehen, hören, riechen und fühlen. Weil wir Menschen sind. Wir sind taktile, emotionale Beziehungswesen, auch bei der Arbeit. Die Erinnerung an eine gute Begegnung kann uns Wochen und Monate Energie geben. Hybride Unternehmen sind deshalb gut beraten, hin und wieder große Events zu organisieren, um die wechselseitigen Beziehungen zu festigen und die Unternehmenskultur zu pflegen und zu entwickeln. Das große Ärgernis von Corona ist, dass wir uns nun nur selten oder gar nicht physisch begegnen können. Deshalb sind online organisierte Zusammenkünfte im Augenblick besonders wichtig. Nicht nur, um Informationen zu teilen, sondern auch wegen der sozialen Kontakte und um gemeinsame Erfahrungen und Erinnerungen zu schaffen, die in die Geschichten des Unternehmens eingehen können. Organisieren Sie deshalb auch Ihre Online-Events als begeisternde Zusammenkünfte, die man um nichts in der Welt verpassen möchte. Laden Sie Comedians und Sänger:innen zu Ihren Online-Meetings ein, nutzen Sie Bilder und Geschichten, musizieren, singen und tanzen Sie, räumen Sie Zeit für persönliche Begegnungen in Online-Breakout-Sessions ein. Natürlich in einer Form, die zu Ihrer Unternehmenskultur passt. Man sollte als Teammitglied wirklich das Gefühl haben, unbedingt dabei sein zu müssen. Sollten Sie die Möglichkeit haben, einen Teil der Teilnehmer:innen live an einem Standort zu versammeln, während alle anderen online teilnehmen, dann bedenken Sie, dass die vor Ort Anwesenden das als zusätzliches Geschenk auffassen können und sich die anderen vielleicht zurückgesetzt fühlen. Mischen Sie deshalb die Zusammenstellung der Gruppen bei jedem Treffen immer wieder gut durch.

Inspirierende Führung

Selbst wenn alle Mitglieder eines Nomadenstamms oder -volks über die Berge oder den Dschungel verstreut leben, sind Nomaden nicht ohne Führung. Im Gegenteil. Stammesoberhäupter, Familienälteste und Leitende einer Zeltgruppe spielen eine wesentliche Rolle. Manchmal, weil sie Entscheidungen treffen müssen, aber viel mehr noch, indem sie gut delegieren und Menschen in die Lage versetzen, fernab von allen anderen, in ihrer unmittelbaren Umgebung eigene Entscheidungen zu treffen. Starke Nomadenoberhäupter nutzen mit Erfolg verteilte Führung. In Zeiten des Überflusses leben die verschiedenen Familienverbände friedlich miteinander, doch in Zeiten von Nahrungsmittelknappheit oder Mangel an Lebensraum kann es zu blutigen Stammeskriegen kommen. Das Gleiche gilt für hybride Organisationen. Streit um Kundenkontakte, Buy-outs, Zurückhalten von Informationen ... diese Dynamik setzt sich unvermindert fort, auch und gerade beim Remote-Arbeiten. Es braucht eine starke Remote-Führung, um die gegenseitigen Verbindungen und Beziehungen intakt zu halten. Führungskräfte in hybriden Kulturen müssen mehr sein als Planungs-und-Kontrollinstanzen. Nur inspirierende Führungskräfte sind in der Lage, alles zusammenzuhalten. Achten Sie in hybriden Kulturen darauf, dass neue Mitarbeitende genau wissen, zu welcher Untergruppe (»Zelt«) sie gehören, arbeiten Sie mit Mentor:innen und Peergroups. Menschliche und aufrichtige Führung ist heute wichtiger denn je – mit klaren Ergebnisvereinbarungen, einem guten Teil

Eigenverantwortung und noch mehr Vertrauen. Führungskräfte, die dazu nicht in der Lage sind, verursachen weitere Entfremdung. Mit ihnen müssen unmissverständliche Gespräche geführt werden.

Geschichten teilen

Bei nomadischen Völkern zählt vor allem die mündliche Überlieferung. Bücher und Schriften sind von geringerer Bedeutung. Es geht um die Geschichten (und oft auch um Lieder, Gedichte und Rätsel) über die Ahnen, die am Lagerfeuer erzählt werden, um die Götter, die überall (in der Natur) verehrt werden können, statt lediglich in dieser einen Kirche im Ort oder diesem einen Tempel. Im Unternehmensumfeld bedeutet das: Erzählen Sie gute Geschichten und machen Sie nicht den Fehler, lediglich Gliederungspunkte und Konzepte zu teilen. Online-Kommunikation neigt dazu, effizient und sachlich zu sein und erfordert etwas zusätzlichen Aufwand, um Begeisterung hinzuzufügen. Verwenden Sie Rätsel, setzen Sie Musik und Fotos ein, beschreiben Sie Mission und Vision auf eine Weise, die Verbindungen stiftet und natürlich zu Ihrer Unternehmenskultur passt. Führungskräfte, die wirklich gute metaphorische Reden halten können – online, live und in kurzen Filmen –, werden feststellen, dass es so leichter fällt, auch auf Distanz Nähe zu erzeugen. Holen Sie sich dabei die Unterstützung von Marketing- und Kommunikationskolleg:innen und von jungen Menschen, die mit den sozialen Medien vertraut sind.

Abb. 3–2 **Die Bahktiari im Iran** *ziehen zwei Mal jährlich in ein anderes Gebiet. Unterwegs sind Beziehungen und der Zugang zu unterschiedlichsten Informationsquellen essenziell. Genau wie beim hybriden Arbeiten. (Foto: Jitske Kramer)*

4

Hybride Führung: klar, menschlich und improvisierend

Selten war man als Führungskraft mit so einschneidenden Aufgaben konfrontiert. Neben allen moralischen Dilemmas, finanziellen Herausforderungen und den persönlichen Gefühlen eines jeden Menschen in dieser Pandemie muss auch noch Knall auf Fall eine ganze Reihe technischer Veränderungen umgesetzt werden. Unter Druck beginnt alles zu fließen, sagt man. Das ist richtig, doch wie schafft man wieder Stabilität in dieser andauernden bizarren Zeit, deren Ende noch lange nicht abzusehen ist. Und wie bleibt man selbst und als Team gesund und ganz?

Aufgrund des Corona-Kulturschocks stehen wir vor der Herausforderung, viele grundlegende Veränderungen vornehmen zu müssen, aber auch unseren Führungsstil zu verändern und Zusammenarbeitsprozesse anzupassen. Wie wir mit diesem Kulturschock in Bezug auf Veränderung und Transformation umgehen können, darüber werde ich in Kapitel 8 schreiben. In diesem Kapitel soll es darum gehen, welche Auswirkungen das alles auf Führung hat. Und es beginnt mit einer fundamentalen Schlussfolgerung: Lernen Sie schnell, die vielen digitalen Möglichkeiten zu nutzen.

Die digitale Sprache beherrschen

Sind Sie jemand, der oder die in den letzten Jahren Online- und Social-Media-Tools von sich weggeschoben hat? Dann hoffe ich, dass Sie das nun gerade in Windeseile aufholen. Ich weiß, wovon ich rede. Ich musste lernen, vor der Kamera zu sprechen, gute Aufnahmen aus meinem Heimstudio zu senden und die Interaktionsmöglichkeiten der unterschiedlichen Plattformen zu kennen und zu nutzen. Und das alles neben der inhaltlichen Arbeit, die häufig auch neu und maßgeschneidert war. Dabei hatte ich das Glück, dass wir als Team seit Jahren daran gewöhnt sind, hybrid zu arbeiten.

Manager:innen, die die Digitalisierung verschlafen haben, zahlen jetzt einen hohen Preis, wenn sie nicht schnell in die Gänge kommen. Treffen Sie eine kreative Auswahl beim Zusammenstellen des besten Mix aus Apps, Formen und Strukturen. Entdecken Sie neue Kontaktwege. Gehen Sie mit gutem Beispiel voran und haben Sie den Mut, sich verletzlich zu zeigen. Schauen Sie sich bei Ihren Kindern ab, wie die das machen, sehen Sie sich bei SnapChat und TikTok

um, lernen Sie von Menschen, die seit Jahren international arbeiten. Vor allem
– experimentieren Sie jetzt, da wir alle noch lernen und nach neuen Möglichkeiten suchen.

*Ich erlebe, dass unser schon etwas reiferes Management
noch immer mit der Technik herumwurstelt. Am Anfang
war es noch okay, auf jemandes Nasenhaare zu starren,
doch inzwischen erwarte ich etwas mehr Professionalität.
In der App machen wir uns jedenfalls ganz schön darüber
lustig. Diejenigen, und insbesondere Führungskräfte, die
während Online-Meetings noch immer nicht mit den
Basistechniken klarkommen und immer noch nicht wissen, wie man seinen Bildschirm teilt, sind nur noch
schwer ernst zu nehmen und schon bald völlig unglaub-
würdig. Wenn ich ehrlich bin, wird heute schon im Chat
über sie gelacht. – **Erfahrung aus dem Feld**

Eine Organisation ist ein lebendes Ganzes

Organisationen sind mehr als die Summe aus Aufgaben, Zielen und Listen. Es
sind lebende Gebilde aus Menschen voller Emotionen, Wünsche, Träume,
Ängste und Sehnsüchte. Diese Menschen arbeiten zusammen, um eine bestimmte Aufgabe zu erfüllen und ein Ziel zu erreichen und darauf liegt logischerweise in Krisenzeiten vielerorts der Fokus. Doch um auch langfristig gemeinsam exzellent zu bleiben, brauchen Menschen Klarheit über den Auftrag
und Vertrauen zu ihren Mitstreiter:innen. Führungskräfte müssen somit, unabhängig von hybridem Arbeiten, sowohl den Aufgaben als auch den Beziehungen Aufmerksamkeit widmen. Darüber, wie Führungskräften das am besten gelingt, sind schon reihenweise Bücher geschrieben worden. Ich werde das hier
nicht alles wiederholen. Ich will jedoch einige Themen beleuchten, die beim
Übergang zu hybridem Arbeiten besonderer Aufmerksamkeit bedürfen.

4.1   Eine Reihe wichtiger offener Türen

Bei guter Führung geht es nicht nur um Ergebnisse. Es geht auch und vor allem um die Arbeit mit Menschen. Der physische Abstand, den wir aufgrund von *Social Distancing*, was viel treffender *Physical Distancing* heißen sollte, nun einhalten müssen, führt dazu, dass wir für persönlichen Kontakt zusätzliche Anstrengungen unternehmen müssen. Fachliche Führungskräfte mit weniger ausgeprägten menschlichen Qualitäten stehen vor der großen Herausforderung, derartige Fähigkeiten schnellstmöglich zu entwickeln. Und selbst wer bereits gut ausgeprägte Fähigkeiten besitzt, wird sich stärker engagieren müssen, da die Qualität von Beziehungen derzeit unter Druck steht.

Menschen haben Emotionen

Menschen haben Launen und Emotionen, besonders während einer Pandemie. Menschen sind emotionale, Geschichten erzählende Stammeswesen. Sie sind emsig auf der Suche nach einem sicheren Platz auf dem menschlichen Affenfelsen, in der Gesellschaft anderer und wohl wissend, dass sie in ihrer Einzigartigkeit gesehen und geschätzt werden. Führungskräfte sorgen dafür, dass die Aufgaben umgesetzt werden können, und somit auch für gute zwischenmenschliche Beziehungen.

Auch wenn Ihre Arbeitsaufgaben nicht direkt davon betroffen sind, so werden Sie doch kontinuierlich von der allgemeinen weltweiten Situation aufgrund der Corona-Krise im Hintergrund beeinflusst. Was wir im Fernsehen und auf Facebook sehen, hat auf unterschiedliche Weise Auswirkungen auf unseren Gemütszustand und unsere tatsächlichen Lebensumstände. Die Zahlen sprechen eine deutliche Sprache. Die Corona-Krise ist nicht nur Auslöser dafür, dass mehr Familien von Armut bedroht sind, sondern sie macht auch bereits bestehende Armut deutlicher sichtbar. Als die Schulen geschlossen wurden, fiel plötzlich auf, dass viel mehr Kinder nicht über einen Laptop verfügen, als die Schulen je gedacht hätten. Wenn sie einen Computer brauchten, so gingen sie normalerweise zu Nachbarn oder in die Bibliothek, doch aufgrund der Corona-Krise war das plötzlich nicht mehr möglich. Immer mehr Menschen kommen zu den Tafeln, die wiederum weniger Essen zur Verfügung haben, weil von den Supermärkten weniger angeboten wird.

Was unter anderem eine Folge der Schließung des Hotel- und Gaststättengewerbes ist, denn dadurch bleiben weniger Vorräte übrig. Das Gleichgewicht in Kooperationsketten verändert sich, wo wir gehen und stehen. Ob das langfristig gesehen positiv ist oder nicht, weiß ich nicht und es sei auch vorläufig dahingestellt. Unabhängig davon sind die Auswirkungen auf unser aktuelles Leben enorm. Das Vertrauen der Verbraucher hat laut CBS[1] einen historischen Rückgang erfahren und viele Bereiche sind den Ausschlägen von Angebot und Nachfrage ausgesetzt.

Die Corona-Pandemie hat als Gesundheitskrise begonnen, ist jedoch sehr schnell zu einer ökonomischen Krise geworden. Und zu einer moralischen Krise, wenn man sich anschaut, wer vom Staat finanziell unterstützt wird oder wer nicht. Und daraus ist eine Vertrauenskrise rund um die Frage entstanden, auf was wir im weiten Expertenfeld vertrauen können, wenn es um die Bewältigung dieser Krise geht. Und eine mentale Krise, wenn wir unseren Gemütszustand betrachten … und all das hat Einfluss darauf, wie wir uns im Leben fühlen, und somit auch auf unsere Arbeit. Die Zukunft ist unsicher. Und das macht etwas mit uns. Welche Geschichte leben wir – fühlen wir Hoffnung oder leben wir in Ohnmacht? Wenn ich mich selbst betrachte, dann geht es mir persönlich glücklicherweise gut, aber ich fühle auf verschiedene Weise den Kummer um mich herum. Die Tränen, die während unserer diversen Corona-Krisen-Meetings vergossen werden, hängen vor allem mit dieser Ohnmacht zusammen. Mit unseren persönlichen Beschwernissen und der Einsamkeit aufgrund der Maßnahmen, die im gleichen Moment nichtig erscheinen, wenn Freunde und Kontakte aus dem Ausland erzählen, dass sie jetzt Hunger leiden, ihre Felder nicht bearbeiten und nicht ernten können, … oder verglichen mit der Situation befreundeter Freelancer, die nur mit Mühe ausreichend Essen für ihre Familien kaufen können und in Sorge leben, aus ihrem Haus ausziehen zu müssen. Darf man den eigenen Kummer darüber, dass man nicht reisen oder in die Kneipe gehen kann, noch fühlen, wenn man sieht, was andere gerade durchmachen? Und was kann man daran ändern?

---

1. Anm. d. Übers.: CBS – Het Centraal Bureau voor de Statistiek, dt.: Zentrales Amt für Statistik, *https://www.cbs.nl/*.

Ich arbeite in einem großen internationalen Unternehmen und führe ein Team aus vielen Nationalitäten. Durch das Arbeiten im Homeoffice sehe ich erst, wie einsam manche Teammitglieder sind. Viele müssen ohne ihre Lieben leben. Wir haben einen Kollegen, dessen Frau und Kinder knapp den letzten Flug in die Niederlande verpasst haben. Er wohnt in einem kleinen Zimmer und seine Familie tausend Kilometer entfernt. Das ist schwer. Ein anderer arbeitete monatelang in Griechenland, weil er so noch ein wenig für seine Eltern da sein konnte. Inzwischen ist er wieder hier, auch allein in einem Zimmerchen. Sie arbeiten mutig weiter, doch mir bricht ab und zu das Herz, wenn ich mich bei ihnen einwähle. – Erfahrung aus dem Feld

Genau dieser Kontext, dieses unermessliche Feld aus Angst und Unsicherheit, in dem wir alle leben, beeinflusst, wie Sie E-Mails schreiben, unterrichten, die Planung aufsetzen, sich kümmern, auf andere reagieren usw. Menschliche Führung bedeutet, mehr zu sehen als nur das, was gerade im Team vorgeht, und ob die Ziele erreicht werden. Beziehen Sie den Kontext in Ihre Kommunikation und Meetings mit ein, um auch über diese Dinge sprechen und möglicherweise sogar aus Ihrer Organisation heraus etwas für die Gruppen tun zu können, die es im Moment schwer haben. Genau darüber höre und erlebe ich derzeit viele schöne Dinge. Gerade weil wir mehr Einblick bekommen, in welcher Situation sich unsere Beschäftigten, die Kundschaft und Zulieferbetriebe befinden, urteilen wir weniger schnell und suchen nach Wegen, Dinge gemeinsam anzugehen. Ich spüre das in der Beziehung zu unserer Kundschaft und den Unternehmen, bei denen wir Räumlichkeiten für unsere Trainings anmieten. Es sind nicht die Verträge, sondern die gegenseitigen Kontakte, die beim Klären des wer weiß wievielten Rückschlags oder der x-ten Änderung im Mittelpunkt stehen.

Wir sind in unserem Team toleranter geworden. Wir urteilen weniger über einander. Wir achten mehr auf die Situation jeder einzelnen Person, mehr als früher, als wir uns im Firmengebäude trafen, obwohl sich die persönlichen Lebensumstände auch damals schon unterschieden und Aufmerksamkeit verdient hätten. Ich merke, dass wir uns trauen, ehrlicher zu sein, verletzlicher. Wir helfen einander mehr.
– Erfahrung aus dem Feld

Menschen wollen vertrauen

Vertrauen bekommen beginnt mit Vertrauen schenken. Das funktioniert am besten, wenn wir uns sehen, hören und riechen können. Um einschätzen zu können, ob jemand mir wohlgesonnen ist, ob ich nicht angegriffen oder gefressen werde, ob ich tolle Sachen mit dieser Person erleben kann, ob ich mich auf sie verlassen kann, wenn's drauf ankommt, und ob ich bei ihr Schutz suchen kann, wenn es kritisch wird. Menschen zu vertrauen, die man nicht kennt und die man noch nie gesehen hat, fällt den meisten von uns schwer. Es wird einfacher, wenn wir wissen, woher die Person kommt, ob wir gemeinsame Freunde haben und wie es bei ihr in Bezug auf Arbeitsweise und Umgang mit schwierigen Situationen aussieht. Deshalb verdient in hybriden Organisationen das Onboarding neuer Mitarbeiter besondere Aufmerksamkeit, siehe auch Abschnitt 5.5.

Ein bekanntes Sprichwort sagt »Vertrauen kommt zu Fuß und geht zu Pferd«, doch schon an der Bildsprache sieht man, dass es höchste Zeit für ein Update ist. Im Buch »Jam Cultures« schrieb ich: »Es besteht ein großer Unterschied zwischen blind vertrauen und bewusst vertrauen. Blind zu vertrauen bedeutet, dass man glaubt, man wird von der Person nie verraten oder betrogen werden, sie wird immer ehrlich sein und immer die Wahrheit sagen. Das kann man auch naiv nennen, weil die menschliche Natur nun einmal nicht so beschaffen ist. Überprüfen Sie einmal, ob Sie sich selbst immer zu hundert Prozent vertrauen können, ob Sie immer ehrlich zu sich selbst sind, sich selbst nie verraten werden, immer tun werden, was Sie sagen, und sich in Ihrem Handeln immer treu bleiben? Das allein ist bereits eine große persönliche Aufgabe, geschweige denn, wenn es um Ihr Verhältnis zu anderen geht. Und das der anderen zu Ihnen.«[2]

Einer Person zu vertrauen bedeutet also nicht, sich ihr völlig auszuliefern. Man vertraut immer in dem Wissen, dass man eine Enttäuschung erleben kann, indem das geschenkte Vertrauen missbraucht wird. Und doch lässt man sich am liebsten so schnell wie möglich rückhaltlos darauf ein. Bewusstes Vertrauen heißt, kalkulierbare Risiken einzugehen, in das Unbekannte zu springen, wohl wissend, dass Enttäuschungen und Rückschläge nicht ausbleiben. Springt man nicht, so bleibt man stehen und ist nicht länger in der Lage, sich selbst und seine Beziehungen zu anderen zu entwickeln. Die Frage ist also: Wie schenken und verdienen wir beiderseitiges Vertrauen? Am liebsten so schnell wie möglich. Im Englischen spricht man tatsächlich von *swift trust*, schnellem Vertrauen. Wir tun dies, indem wir uns daran erinnern, dass Vertrauen zwischen Menschen kein unbegreifliches Mysterium sein muss. Es basiert auf gegenseitigen Vereinbarungen. Und eine wichtige bewährte Grundvereinbarung beim Remote-Arbeiten mit Menschen und in Teams mit regelmäßig wechselnder Besetzung lautet: Wir vertrauen einander, sonst geht alles drunter und drüber, und unterstellen dabei gute Absichten. Mir scheint, es ist Zeit für ein neues Sprichwort. Ich probiere mal was: »Vertrauen existiert bereits und Transparenz lässt es erblühen.«

Was ich als positiv erlebe, ist, dass Partnerschaft wichtiger ist denn je. Mehr denn je spüre ich die Wertschätzung von Kunden und Auftraggebern. Einander unterstützen, einander wirklich zuhören und gemeinsam in Lösungen

---

2.   Übersetzung: Rolf Dräther.

denken. Einander Chancen gönnen ist, wie in einer guten Beziehung, eine Frage von wechselseitigem Geben und Nehmen. – **Erfahrung aus dem Feld**

Menschen wollen Freiheit und Verantwortlichkeit

In hybriden Arbeitskulturen können wir uns nicht die gesamte Zeit sehen und müssen deshalb darauf vertrauen, dass alle tun, was sie sagen und versprechen. Jeder hat durch das Arbeiten von zu Hause aus automatisch mehr Freiheiten, zu denen auch klare Verantwortlichkeiten gehören. Für diejenigen, die für einen Prozess, eine Aufgabe, ein Team, ein Projekt die Endverantwortung tragen, ist sehr gut zu wissen, dass alle diese Verantwortung auch annehmen. Erst dann können sie loslassen und ruhig schlafen. Andere brauchen ihrerseits die Freiheit, die Verantwortung auch wirklich annehmen und tragen zu können. Wie das geht? Mit guten Gesprächen, in denen man miteinander bespricht, was gebraucht wird, um anpacken oder loslassen zu können. Das gilt natürlich schon seit Jahren, gewinnt jedoch bei Remote-Arbeit zusätzlich an Bedeutung.

Als größtes Problem erlebe ich gerade, dass gute Führungskräfte, die alles im Griff haben, merken, dass sie nichts oder zu wenig zu tun haben. Dann werden sie unruhig und suchen aus Angst, ihren Job zu verlieren, nach einer Beschäftigung. Das ist der Moment, in dem Mikromanagement zuschlägt. – **Erfahrung aus dem Feld**

Menschen wollen Sicherheit und Status

Meetings haben nicht mehr die Funktion, zu zeigen, wie hart man arbeitet oder wie wichtig man ist. Das informelle Gerangel fällt weg, was für manche erholsam, für andere hingegen regelrecht anstrengend ist. Genau wie immer, und bestimmt auch online, bedürfen Sicherheit und Status besonderer Aufmerksamkeit. Bei Letzterem geht es zu einem Großteil um den Mehrwert, den jemand erfährt. Beide Aspekte erfordern bei Remote-Arbeit das kleine bisschen zusätzliche Aufmerksamkeit, weil man die Dinge expliziter machen muss als sonst. Sorgen Sie deshalb dafür, dass sich alle sicher, gesehen und gehört fühlen, vor allem jetzt, wo wir uns seltener persönlich treffen können. Das erreichen Sie zu einem Großteil durch Interesse am Menschen und klare Aufgabenstellungen, sodass die Mitarbeitenden wissen, was von ihnen erwartet wird und wann sie gut darin sind. Stellen Sie sicher, dass Sie sich regelmäßig in verschiedenen Konstellationen sehen.

Verhaltensmuster erkennen und deuten

Alle Beispiele zeigen deutlich, wie wichtig es ist, ein gutes Auge für den einzelnen Menschen innerhalb und außerhalb Ihres Teams zu haben. Außerdem werden Sie deutlich effektiver, wenn Sie das individuelle Verhalten als Teil eines größeren Musters erkennen können. Menschen kreieren gemeinsam Muster in dem, was sie tun und lassen. Wenn Sie diese Muster sehen und deuten können, fällt es leichter, den nächsten notwendigen Schritt zu erkennen, um das Team stärker zu machen. Darum geht es in all meinen früheren Büchern, das ist der Kern einer anthropologischen Sichtweise.

4.2 Klar: Rahmen, Produktivität und Effizienz

Wenn alle zu Hause arbeiten, kann man nicht einfach mal vorbeischauen und hier und da ein wenig nachjustieren. In gewisser Weise funktioniert *Management by walking around* noch immer, allerdings muss es in eine Online-Variante übersetzt werden. Es ist zu allen Zeiten wichtig, Rahmenbedingungen abzustecken, und ganz besonders bei hybridem Arbeiten.

Auf das WAS fokussieren statt auf das WIE

In diesen verwirrenden und unklaren Zeiten besteht ein großes Bedürfnis nach Klarheit, Steuerung und Kontrolle. Viele Organisationen haben den Hang, diese Verantwortung an die Führungskräfte zu delegieren. Diese nehmen die Verantwortung an und versuchen, ehe man sich's versieht, möglichst viel Kontrolle durch Mikromanagement von Aufgaben und Aktivitäten der verschiedensten Mitarbeitenden zu erlangen. In solchen Fällen rackern sich Führungskräfte ab, um Einblick zu bekommen, und beschäftigen andere damit, alle möglichen Fortschrittsstatus und -reports zu erstellen. Führungskräfte, die zu viele Nachweise, Übersichten und Aufgabenlisten einfordern, erhöhen unnötigerweise die Arbeitslast im Team und verbreiten zudem ein Gefühl von Misstrauen. Fokussieren Sie sich als Führungskraft stärker auf das »Was« als auf das »Wie«. Prüfen Sie, ob das Ziel und die Prioritäten klar sind, und überlassen Sie es den Mitarbeitenden, wie sie diese Dinge umsetzen. Steuern Sie über den Output und halten Sie sich für Fragen verfügbar, vermeiden Sie jedoch, im Weg zu stehen. Unterstützen Sie den Prozess, statt ihn zu übernehmen.

Das Engagement und die aufrichtige Besorgnis eines Managers verstärken die Loyalität der Mitarbeiter. Und durch das geschenkte Vertrauen fühlt man sich verpflichtet, sich eigentlich mehr ins Zeug zu legen.
– Erfahrung aus dem Feld

Realistische Fristen

Aus der Ferne Kurskorrekturen vorzunehmen, ist schwierig; vermeiden Sie, dass sich Mitarbeitende zu lange mit Aufgaben abmühen, die ihnen offensichtlich schwerfallen. Schauen Sie auf den Kontext, in dem all das jetzt remote und unter nicht immer idealen Bedingungen stattfinden muss. Passen Sie, wenn erforderlich, Ziele nach Rücksprache an. Und achten Sie darauf, sich gegenseitig nicht völlig zu verplanen, denn es braucht Raum im Kalender, um mit den fortwährenden Veränderungen umgehen zu können. Das gilt auch für Sie selbst, denn in diesen Zeiten fortgesetzten Lernens können Sie sicher nicht so produktiv sein wie vorher. Manchmal arbeiten Sie härter, um voranzukommen, und ein anderes Mal haben Sie kaum die Kraft, Ihren Laptop aufzuklappen. Es ist, wie es ist.

Bieten Sie Struktur und Rhythmus

Viele Menschen vermissen ihren alten Arbeitsrhythmus. Junge Menschen, die gerade in die Arbeitswelt einsteigen oder studieren, haben noch keinerlei Vorstellung von einem Basisrhythmus. In Kapitel 5 geht es um die Bedeutung von Rhythmus. Dort finden Sie Ideen für neue Rituale und Routinen.

Klare Rahmenbedingungen aus Sicht der Kernwerte

Sprechen Sie über die Kernwerte der Organisation. Erinnern Sie die Mitarbeitenden an die Mission und den Zweck der Existenz des Unternehmens. Sie bilden die Richtschnur, an der sich neues Verhalten und Entscheidungen orientieren. Im vorangegangenen Kapitel haben wir deshalb bereits darüber gesprochen, wie wichtig die Definition einer Unternehmenskultur ist. Diese Kernwerte sind beim Onboarding ebenso relevant wie in schwierigen Momenten. Eine Pandemie ist ein andauernder schwieriger Moment.

Entscheidungsspielraum und Transparenz

Vermeiden Sie »Das weiß ich auch nicht«. Wenn man eigenständig Entscheidungen treffen kann, vor allem über das Wie, wird das Arbeiten von zu Hause aus ein Stück einfacher. Dafür sind Transparenz und gute Informationsverteilung eine Grundvoraussetzung. Ich erlebe derzeit viele Führungskräfte, die mit ihren Teams nicht vorankommen, weil sie keine eigenen Entscheidungen treffen können oder dürfen. Sprechen Sie miteinander klare Rahmenbedingungen ab, innerhalb derer sich alle frei bewegen können. Selbststeuernde oder selbstorganisierte Teams sind offensichtlich in dieser Hinsicht im Vorteil. Hierarchische und stärker fragmentierte Unternehmen, in denen Entscheidungsfindung schon vorher zäh war, müssen an dieser Stelle nun gewaltig aufholen. Vor diesem Hintergrund ist die Geschichte von David Marquet eine besonders interessante Inspirationsquelle.

Turn the Ship around!

Es war nicht die Corona-Krise, die David Marquet, amerikanischer Marine-kommandant der USS Santa Fe, veranlasste, seinen Führungsstil komplett von Top-down zu mehr Selbststeuerung umzustellen. Vor zwei Jahren sprach ich während einer Veranstaltung im Schifffahrtsmuseum Amsterdam mit Marquet und er erzählte mir von seinem Abenteuer auf der Santa Fe und wie er Stück für Stück die Kontrolle tiefer in die Hierarchie der Besatzung verlegte. »Mutiger Schritt!«, rief ich. »Nun, mutig …«, sagte er, »es war pure Angst, die mich antrieb …«

Aufgrund verschiedener Umstände wurde Marquet die Führung der Santa Fe übertragen, ohne dass er die üblichen drei Jahre Training durchlaufen hatte, um die Technik dieses Schiffs komplett kennenzulernen. Mit seinem ersten Befehl forderte er offenbar von der Besatzung etwas, das technisch unmöglich war. Um zu überleben und die Mission zu einem Ende zu bringen, musste er voll und ganz auf das Wissen und Können der Besatzung vertrauen. Und die Besatzung musste lernen, beides mit ihm zu teilen. Innerhalb einiger Monate veränderte er die Kultur auf dem Schiff. Seinen eigenen Aussagen zufolge vor allem durch den Fokus auf den Sprachgebrauch beim Stellen von Fragen und beim Antworten und Erteilen von Befehlen. Stephen Covey hörte von Marquet und hat dessen Herangehensweise in die *Ladder of Leadership* umgesetzt. Ich übernehme diese selbsterklärende Übersicht ohne weitere Erläuterungen. Schauen Sie sich für zusätzlichen Kontext vor allem den Film an, den er dazu gemacht hat.

Und lesen Sie mehr dazu in seinem Buch »Turn the Ship around!«, deutsche Übersetzung »Reiß das Ruder rum!«, erschienen im dpunkt.verlag.

Auf welchem Level führen Sie? Je direktiver der Führungsstil, desto mühsamer ist es für Mitarbeitende, eigene Verantwortlichkeit und Handlungs-spielräume zu übernehmen, vor allem, wenn sie remote arbeiten und lediglich Online-Kommunikation möglich ist. (Quelle: David Marquet)

→

Führungskraft	Mitarbeitende
7. Was tun Sie gerade?	7. Ich bin dabei, … zu tun.
6. Was haben Sie getan?	6. Ich habe … getan.
5. Was hatten Sie vor zu tun?	5. Ich hatte vor, … zu tun.
4. Was würden Sie gern tun?	4. Ich würde gern … tun.
3. Was würden Sie vorschlagen zu tun?	3. Ich würde vorschlagen, dass wir … tun.
2. Was denken Sie?	2. Ich denke, dass …
1. Tun Sie das.	1. Sagen Sie mir, was ich tun soll.

4.3   Menschlich: Verbindung, Stolz, Teamgefühl

Um mit einem schönen alten Sprichwort zu beginnen: »Aus den Augen, aus dem Sinn.« Das dürfen wir nicht zulassen. Ich beobachte, dass dort, wo die Beziehungen gut waren, sie auch während dieses Corona-Kulturschocks gut bleiben. Und wenn sie schlecht waren, werden sie schlechter. Offenbar werden jetzt alle Muster verstärkt. Schauen Sie sich doch Ihre Situation zu Hause an: Alles, was Sie an Ihrem Partner fantastisch finden, wird nun noch besser, und die blöden Dinge noch ärgerlicher. Wir brauchen den Mut, weiter nach Lösungen zu suchen und Freiräume zu finden, sodass wir auch künftig aufeinander bauen können und uns nicht gegenseitig runterziehen. Empathie und Einfühlungsvermögen sind gefragt, um am andern interessiert zu bleiben und weiterhin stolz zu sein, zum Unternehmen zu gehören. Da das nun nicht mehr spontan passieren kann, während wir uns auf dem Gang begegnen, müssen wir diese informellen spontanen und wichtigen Kontakte organisieren und irgendwie formalisieren. Dazu kann natürlich jeder oder jede die Initiative ergreifen, doch die Augen sind dabei schon auf die Führungskräfte gerichtet.

Ich erlebe ehrlich gesagt wenig Engagement vonseiten der Führungskräfte bzw. Geschäftsführung. Ich habe kaum oder keinen Kontakt. Vielleicht liegt das auch daran, dass ich die Arbeit mit meinen Kunden gut im Griff habe, ich ihnen gegenüber offen bin und sie genau wissen, was sie von mir erwarten können. Ehrlich gesagt bin ich eine Geschäftsstelle innerhalb des Unternehmens, die wenig Steuerung braucht. Was Corona und Homeoffice und Führung betrifft, vermisse ich durchaus etwas Leadership. Ich persönlich würde von meinen Führungskräften erwarten, dass sie häufiger den Kontakt suchen und sich erkundigen, ob und wie es geht, auch angesichts der kleinen Kinder, die spätestens ab halb drei um mich herum sind, und da im Lockdown auch noch Homeschooling ansteht.
– Erfahrung aus dem Feld

Zufällige informelle Kommunikation organisieren

Wenn man zusammen in einem Raum sitzt, kommuniziert man unbemerkt mehr, als man denkt. Kleine nonverbale Signale, Räuspern und beiläufige Bemerkungen können Bände sprechen. Vertrauen, Vernetzung und Loyalität entstehen bei diesen informellen Kontakten, auf die wir nicht verzichten können. Das ist der Raum, in dem Freundschaften entstehen. Wenn man sich mit jemandem schon mal vor Lachen ausgeschüttet hat, ist es viel einfacher, ihn um Hilfe zu bitten. Im Homeoffice geht dieser informelle Kontakt verloren und man muss sich speziell darum bemühen. In der Firma nimmt man sich die Zeit zum Kaffeetrinken, fährt ab und an mit dem Lift und findet sich in unverhofften Gesprächen wieder. Online müssen wir dieser organisatorischen Serendipität ein wenig auf die Sprünge helfen. Nicht on top, sondern als wesentlicher Bestandteil eines Arbeitstags, sodass wir uns nicht voneinander und von der Organisation entfremden. Mit den Tipps aus Kapitel 5 wird das die reinste Freude!

Das Unternehmensklima, unseren Stolz, lebendig halten

Aus unterschiedlichen Organisationen habe in der letzten Zeit die Sorge gehört: Wie halten wir unser Unternehmensklima lebendig, wie bewahren wir unseren Stolz? Ich hörte einen Manager seufzen, dass ihm jetzt erst klargeworden ist, wie viel von seiner Identität und seinem Status daran hängt, »im Anzug nach Zuidas[3] zu fahren«. Ein CEO fragte mich: »Was bleibt von unserer Organisationskultur, wenn wir keinen gemeinsamen physischen Ort mehr haben?« An Orten, wo Menschen schon monatelang nicht mehr physisch zusammenarbeiten konnten, werden die gegenseitigen Verbindungen schwächer und es ist schwieriger, ein Gefühl dafür zu behalten, was in den unterschiedlichen Teams und Abteilungen vorgeht. So erzählte mir ein Geschäftsführer: »Meine Assistentin war normalerweise diejenige, die über alles informiert war. Heute seufzte sie, dass ich der Einzige sei, den sie im vergangenen halben Jahr via Bildschirm gesehen hat.« Das ist nicht nur einsam für die Assistentin, sondern auch fatal für die gegenseitigen Verbindungen. Ich sage häufig: »Ein Tribe, ein Unternehmen, ist so stark wie seine wechselseitigen Beziehungen.« Denken Sie deshalb auch darüber nach, wie Sie die Verbindungen zwischen den Teammitgliedern, Projektgruppen und Abteilungen lebendig halten können.

Vor allem das Gefühl »We're in this together« ist wichtig. Als Führungskraft gebe ich meinen Mitarbeitern explizit mehr Vertrauen und Verantwortung, vor allem indem ich auf Kontakt statt auf Kontrolle setze. Indem ich während der (digitalen) Begegnungen wirklich aufmerksam hinsehe, wie es jedem geht. Bezüglich der Arbeit, aber auch privat. Das nehme ich sehr ernst. Einer der Kollegen in meinem Team wohnt allein und erfährt normalerweise am Arbeitsplatz viel Unterstützung von anderen Kollegen, die »einfach da sind«, der jetzt jedoch nicht aktiv nach dieser Unterstützung sucht.

---

3.   Anm. d. Übers.: Zuidas ist das Bankenviertel von Amsterdam. Siehe auch: *https://zuidas.nl/*.

Nach einigem Nachdenken erkannte ich das Muster (wieder) und machte mich auf die Suche nach Lösungsansätzen. Manchmal kann schon etwas häufiger anrufen oder »appen« wahre Wunder bewirken. Es geht darum, dass Menschen merken, dass sie gesehen und ernst genommen werden. – Erfahrung aus dem Feld

Konflikte anpacken

Nicht jeden Tag ist alles Friede, Freude, Eierkuchen. Ganz sicher hängen in all dem Durcheinander, das uns umgibt, die Irritationen und Enttäuschungen über so manchem Homeoffice-Schreibtisch. Es ist verführerisch, es dabei zu belassen und zu warten, »bis wir uns mal wieder sehen, um das zu besprechen«. Doch … bei hybridem Arbeiten ist das eine schlechte Strategie. Und vor allem in Corona-Zeiten, wo wir uns nicht regelmäßig treffen können oder dürfen. Genau deshalb ist es wichtig, dass man lernt, auch in einer Online-Umgebung die Konfliktpotenziale aufzudecken und die schwierigen Gespräche zu führen. Nicht die Intentionen der anderen Person antizipieren, sondern wirklich darüber ins Gespräch kommen. Also schlummernden Ärger oder offene Konflikte anpacken. Das geht auch per Videokonferenz hervorragend, wenn man weiß, wie man es anpacken muss. Darum geht es in Kapitel 5.

Sich öfter mal »begommeren«[a]

*»Begommeren« bedeutet: sich gemeinsam darum zu bemühen, mit schwieri-
gen und unangenehmen Situationen so offen und locker wie möglich umzugehen und zu vermeiden, dass man seine eigene Meinung oder Überzeugung
einem anderen aufdrängt.*

Vielleicht erinnern Sie sich an das Gespräch zwischen Diederik Gommers
und Famke Louise in der Talkshow von Eva Jelinek. Influencerin Famke
Louise hatte an der Aktion #ikdoenietmeermee[b] teilgenommen und Diederik
Gommers, Arzt für Intensivmedizin, sprach mit ihr darüber. Das ganze
Land fiel über Famke her, Gommers hingegen kümmerte sich nicht nur
um sie, sondern nutzte die Situation, um miteinander einen Schritt wei-
terzukommen und einem gemeinsamen Ziel zu dienen. Margot van Sorge
und Djurre Roggeveen verbreiteten in den sozialen Medien das Wortspiel
»begommeren«, ein Begriff unserer Tage, den sie sich im Van Dale[c] als
Wort des Jahres 2020 wünschen.

---

a. Anm. d. Übers.: Wortschöpfung aus dem Holländischen »bekommeren«
    (sich kümmern) und dem Namen des Arztes (Diederik Gommers), vergleich-
    bar mit deutschen Corona-Wortschöpfungen wie »mütend«.
b. Anm. d. Übers.: Das Hashtag #ikdoenietmeermee wäre deutsch vielleicht
    #ichmachnichtmehrmit.
c. Anm. d. Übers.: großes Wörterbuch der niederländischen Sprache

Verletzlichkeit im privaten Umfeld: Armut, Einsamkeit und häusliche Gewalt

Direkt übertragen auf die wechselseitigen Beziehungen in Ihrem Team ist es
wichtig, zu verstehen, dass verschiedene Formen von Verletzlichkeit auch
bei Ihren Teammitgliedern vorkommen können. Unter den vielen Antworten, die ich über die sozialen Medien auf meine Fragen zum Arbeiten in dieser Corona-Zeit erhalten habe, waren auch einige Hilferufe. Von jungen
Erwachsenen, die noch zu Hause wohnen und so streng erzogen werden,
dass die Arbeit eigentlich ihre einzige Chance ist, Menschen außerhalb der
Familie zu treffen, und die sich jetzt eingesperrt fühlen in einem Haus voller
Spannungen mit ihren strengen Eltern. Von Menschen, die mit häuslicher
Gewalt konfrontiert sind und bei jedem Meeting angespannt die Minuten
zählen, in der Hoffnung, dass die Bombe zu Hause nicht vorzeitig hochgeht

und andere etwas von dem Streit oder aggressivem Verhalten bemerken. Da ist viel Scham. Oder eine alleinstehende Frau mit intensivem Kinderwunsch, für die nun die Chancen, einen Partner zu finden, düster aussehen, und der die Decke ihrer kleinen Wohnung auf den Kopf fällt.

Diese Nachrichten vermittelten mir die tiefe Einsicht, wie wenig wir oft über die Menschen, mit denen wir arbeiten, wissen. Und wie sehr uns unsere Lebensumstände bei der Arbeit behindern, wo wir jetzt aus den Wohnungen, in denen sich all das abspielt, mit ihnen kommunizieren. Darüber reden zu können ist nicht immer einfach oder möglich. In einigen Kulturen und Familien ist es nicht üblich, über Gefühle zu sprechen oder vor anderen seine schmutzige Wäsche zu waschen. Doch jetzt, da Arbeit und Privatleben sich so massiv überlappen, kann man auch nicht so tun, als ob da nichts wäre. Suchen Sie deshalb nach Wegen, um darüber sprechen zu können, aus einer menschlichen Perspektive, aber immer noch dienstlich. Um Menschen ein Umfeld zu schaffen, in dem sie gute Arbeit leisten können, ist mehr nötig als ein Laptop und eine schnelle WLAN-Verbindung. Sie können nicht alle Probleme lösen, aber Sie können durchaus für jemanden da sein.

Es gibt auch kommerzielle Chancen: »Corona ist eine Chance für unsere Dienstleistung, jetzt ist der Zeitpunkt, um zusätzliche Dienstleistungen anzubieten und unsere Zahlen zu verbessern«, sagte die Führungskraft.
– Erfahrung aus dem Feld

Mentale Fitness: Motivation und Optimismus

Eine Frage höre ich oft: Wie können wir in dieser endlosen Zeit voller Lockdowns, von denen keiner weiß, wie lange sie dauern werden, dafür sorgen, dass Menschen motiviert bleiben? Neben allem, was ich hier bereits geschrieben habe, ist es wichtig, sich der Worte, mit denen Sie über diese Zeit sprechen, bewusst zu sein. In Kapitel 9 gibt es mehr dazu. Im Augenblick will ich vor allem sagen, dass Reden über Möglichkeiten mehr Energie gibt als unrealistisches Gerede. Kein Tschakka!-Positiv-Aufmunterungs-Gerede, sondern mit realistischem Blick auf die aktuelle Situation Chancen nutzen und Möglichkeiten schaffen. Darüber hinaus sind Struktur und Abwechslung äußerst wichtig für die mentale Gesundheit. Wenn der eine Tag formlos in den nächsten übergeht, dann reihen sich die Tage zu Wochen aneinander und es kann schwierig werden, motiviert zu bleiben. Vor allem in Kombination mit geringen Aussichten auf ein Ende der Situation – etwas, womit sich offenbar viele Studenten herumschlagen. Weshalb Menschen Regelmäßigkeit brauchen, werde ich in Abschnitt 5.1 näher erläutern. Es geht dabei um sich wiederholende Tätigkeiten, die nicht jedes Mal exakt gleich sind, und doch eine Struktur bieten. Zum Beispiel: Das Meeting findet jeden Mittwoch statt, die Anreise ist jedes Mal etwa die gleiche, und doch passiert unterwegs jedes Mal etwas anderes. Die Kolleg:innen sind dieselben, aber die Geschichten verändern sich. Wenn wir zu viel Monotonie erleben, wirkt das auf die meisten Menschen auf Dauer demotivierend. Online zu arbeiten wird, ehe man sich versieht, monotoner, deshalb sind die neuen Online-Rituale und Routinen aus dem folgenden Kapitel so wichtig.

Physische Fitness: körperliche Beschwerden

Aus einer Studie der Gewerkschaft Christelijk Nationaal Vakverbond (CNV) unter 2.600 im Homeoffice arbeitenden Mitgliedern geht hervor, dass bis zu 41 Prozent von ihnen häufiger unter physischen Beschwerden leiden als zuvor. Mehr Besuche bei Physiotherapeuten, viele Schulter-, Nacken-, Arm- und Rückenbeschwerden aufgrund improvisierter Arbeitsplätze an Küchentischen und in Schlafzimmern. Hinzu kommen viele Stunden ohne ausreichende Bewegung. In diesem Zusammenhang ist es besonders wichtig, Menschen zu ermuntern, rauszugehen und in Bewegung zu bleiben.

Feminine Leadership

In diversen Interviews wurde ich gefragt, ob durch diese Veränderungen die Notwendigkeit femininer Führung deutlich wird. Schon möglich, ich spreche allerdings lieber über menschliche Führung. Obwohl die Begriffe feminin und maskulin streng genommen nichts mit Männern oder Frauen zu tun haben, verlieren wir uns unbewusst in dieser Diskussion. Ich benutze deshalb lieber die Begriffe *power* und *love*, wie Adam Kahane das in seinem Buch »Power and Love« so schön beschreibt. Wir brauchen Kraft (*power*), um uns Ziele zu setzen, rebellisch mit Dingen zu brechen, die nicht mehr funktionieren, und Dopamin zu spüren, wenn wir Ziele erreichen. Das ist eine vorwärtsstrebende Kraft, die für das Feuer einer Organisation steht. Daneben brauchen wir zugleich *love*, die Kraft der Verbindung, der Geschichten, der Zweifel und die Kraft von Oxytocin und Serotonin, wodurch wir Einheit und Stolz aufeinander fühlen. Auch in Corona-Zeiten werden beide dringend gebraucht, einmal mehr *power*, um Dinge schnell zu regeln, und ein anderes Mal mehr *love*, um die Gemeinschaft zu spüren.

Für mich hat das etwas mit menschlicher Führung zu tun, mit liebevoller Abgrenzung und starken Verbindungen. Verhalten Sie sich klar und entschlossen, zugleich aber auch emphatisch und liebevoll. Vor allem um sich aus der Ferne nahe sein zu können, sind Aufrichtigkeit und Offenheit unverzichtbar. Wenn Sie wollen, dass sich andere stärker verbinden, geht das nicht ohne Sie. Zum Teil entsteht Verbindung, wenn man Erfolge, viel mehr allerdings, wenn man seine Fragen und Ängste teilt. Wir nennen das oft »sich trauen, verletzlich zu sein«, aber ich denke, es geht vielmehr darum, die Kraft zu haben, seine Sorgen mit anderen zu teilen. Besonders online ist menschliche Führung unerlässlich.

4.4   Improvisierend: fortwährend auf Veränderungen reagieren

Hybride Führung ist auch in einer Welt ohne COVID-19 bereits ein sehr dynamisches Gebilde von Abwägungen und Kontakten, weil Zeit und Ort Variablen in den Zusammenarbeitsprozessen sind. Nun kommen, als Folge der Corona-Maßnahmen, die sich mit jeder Pressekonferenz wieder ändern können, zusätzliche moralische Dilemmas hinzu. Natürlich soll die Arbeit einer Vision folgen, gleichzeitig muss man sich fortlaufend auf den Wellen der Pandemie mitbewegen. Das erfordert viel Flexibilität bei der Umsetzung von Aufgaben und Prozessen – von Ihnen als Führungskraft, aber auch von allen anderen im Unternehmen sowie allen Auftraggeber:innen und Kund:innen. Und Sie müssen sich mit einer Vielzahl von Meinungen, Ideen, Wünschen und Ängsten auseinandersetzen. Die Kunst besteht darin, ohne vorgefassten Plan mit all diesen Impulsen solide improvisierend neue Wege zu finden. Nicht irgendetwas zu tun, sondern sich mit der Energie einer guten Jamsession gegenseitig zu neuen Höchstleistungen anzuspornen.

Corona-Maßnahmen

Ein spezifisches Dilemma, das weit über unseren Arbeitskontext hinaus geht, ist die Grundhaltung, mit der jedes Individuum mit den auferlegten Corona-Maßnahmen umgeht. Manche sind sehr genau, andere loten Möglichkeiten aus. Die einen ängstigt die Krankheit, die anderen die Einmischung der Behörden. Manchen gibt es ein sicheres Gefühl, wenn das, was erlaubt und nicht erlaubt ist, haarklein beschrieben steht, andere hingegen wünschen sich Spielraum in den Richtlinien. Und da sind wir noch nicht mal bei der Maskendiskussion angekommen …

Die Empfehlung ist, *prinzipiell* von zu Hause zu arbeiten. Das ist kein Verbot, in die Firma zu gehen, aber welche Gründe rechtfertigen dann eine Ausnahme? Einzig die Arbeitsaufgabe oder zählt auch, wenn einem zu Hause die Decke auf den Kopf fällt? Oder schreiende Kinder? Oder Einsamkeit? Viele moralische Abwägungen, die wir alle täglich vornehmen müssen – ermüdend und lästig. Und am Ende schauen wir doch häufig in Richtung

Führungskraft, um dort Bestätigung zu finden. Das fällt manchen leichter als anderen. Ich persönlich finde es in jedem Fall wichtig, so viele Perspektiven wie möglich einzubeziehen. Das kann zu handfesten Gesprächen führen, die wir nun eben online führen müssen. Kapitel 6 gibt dazu Anregungen.

Verbreitung

An die Regeln halten scheint
Doch viel schwerer als man meint
Hält man sich nicht recht daran
Steckt der ein' den andern …

An die Regeln halten scheint
Doch viel schwerer als man meint
Hält man sich nicht recht daran
Steckt der ein' den andern …
Etc.

Lttrvreters | Judith Nieken
(https://twitter.com/lttrvreters)

Den Spagat verlassen

Ich erlebe selbst ständig eine Art Spagat zwischen all diesen Dilemmas bei der Arbeit und im Leben. Mal fokussiere ich mich auf die Wahrung der Regeln, ein anderes Mal auf alle Emotionen und dann wieder auf den persönlichen Kontext, innerhalb dessen Entscheidungen getroffen werden müssen. Zum Verrücktwerden ermüdend, finde ich. Und dann fiel mir ein nie publizierter Blogbeitrag in die Hände, den ich 2011 schrieb: »In einer dynamischen und komplexen Arena bringen uns alte Führungskonventionen in einen Spagat«, lese ich. »Es ist Zeit für neue Routinen und für Führungskräfte, die mit von Unsicherheit ausgelösten Emotionen umgehen können, bei sich und bei anderen. Es ist Energieverschwendung, sich darüber in der Diskussion aufzureiben, was besser ist: die Einhaltung der Regeln *oder* Raum für persönliche Initiative. Beides wird gebraucht.« Das Ganze gefolgt von einem praktischen Schema, unterteilt in fünf Arten des Umgangs mit diesem Dilemma. »Wenn brillante innovative Ideen nach den Regeln eines bestehenden Systems reguliert werden müssen, geht die Kraft verloren, versickert die Energie und das innovative Element bleibt aus. Mit dem Ergebnis, dass die wirkliche Lösung für die Situation nicht gefunden wird. Das nährt Verwirrung und Emotionen und führt in der Folge zu emotionalem Durcheinander.«

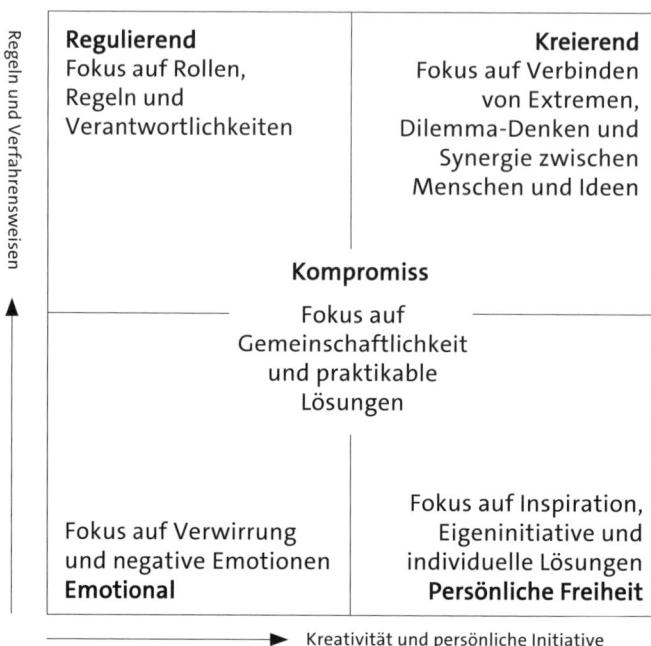

Abb. 4–1   Umgang mit Regeln und persönlicher Freiheit (Quelle: Jitske Kramer)

Mir gefällt an diesem Schema, dass es zeigt, dass die Lösungen, um den Spagat zu verlassen, genauso simpel wie komplex sind. Wir müssen uns auf das Kombinieren von Extremen und das Verbinden von Menschen fokussieren. Wir sollten Unterschiede nicht verwischen, sondern ihnen nachgehen und versuchen, die besten Lösungen zu finden. Pro Quadranten lassen sich daraus ein paar nützliche und wertvolle Tipps ableiten, die ich mit einigen Corona-Überlegungen angereichert habe.

Wenn Sie sich mit regulierendem Verhalten identifizieren, ist die Herausforderung, sich zum Denken außerhalb der gewohnten Pfade verführen zu lassen, Entscheidungsspielräume zu erkennen und selbst weiter nachzudenken. Ihre Stärke besteht darin, die Strukturen sichtbar zu machen und die Kontinuität dessen zu bewahren, was gut ist und in all den Veränderungen nicht verloren gehen darf. Und darin, andere weiter auf die Gefahren von COVID-19 hinzuweisen.

Wenn Sie sich mit emotionalem Verhalten identifizieren, ist die Herausforderung, zu akzeptieren, dass Veränderung die einzige Konstante ist. Sicherheit findet man nicht im Alten, sondern im Prozess hin zum Neuen. Ihre Stärke ist das Sichtbarmachen der Unruhe und der Unzufriedenheit, die die Veränderungen mit sich bringen. Und in Zeiten, in denen die Emotionen hochkochen, ist etwas Mäßigung von Zeit zu Zeit sehr willkommen.

Wenn Sie sich mit Kompromissverhalten identifizieren, ist die Herausforderung, die sich widerstreitenden Qualitäten und Ideen bis zum Äußersten auszunutzen. Ihre Kraft ist die Suche nach dem Gemeinschaftlichen, doch darin kann man sich auch verirren und sich selbst und die anderen verlieren.

Wenn Sie sich mit persönlicher Freiheit identifizieren, ist die Herausforderung, dafür zu sorgen, lokale Initiativen in die Breite zu tragen, und sich selbst nicht als den Ursprung von allem zu betrachten. Ihre Stärke liegt in der Erneuerung, doch sollten Sie darüber das Gemeinwohl nicht vergessen. Suchen Sie beständig nach dem Verbindenden zwischen den Initiativen.

Wenn Sie sich mit kreativem Verhalten identifizieren, ist die Herausforderung, die Dilemmas hinter den Konflikten zu erkennen und allen unterschiedlichen Perspektiven Raum zu geben – und Entscheidungen so zu treffen, dass die Weisheit der Minderheit in den Mehrheitsbeschluss einfließen kann. Ihre Stärken sind Mut, Veränderung und Verbindung, in Diskussion *und* Dialog sowie in kreativer Problemlösung. In Zeiten vielfältiger Veränderungen kann das schrecklich ermüdend sein und doch einen enormen Kick geben, wenn es gelingt. In Krisensituationen kann solches Vorgehen jedoch kontraproduktiv sein, weil es schnelle Entscheidungen behindert.

Improvisieren

Im Buch »Jam Cultures« vergleiche ich den Umgang mit Unterschieden und unbekannten Situationen mit einer Jamsession, in der man sich mutig und verbunden trifft, in der alle sich trauen, ihre eigenen Ansichten zu äußern, um gemeinsam in fortwährender Abstimmung zu einem besseren Ganzen zu kommen. Mit anderen Worten heißt das: Lernen Sie improvisieren. Improvisieren bedeutet ausdrücklich nicht, einfach irgendetwas zu tun. Gute Improvisation erfordert Übung und die Fähigkeit zum Umgang mit dem, was sich ankündigt. Man improvisiert gemeinsam und gemeinsam sorgt man auch dafür, dass alle glänzen können, auch wenn man sich gegenseitig in Schwierigkeiten gebracht hat. Improvisierend erschafft man eine Situation und eine Geschichte, die es noch nicht gab. Durch Handeln, mehr oder weniger ohne Reißbrett, aber mit einer ordentlichen Portion Vorstellungskraft, wie ich in Kapitel 9 zeigen werde.

4.5   Stressreaktionen: bei Männern und Frauen unterschiedlich

Viele glauben, dass die typische menschliche Reaktion auf Stress aus zwei Grundmustern besteht: *fight or flight* – kämpfen oder fliehen. Dieser Schluss leitet sich aus den im Jahre 1930 durch Walter Cannon durchgeführten Untersuchungen ab, und wir betrachten diese Tatsache seitdem als inhärenten Bestandteil des menschlichen Organismus. Doch was nur wenige Menschen wissen: Diese Untersuchungen wurden mit männlichen Ratten durchgeführt und danach wurde freilich noch verschiedentlich weiter getestet, aber ... ausschließlich mit Männern. Aus welchem Grund? Bei Frauen hat der Hormonspiegel durch den Menstruationszyklus eine größere Variationsbreite, wodurch die wissenschaftlichen Daten verfälscht werden könnten ... (Ich kann hierzu noch eine Menge Anmerkungen schreiben, was ich lasse, weil sie nichts damit zu tun haben, worum es mir hier geht. Aber lesen Sie ruhig »Jam Cultures«, wo ich über die Notwendigkeit von Diversität und Inklusion schreibe.)

Aktuelle Untersuchungen (z. B. von Taylor et al., 2000) zeigen, dass es offenbar einen deutlichen biologischen Unterschied zwischen Männern und Frauen in der Reaktion auf Stress gibt. Männer reagieren eher individualistisch, Frauen konzentrieren sich mehr auf den Kontakt zu anderen. Bei einer Bedrohung haben Frauen den Hang, mit dem Angreifer in Kontakt zu treten und zusammenzuarbeiten. Sie tendieren damit mehr zu dem, was die Forscher *tend and befriend*, sich kümmern und anschließen, nennen, als zu *fight or flight*. Vielleicht haben Frauen diese Reaktion entwickelt, um im Falle einer Bedrohung die existenziellen sozialen Beziehungen zu schützen und so das

Leben und den Fortbestand der Kinder und des Tribes zu sichern. Kämpfen und Fliehen sind dafür viel zu riskante Strategien. Die Forscher zeigen, dass Oxytocin und Fortpflanzungshormone in diesem Bewältigungsmechanismus eine große Rolle spielen.

Männer haben den Hang, unter Stress ihr egoistisches Verhalten zu verstärken, wobei sie entweder mit dem sozialen Stressfaktor in Konkurrenz treten oder diesen vermeiden. Durch Stress sinkt bei Männern das Maß an Empathie, Freigebigkeit und Vertrauen. Zudem vermindert sich das prosoziale Verhalten sowie die Tendenz zur Zusammenarbeit und Verbindung mit anderen. Prosoziales Verhalten ist ein nicht nur auf das eigene Wohlergehen, sondern auch auf das anderer gerichtetes Verhalten. Frauen tendieren in Stresssituationen dazu, ihr egoistisches Verhalten eher zu verringern und die positive Einstellung gegenüber anderen zu vergrößern, inklusive mehr Empathie, Vertrauen, Freigebigkeit und die Neigung zur Zusammenarbeit und mehr prosozialem Verhalten. Natürlich gilt das nicht für alle Männer und alle Frauen, und natürlich haben auch Erziehung und kultureller Kontext hierauf einen wichtigen Einfluss. Aber gesichert ist schon, dass Stress Auswirkungen auf unseren Hormonhaushalt hat, und der ist im Mittel bei Männern nun einmal anders als bei Frauen.

In diesem Licht betrachtet spielt es tatsächlich eine Rolle, wie es um das Männer/Frauen-Verhältnis im Führungsteam bestellt ist, wenn es darum geht, wie wir in diesen Krisenzeiten mit COVID-19 umgehen. Es sieht so aus, als ob Männer dazu neigen, das anders anzugehen als Frauen. Ich habe hierzu keine ausführlichen Untersuchungen angestellt, erkenne aber sehr wohl Unterschiede in der Herangehensweise von weiblichen und männlichen politischen Führungskräften. Auch rund um die Frage, wie wir aktuell aus der Distanz Verbindung zueinander herstellen können, ist diese Information wichtig.

Menschliche Leadership, wie ich sie in diesem Kapitel beschrieben habe, hängt nicht davon ab, ob man Mann oder Frau ist. Zugleich zeigen Taylors Forschungen, dass Frauen unter Stress möglicherweise ein klein wenig besser den direkten Kontakt zum anderen herstellen können, während Männer eher zum Angriff übergehen oder sich zurückziehen. Ich lade Sie ein, diese unterschiedlichen Bewältigungsmechanismen als Ausgangspunkt für Reflexion zu nutzen, um in Ihrem Team die Reaktionen auf diese COVID-Periode zu verbessern, statt sofort die Wissenschaft oder diese Forschungen in Zweifel zu ziehen und mit allerlei Einwänden aufzuwarten. Nun, wie steht es um Ihre »*fight, flight, tend and befriend*«-Reaktionen? Erhalten die in diesen stressreichen Zeiten bitter nötigen »*tend and befriend*«-Strategien die nötige Aufmerksamkeit, um die Beziehungen in Ihrer Organisation zu sichern? Wenn nicht, gibt es alle Hände voll zu tun. Und, auf einer anderen Ebene: Ist der Aggressor COVID etwas, das man bekämpfen und niederschlagen sollte, oder etwas, mit dem man kooperiert?

4.6   Sich selbst nicht vergessen

All das erfordert von jedem Menschen viel Vitalität und Belastbarkeit, ganz besonders von Führungskräften. Ständig schauen, wo im Krisenzustand schnelle Entscheidungen getroffen und an welchen Stellen nachhaltige, transformative Gespräche organisiert werden müssen, um langfristige Veränderungen zu bewirken. Das verlangt eine Menge Geduld mit sich selbst und die Einsicht, dass Veränderungen nicht innerhalb eines einzigen Tages umgesetzt werden können, dass Lernen Energie geben kann, aber auch Energie kostet. Ständig wechselt das Tempo und auch künftig stehen schwierige Entscheidungen an. Die Kunst ist, sich selbst treu zu bleiben. Seien Sie, zumindest sich selbst gegenüber, ehrlich in Bezug auf Ihre schlechteren Tage. Teilen Sie Ihre Geschichten und Ihre Sorgen. Achten Sie gut auf sich selbst, denn nur dann können Sie auch für andere da sein. Gönnen Sie sich ab und zu einen Moment der Stille, wie ich das in Kapitel 7 empfehle. Versorgen Sie sich mit Literatur, Kunst, Musik und Geschichten, die Ihnen Energie und Inspiration geben. Gehen Sie mit einer guten Freundin oder einem guten Freund wandern, berühren Sie liebevoll Ihre Liebsten, backen Sie einen Kuchen, treiben Sie Sport und stellen Sie verrückte Sachen mit den Kindern an. Oder machen Sie all das andere, was ohne Gefährdung durch Corona möglich ist.

Seit Sie von zu Hause aus arbeiten, sind Sie rund um die Uhr online? Dann hören Sie damit auf. Schließen Sie Ihren Laptop. Schalten Sie die E-Mails auf Ihrem Smartphone aus. Wenn Sie sich keine Pausen einlegen und für eine gute Work-Life-Balance sorgen, fühlt sich Ihr Team auch nicht frei, das zu tun. Sind

Sie müde von all den Dingen, die ständig gar nicht oder völlig anders laufen? Dann suchen Sie sich ein Dopamin-Projekt, das Ihnen Energie gibt. (Wie zum Beispiel innerhalb von zehn Tagen ein Buch über die Auswirkungen des Corona-Kulturschocks auf Zusammenarbeit zu schreiben ...)

Und bei alledem: Seien Sie in diesen Zeiten nicht so streng mit sich und anderen. Das ist nicht die Zeit für Perfektion an allen Fronten. Das ist nicht einfach eine Reorganisation oder ein kleines Change-Programm. Das ist eine weltweite Pandemie, von der wir nicht wissen, wie lange sie noch dauern wird. Einatmen, ausatmen. Es ist, wie es ist.

Reflexion zu Ihrer Vorbildfunktion:

Für wen wollen Sie Vorbild sein – für andere Führungskräfte, Fachkolleg:innen, Menschen in Ihrer Organisation, Ihre Familie, die Kinder? Und ... sind Sie dieses Vorbild jetzt gerade?

Stiller Samstag

Ich vermiss
Die Splitter von Gesprächen
Das Rumoren von der Stadt
Selbst die flüchtigen Gebärden
Unterschätzt ich immer glatt

Ich hör
Die Klänge von Bewegung
Von der Hoffnung und dem Fein'n
Hör den Donner von der Stille
Darf nicht auf der Straße sein

Ich fühl
Die Liebkosung der Augen
Und des Lachens warmen Schein
Fühl die Verzweifelung der Tage
Darf nun nicht bei Menschen sein

Ich vermiss
Das Vibrieren vieler Körper
Vermiss die *music* und das *dancen*
Ja, man kann auch online feiern
Vermiss nur das Zusammensein der Menschen

Ich seh
De flackernden Bildschirme
Hör, mein Handy piepst vielmal
Ich probiere noch zu schlafen
Und träum von draußen, vom Normal

Jitske Kramer – 11. April 2020

5

Zum Festhalten: neue Online-Rituale und -Routinen

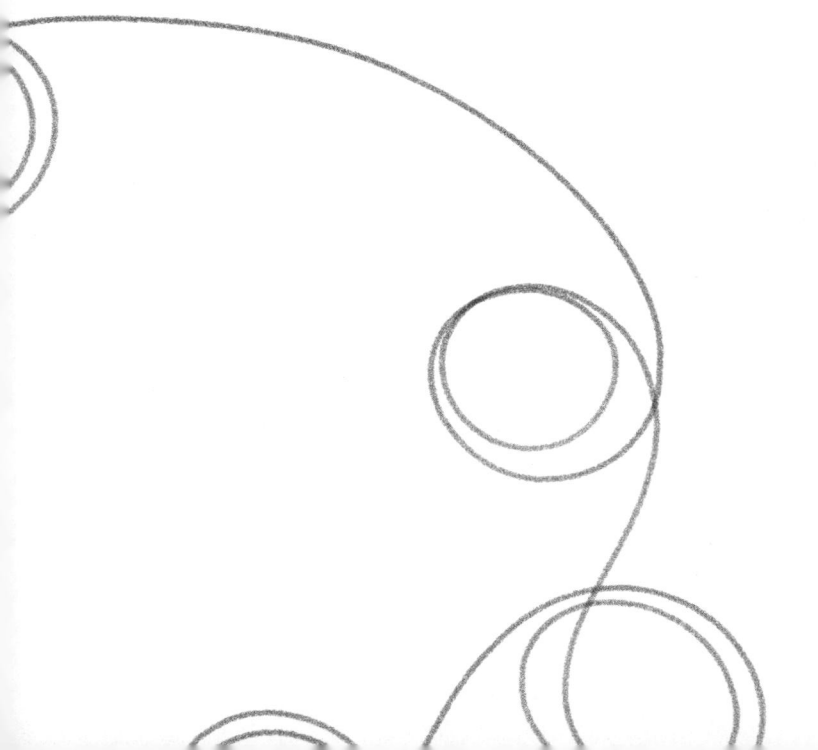

Mit dem Team ganz spontan in Gelächter ausbrechen. Zufällig Kolleg:innen begegnen, von denen man gar nicht dachte, dass man sie braucht, und die dann genau die entscheidende Idee liefern. Gespräche, die man im Aufzug aufschnappt und nach denen man mit einem Lächeln in den Tag startet. All die Kalauer, die man schon zig Mal gehört hat ... all der Humor von Toren C[1] ... wir waren in Hassliebe damit verbunden und vermissen es doch, da es nun nicht mehr möglich ist. Jedenfalls manchmal.

Wenn ich mir all die Reaktionen anschaue, die bei mir eingegangen sind, so fehlen uns vor allem die ungeplanten Kontakte. Die Anmerkungen, die das eigene Denken infrage stellen, sodass man wieder mit einem frischen Blick hinschauen kann. Der Übergang von Arbeit ins Privatleben. Neue Mitarbeitende kennenlernen und sich von vertrauten Kolleg:innen verabschieden. Eben mal schnell die Bedürfnisse der Belegschaft rund um die Herangehensweise an eine Veränderung abfragen. Die zufälligen Begegnungen mit Personen aus anderen Abteilungen. Ein spontanes Gespräch über eine Begebenheit. Das Augenzwinkern beim Kaffee. Ich selbst vermisse vielleicht den plötzlichen kurzen Zusammenstoß mit fremden Menschen, diesen Moment, wenn sich Schultern versehentlich berühren und man sich entschuldigend anschaut. Die Zwei-Sekunden-Liebe.

Wir können nicht alles online miteinander klären. Viele Aktivitäten und Kommunikationsformen hätten wir ohne Corona auch gar nicht erfunden. Doch nun müssen wir es – und wie! Bei mir sind Unmengen Antworten eingegangen, als ich auf LinkedIn fragte: Wie halten wir aus der Ferne die Verbindung innerhalb der gesamten Organisation? Wie bewahren wir unseren Stolz? Wie teilen wir künftig unsere Geschichten und unsere Kultur? Wodurch ersetzen wir die Flure und Gänge? In diesem Kapitel habe ich eine Auswahl dieser vielen Ideen und Erfahrungen zusammengestellt. Als Inspiration, denn wie ich bereits in Kapitel 2 gesagt habe, gibt es keine Blaupause

---

1. Anm. d. Übers.: *Toren C* ist eine absurd komische Fernsehserie der VPRO, die zum ersten Mal im Herbst 2008 ausgestrahlt wurde, am 5. Januar 2020 begann die siebte und letzte Staffel (*https://nl.wikipedia.org/wiki/Toren_C*).

dafür und eine goldene Formel schon gar nicht. Deshalb sollten Sie die Rituale, Routinen und Aktivitäten auswählen und entwickeln, die zu Ihrer Organisationskultur passen.

Die Offline-Optionen nicht vergessen

Mein Fokus liegt hier auf neuen Online-Aktivitäten. Darüber sollten Sie nicht vergessen, dass Sie sich unter Einhaltung der Corona-Maßnahmen noch immer in kleineren Gruppen sehr gut mit anderthalb Meter Abstand treffen können. Sie können sich, solange kein Lockdown herrscht, überall zu einem Teammeeting oder auf einen Kaffee treffen, auch draußen im Park oder mit einer gewissen Anzahl von Personen in einem großen Theatersaal.

Als wir im Juni 2020 nach dem ersten Lockdown unsere Trainings wieder in kleinen Gruppen durchführen konnten, fiel uns auf, dass sich alle erst wieder daran gewöhnen mussten, in einer Gruppe zu sitzen. Die Teilnehmenden saßen vorsichtig auf ihrem Stuhl, kaum Augenkontakt, kein Herumkramen oder Stimmengewirr, kaum ein Lächeln für einander. Es passierte auch nicht, dass einer dem anderen einfach ins Wort fiel, so als ob alle darauf warteten, dass jemand die Stummschaltung aufhebt. Vor allem in den ersten Wochen mussten wir das in Gruppen direkt ansprechen und wieder aktivieren.

5.1 Die Bedeutung von Rhythmen, Ritualen und Routinen

Unser Leben ist chaotisch. Den ganzen Tag über bieten sich uns unendlich viele Möglichkeiten, unserem Leben Form zu geben. Jeden Tag müssen wir eine Unmenge an Entscheidungen treffen. Über die großen Fragen des Lebens, aber auch über kleinere Fragen wie was ziehe ich heute an, wenn ich zur Arbeit gehe. Der Corona-Kulturschock hat dazu geführt, dass wir nun auch auf die einfachen Fragen des Lebens, über die wir normalerweise nicht mehr nachdenken mussten, erneut Antworten finden müssen. Nie im Leben konnte man früher in Schlafanzughosen in ein Management-Meeting gehen. Jetzt schon. Im Bett sitzend, vor einem zusammengebastelten Teams-Hintergrund einer beeindruckenden Skyline, bespricht man mit dem CEO den

Monatsabschluss. Wer hätte das vor einem Jahr gedacht? Eine gute Definition von Kultur besagt, sie bestehe aus den einzigartigen Antworten auf universelle Fragen. Schon auf die einfache Frage »Was ziehe ich heute zur Arbeit an« gibt es etliche neue Antworten. Was auch zu Entbehrung führen kann ... Ich sprach mit einer Frau, die sehnsüchtig auf den Tag wartet, an dem sie endlich »wieder zurechtgemacht und in Stöckelschuhen zwischen Drucker, Kaffeeküche und Empfang paradieren kann«. Kultur gibt uns Spielregeln, sodass wir wissen, wie wir uns in unterschiedlichsten Situationen verhalten müssen, zum Beispiel dass man jemandem die Hand gibt, wenn man sich trifft. Oh, Moment ...

Da sind etliche wesentliche Fragen, die wir erneut beantworten müssen, beispielsweise: Wie sorgen wir dafür, dass sich neue Mitarbeitende schnell wohlfühlen und mit der Arbeit loslegen können? Wie schaffen wir es, den Stolz auf unser Unternehmen zu bewahren? Was ist jetzt der beste Weg, um sensible Informationen zu teilen? Wie stellen wir sicher, dass niemand erkrankt, während er mit anderen zusammenarbeitet. Wie sorgen wir für gute Bildung und was ist das genau? Wer und welche Art von Behandlung erhält im Krankenhaus Vorrang? All das passt genau zu dem in Kapitel 2 beschriebenen zweiten Kulturschock. Kultur gibt uns Antworten auf derartige Fragen, sodass wir nicht ständig darüber nachdenken müssen. Kultur schafft Ordnung im Chaos und reduziert die Anzahl der Entscheidungsmomente pro Tag drastisch. Doch nun stellen sich viele Fragen erneut. Das ist einerseits ermüdend, schafft aber auch viel Freiraum für neue Ideen und Gedanken! Mit Blick auf die Art unserer Zusammenarbeit bietet sich uns nun viel kreativer Raum, um neue Wege der Kontaktaufnahme zu schaffen. Deshalb ist es an der Zeit, an neue Routinen zu denken, sodass unser Kopf und unser Herz sich wieder mit anderen Dingen und wichtigen moralischen Dilemmas beschäftigen können.

Ohne Struktur verlaufen wir uns. Ohne eine Struktur, die im Meeting Platz für Emotionen lässt, werden wir schwierige Gespräche häufig nicht von selbst angehen. Erst wenn etwas »Intervision« oder »Coaching« genannt wird, spüren wir den Raum, unser Herz erleichtern zu können. Wir brauchen Auslöser und Rahmen, die unser Verhalten steuern. Rituale und Sprache geben uns Halt, Rhythmus und die Erlaubnis, einander als Menschen zu sehen und zu begegnen. Wenn wir informelle Interaktionen in einen Prozess verwandeln, dann können wir jetzt auch online die Beziehungen im Tribe – der Organisation, der Abteilung, dem Team, der Gesellschaft – besser aufrechterhalten und entwickeln.

Ich begann als Praktikantin sofort mit zwei Wochen Remote-Arbeit. Natürlich weiß ich, dass es in meiner Verantwortung liegt, in meinem Lernprozess die Initiative zu übernehmen – aber unbekannte Kolleginnen und Kollegen außerhalb meines Teams einfach so per Videocall über MS Teams anzurufen, ist schon eigenartig. Deshalb hat es mir wirklich gut gefallen und meine Hemmschwelle enorm gesenkt, als die anderen nacheinander spontan begannen, in meinem Kalender ein Viertelstündchen mit dem Titel »Mal kennenlernen?« einzuplanen. Das war deutlich angenehmer, als am täglichen »Online-Kaffeeklatsch« teilzunehmen, bei dem man den banalen Gesprächen voller »Insider-Witze« nicht folgen kann und als Einsteigerin vor allem sich selbst auf dem kleinen Bildchen in der Ecke anstarrt und denkt: Ist mein Lächeln sympathisch und doch professionell genug? – Erfahrung aus dem Feld

Halt und Rhythmus

Rituale und Routinen geben Halt und einen Rhythmus vor. Bei Eintritt in ein neues Unternehmen erhält man seinen Arbeitsplan. Man lernt, wann Feierabend ist, wann man sich wegen vieler Kundenanfragen sputen muss, wann und wie lang die Mittagspause ist und wann man in Ruhe seinen Schreibtisch aufräumen kann. Der Körper stellt sich auf diesen Rhythmus ein und so findet man es logisch, dass alle zur gleichen Zeit Lust auf einen Kaffee haben. Durch den gemeinsamen Rhythmus fühlen wir uns miteinander vertraut und mit unserer Umgebung. Dabei schafft sich jede kulturelle Gruppe, abhängig von den Menschen und den Zielen der Organisation, einen anderen Rhythmus. Die Vertriebsabteilung hat einen anderen Rhythmus als die Buchhaltung. In einem Landwirtschaftsbetrieb herrscht ein anderer Rhythmus als in einer Notfallambulanz. Und durch den Corona-Kulturschock sind all diese vertrauten Rhythmen durcheinandergeraten. Die Auswirkungen davon unterscheiden sich von Mensch zu Mensch. Von mir selbst weiß ich, dass ich phasenweise ziemlich unruhig und schlapp sein kann, weil ich mein geliebtes hohes Lebens- und Arbeitstempo gerade nicht so einrichten kann wie früher. Stück für Stück finde ich neue Routinen und das verhilft mir wieder zu mehr Energie.

Stress: ein Rhythmusproblem

Stressgefühle sind weniger auf zu wenig Zeit oder einen zu schnellen Rhythmus als vielmehr auf Anpassungsprobleme mit dem üblichen Rhythmus zurückzuführen. Hast- oder Stressprobleme entstehen in der Folge eines Problems mit der Rhythmik: Die Abstimmung zwischen schnellen und langsamen Aktivitäten ist nicht sauber geregelt, die Übergänge sind nicht stimmig. Ein Stau ist vor allem dann stressig, wenn man sein Kind aus der Kita abholen muss. Starke und gesunde Teams und Organisationen stimmen unterschiedlich schnelle Aktivitäten gut aufeinander ab.

Rhythmus begegnet uns in unserer Tagesplanung, in unserer Art zu sprechen und in der Musik, die wir machen. Rhythmen berühren ein Gehirnareal voller tiefer Emotionen, Erinnerungen und Bewegung. Rhythmen dringen bis tief in unsere Seele vor. Rhythmus, Musik, schafft Verbundenheit, ein gemeinsames Erlebnis und ein gemeinsames Gefühl und die Erkenntnis, dass alles mit allem zusammenhängt. Es verbindet uns mit dem, wofür wir keine Worte haben. In *Jam Cultures* habe ich das ausführlich beschrieben. Rhythmus sorgt dafür, dass wir uns an Geschichten, Daten und Personen besser erinnern. Alles in allem genug Gründe, Rhythmus in diese chaotischen Zeiten zurückzubringen. Wie? Indem man Aktivitäten und Kontaktmomente plant, am besten in einer erkennbaren, wiederkehrenden Form, die Energie gibt und Verbindung schafft und zur eigenen Organisationskultur passt. Das nennt man auch Rituale.

Zoom-Müdigkeit

Ich höre viele Menschen seufzen: Online ist so schrecklich ermüdend! Das kenne ich auch von meinen Online-Vorträgen, die ich aus Studios vor Ort oder aus meinem Heimstudio halte. Eine gute Geschichte vor der Kamera zu erzählen ist etwas völlig anderes, als diese Geschichte gemeinsam mit einem Publikum entstehen zu lassen. Es erfordert eine andere Art der Interaktion, ein anderes Vorbereiten und Weitergeben. Und anfangs fragt man sich völlig nervös, wie man denn rüberkommt und ob die Technik wohl funktioniert. Heute, ein paar Monate und viele Erfahrungen später, kann ich sagen, dass es mich inzwischen nicht mehr so sehr anstrengt. Aber es ist wahr, in Online-Meetings fehlen viele nonverbale Signale. Wenn man dennoch versucht, sie zu sehen, wird man ziemlich müde.

Ich denke, dass unsere Ermüdung zu einem Großteil daher rührt, dass wir diese Art der Kommunikation in rasanter Geschwindigkeit lernen. Und Lernen kostet nun einmal Energie. Zudem betrachten wir Online-Meetings noch viel zu oft wie Live-Meetings, die wir auf dem Monitor nachzustellen versuchen. Wir denken an »alle zusammen in einem Raum« und vergessen darüber, dass digitale Medien auch asynchrone und hybride Möglichkeiten bieten. Betrachten Sie digitale Kommunikation wirklich als ein anderes Medium mit anderen Gesetzen und Fähigkeiten. Und wenn wir die besser beherrschen lernen, ermüden wir auch nicht so sehr. Neue Rituale helfen dabei, ebenso wie die digitale Etikette, die ich in Abschnitt 6.1 beschreibe.

*Unsere Kinder sind fünf, sieben und zehn. Und so leb-
haft. Das ist wundervoll, aber es fällt mir so schwer,
alle Bälle in der Luft zu halten. Ich kann mich einfach
nicht auf ein Management-Meeting konzentrieren,
während ich höre, dass unten Streit um irgendein Spiel-
zeug ausbricht. Ich fühle mich oft meiner Arbeit, aber
auch meinen Kindern gegenüber schuldig. Ich habe das
Gefühl, dass ich in den vergangenen Wochen nieman-
dem gerecht geworden bin, mich eingeschlossen.
– Erfahrung aus dem Feld*

Die Aufgabe von Ritualen

Rituale sind Bindemittel für das Kollektiv und helfen uns durch Veränderungen hindurch. Sie ordnen die Wirklichkeit und deuten sie neu. Ein Ritual
macht das Alltägliche zu etwas Außergewöhnlichem, einen schlichten Moment zu einem bewegenden. Es gibt der Zeit Bedeutung, unterstreicht, wo-
hin wir gehören, wofür wir stehen, was wirklich zählt. Rituale sind feste Gewohnheiten und Momente, an denen wir andere Dinge als gewöhnlich tun.
In den Büchern »The Corporate Tribe« und »Building Tribes« wird das ausführlich beschrieben.

Rituale haben die Funktion, das, worauf es kulturell wirklich ankommt, in
den Vordergrund zu stellen, und das Unerklärbare erklärbar und handhab-
bar zu machen. Rituale geben Kontrolle über Ereignisse und Situationen,
die ein wenig unheimlich anmuten. Sie vermitteln ein Gefühl von Kontrolle
über *matter out of space*, über dasjenige, das anders ist als gewohnt. Gerade
jetzt brauchen wir ganz dringend Rituale. Rituale sind kraftvoll und verbindend. Sie müssen mit Achtsamkeit und Sorgfalt durchgeführt werden und
nicht unbedingt viel Geld kosten.

Es gibt viele Arten von Ritualen mit unterschiedlichsten Funktionen, von der Geburt bis zum Tod, von der Hochzeit bis zur Scheidung, von gemeinschaftlich bis individuell. In diesem Kapitel stelle ich im Folgenden einige Typen von Ritualen vor, die aus meiner Sicht aktuell besondere Aufmerksamkeit in Organisationen verdienen – inklusive vieler Beispiele für kreative Lösungen aus diversen Unternehmen.

5.2   Neue Übergangsrituale zwischen Arbeit und Privatleben

Die Übergänge zwischen Arbeit und Privatleben können schwierig werden, wenn man an eine klare Abgrenzung durch eine Bahn- oder Autofahrt gewöhnt war. Hybride Arbeitskulturen erfordern neue Rituale für derartige Übergänge.

Schöne Beispiele für neue Übergangsrituale zwischen Arbeit und Privatleben

Hier finden Sie eine Auswahl aus den vielen Beispielen, die bei mir eingegangen sind. Probieren Sie sie selbst aus und lassen Sie sich davon zu neuen Ideen inspirieren.

- **Die Tasche packen.** Jeden Tag nach dem Frühstück nehme ich im Flur meine Tasche und steige mit ihr die Treppe zu meinem Arbeitsplatz im Dachgeschoss hinauf. Abends packe ich meine Tasche wieder ein und stelle sie an ihren Platz an der Eingangstür zurück.

- **Gewonnene Zeit.** Ich beginne zu dem Zeitpunkt mit der Arbeit, an dem ich früher ins Auto gestiegen bin. Dann hole ich mir im Laufe des Tages die gewonnene Zeit zurück, indem ich draußen bei Tageslicht etwas unternehme.

- **Tun als ob.** Ich tue jeden Tag so, als ob ich zur Arbeit gehe. Ich ziehe meine Jacke an, gehe raus, laufe ein Stück oder fahre mit dem Rad. Wenn ich zurückkomme, fülle ich Kaffee in meine Tasse mit dem Firmenlogo und klappe mein Notebook auf. Dann rufe ich den Kollegen an, der normalerweise mir gegenübersitzt, und wir schwatzen fünf Minuten. Ab und zu rufe ich einen per Zufall ausgewählten Kollegen an, wenn ich mir gerade eine Kaffeepause gönne. Und am Ende des Tages räume ich mein Notebook weg, ziehe die Jacke an und laufe wieder eine Runde um den Block zurück nach Hause. Vielleicht ein bisschen seltsam das Ganze, aber für mich funktioniert es.

- **Die Trennung von Arbeit und Privatleben aufgeben.** Ich habe die ganze bisherige Trennung zwischen Arbeit und Privatleben aufgegeben. Es gibt mir Ruhe, wenn ich jetzt alles ineinander übergehen lassen kann. Ich arbeite gern spät am Abend, wenn die Kinder im Bett sind, mit einer Tasse Tee dazu. Tagsüber habe ich nun mehr Zeit für private Dinge – schnell mal die Wäsche machen oder Sport treiben –, aber ich behalte dennoch meine App im Blick. Beim Kochen habe ich häufig schnell noch eine kurze telefonische Abstimmung und aufgrund dieser Ruhe essen wir nun immer zusammen mit der ganzen Familie[2]. Diese Veränderung möchte ich nie mehr missen.

- **Mittagessen mit den Nachbarn.** Tagsüber ist mein Partner nun auch ein bisschen mein Kollege. Wir haben zusammen Kaffee- und Mittagspause. Manchmal auch mit den Nachbarn, und wenn das Wetter schön ist, essen wir alle gemeinsam zu Mittag – jeder vor dem eigenen Haus. Ein lustiger Nebeneffekt ist, dass wir nun eine viele bessere Balance bei der Hausarbeit gefunden haben, weil sichtbar wird, was der andere macht oder nicht. Ich treffe jetzt auch viel mehr Väter auf dem Schulhof. Ich habe das Gefühl, dass sich die Verhältnisse zwischen Mann und Frau annähern und fließender werden.

---

2.   Anm. d. Übers.: In den Niederlanden wird abends gemeinsam warm gegessen.

5.3   Online-Flure und Kaffeegespräche

Am häufigsten wird der Verlust der ungeplanten, zufälligen Begegnungen genannt. Es gibt Dutzende Personen, zu denen wir schon seit Monaten keinen Kontakt mehr hatten. Die verbleibenden Kontakte sind strukturierter und formeller. Zugleich werden Kontakte zu direkteren Kolleg:innen persönlicher, denn wir können den anderen ins Wohnzimmer schauen und erfahren viel mehr über deren private Situation als früher.

Es herrscht viel Kreativität rund um das Organisieren von Online-Serendipität. Im Folgenden finden Sie eine ganze Liste von Aktivitäten, wie man online und aus der Ferne zufällige Begegnungen und menschliche Kontakte ermöglichen kann. Manche davon werden sicher entfallen, wenn wir wieder selbst entscheiden dürfen, ob wir uns sehen, andere könnten sich vielleicht etablieren. Machen Sie eine Gewohnheit daraus, mindestens ein Meeting pro Woche abzuhalten, in dem es um alles Mögliche gehen kann, nur nicht um die Arbeit.

Die meisten der folgenden Aktivitäten kosten kein Geld, aber Zeit. Vergessen Sie nicht, dass Sie diese Zeit auch miteinander verbringen würden, wenn Sie gemeinsam im Büro wären. In Organisationen, in denen alle remote arbeiten, ist es gang und gäbe, dass jeder ein paar Stunden pro Woche für soziale Aktivitäten mit Kolleg:innen aufwendet.

Ich vermisse das »zufällige« Sprechen mit Menschen. Online ist die spontane Interaktion etwas eingeschränkter. Es ist wirklich schon sehr lange her, dass ich mit anderen im Team mal spontan herzlich gelacht habe.
– Erfahrung aus dem Feld

Schöne Beispiele für Online-Flure und Kaffeegespräche

Hier finden Sie eine Auswahl aus den vielen Beispielen, die bei mir eingegangen sind. Probieren Sie sie selbst aus und lassen Sie sich davon zu neuen Ideen inspirieren.

- **Das digitale Büro.** Wir haben eine Teams-Session, die den ganzen Tag offen ist und in die jeder rein und raus kann. Ich schiebe sie am liebsten auf einen separaten Bildschirm, Video an, Ton aus. Und dann ganz normal arbeiten. Zwischendurch einander Fragen stellen, erzählen, was man zu Mittag essen wird, oder sich darüber informieren, welche Musik die eine Kollegin wohl hört, die da gerade tanzt. Manchmal habe ich ein digitales Büro mit ein oder zwei Kollegen, mit denen ich direkt zusammenarbeite, manchmal mit einer Gruppe, die mehr oder weniger dieselbe Arbeit macht wie ich, und manchmal einfach mit der gesamten Abteilung. Worüber man sich austauscht, hängt von der Gruppe ab, und gerade diese Abwechslung ist angenehm. Auf diese Weise arbeitet man allein und doch auf gewisse Art zusammen. In Zoom kann man offenbar sogar einen DJ-Raum erstellen, in dem jeder die Musik von seinem Computer teilen kann. Das will ich auch noch ausprobieren.

- **Remote-Projekttag.** Manchmal arbeiten wir wirklich einen Tag lang remote zusammen. Nach einem morgendlichen Online-Standup erstellen wir gemeinsam eine Agenda: »Wer arbeitet mit wem von wann bis wann.« Am Ende des Tages kommen wir dann wieder online zusammen und feiern, dass wir ein ganzes Stück Arbeit erledigt haben. Dieses Gefühl des Miteinanders und dann wieder zusammen sein, gibt regelrecht einen Kick. Wenn wir einen Tag lang so fokussiert zusammenarbeiten, erhält das Projekt doch einen anderen Impuls, als wenn jeder oder jede für sich daran arbeitet. Eine schöne Art, um Tempo und Rhythmus zu erzeugen.

- **Kaffee-Blind-Date.** Jeden Tag ziehen wir über eine App ein Los. Und mit der gezogenen Person telefoniert man dann in der Kaffeepause von 10:30–10:45 Uhr.

- **Buddy-Bingo.** Jede Woche wird jeder per Zufall mit einem anderen Teammitglied für ein richtiges Live-Treffen verkuppelt. Zusammen wandern, ein Museum besuchen, Sport treiben oder ins Theater gehen. Ein realer, enger Moment von Kontakt und Entspannung.

- **Wer? Kaffee! Jetzt!** Wenn man Lust auf ein Kaffeegespräch hat, ruft man in unsere WhatsApp-Gruppe: »Wer? Kaffee! Jetzt!« Und dann kann man sich mit den Leuten, die Lust darauf haben, einfach online eine Runde ausquatschen.

Positiv lästern. Wir beenden jede wöchentliche Besprechung mit einer positiven Lästerrunde. Jedes Mal ist jemand anderes an der Reihe. Diese Person schaltet ihr Mikro stumm und wir bringen alle zum Ausdruck, was wir an ihr so fürchterlich toll finden.

Silent Disco. Wir dürfen am Standort arbeiten, sitzen nun aber weit über das Gebäude verteilt. Wir haben eine Silent-Disco-Ausrüstung ange-schafft, über die jemand eine Präsentation halten kann, die alle gleichzei-tig hören. Auf der wir aber auch Musik laufen lassen und alle einfach mal ausflippen können in den diversen Räumen und Fluren.

Tür-steht-offen-Moment. Ich bin der Leiter einer großen Abteilung. Tagsüber sitze ich eine Stunde lang mit eingeschalteter Kamera in einem Teams-Meeting. Jede Person, die will, kann sich spontan einloggen, mir eine Frage stellen oder mir etwas erzählen. Daran mussten wir uns alle erst gewöhnen, aber es funktioniert richtig gut. Ich finde es klasse, wenn aus dem Team heraus unkonventionelle Ideen kommen. Das passiert jetzt eigentlich häufiger als früher.

Slack-Kneipe. Diese Kneipe betreiben wir mit viel Freude und Erfolg nun schon seit zwei Jahren bei Human Dimensions. Neben den praktischen und geschäftlichen Kanälen haben wir auch den Kanal #randomfun und #randomshit. Dort teilen wir all die Dinge, die man sich beim Kaffee oder beim Bierchen erzählen würde. Kummer und Freude, ob groß oder klein. Arbeit und Privates. Ein fortwährender Check-in von Höhen und Tiefen, wobei es allen freisteht, wie aktiv er oder sie hier ist.

Vlog-Gespräche. Zu jeder Wochenbesprechung nimmt jemand anders einen kleinen Vlog-Beitrag auf, über den wir dann reden. Der kann von der Arbeit handeln, aber auch ein Hobby oder andere Talente vorstellen.

Spontan anrufen. Man möchte es kaum glauben, aber einfach mal jemanden spontan anzurufen, ohne Ziel oder Notwendigkeit, ist richtig schön. Als ob man sich gerade auf dem Flur trifft.

Virtuelle Tour. Jedes Teammitglied nimmt die anderen während unse-rer Teams-Meetings der Reihe nach mit auf eine virtuelle Tour durchs Haus, das Viertel oder zu einem anderen Ort, der ihr oder ihm etwas bedeutet. So lernt man sich wirklich völlig anders kennen.

Geplante Kaffee-Verabredungen. Bei uns arbeiten etwa dreihundert Menschen und wir fordern uns gegenseitig heraus, ein- bis zweimal pro Woche eine geplante Verabredung zum Kaffee in den Kalender eines anderen einzutragen. Einfach so, für fünfzehn Minuten. Jedes Mal mit jemand anders: mit jemandem, den man noch nie getroffen hat, mit jemandem, dessen Namen man regelmäßig hört, den man aber noch nicht richtig kennt, mit jemandem, von dem man auf die eine oder andere Weise in seinem Projekt abhängig ist, mit jemandem, der neu ist im Unternehmen, mit jemandem, vom dem man denkt, dass man über irgendetwas nicht einer Meinung ist. Und im Teammeeting fragen wir einander, wer wen diese Woche getroffen hat und was dabei überraschend war.

- **Wer ist wer?** Wir sind ein großes Unternehmen mit Niederlassungen in der ganzen Welt. Bei uns gibt es ein bestimmtes Meeting, das mehrere Male an unterschiedlichen Tagen der Woche und zu wechselnden Zeiten in den festen Unternehmenskalender aufgenommen ist. Alle können sich spontan einwählen, und viele machen davon auch Gebrauch. Es gibt keine inhaltliche Agenda, einfach nur eine halbe Stunde lang neue Menschen treffen und hören, womit sie sich beschäftigen. Die Regel ist, dass man jede Frage stellen darf, aber nicht auf alles antworten muss. Das ist immer wieder überraschend, momentan vor allem, wenn man hört, wie sich die Corona-Regeln überall unterscheiden.

- **Täglicher Check-in.** Jeden Tag nehmen wir uns eine Viertelstunde für einen Check-in. Jeden Tag eine Frage, die hilft, die Stimmung im Team zu ergründen. Jedes Mal übernimmt jemand anders die Moderation. Wir nutzen dazu Deep Democracy, doch es geht ganz sicher auch anders.

- **Persönliche Erfahrungen.** Ich bin Teamleiter und schicke meinem Team seit März (2020 – Anm. d. Übers.) alle zwei Wochen meine persönlichen Erfahrungen und Reflexionen, gefolgt von Dingen, die mich als Teamleiter beschäftigen, immer verbunden mit der Einladung, mich zu kontaktieren. Ich spüre, dass mein Team das sehr schätzt. Außerdem gehe ich jeden Tag während der Mittagspause spazieren und telefoniere dann immer mit einem anderen Teammitglied.

5.4 Online-Events, die die Organisationskultur stärken

Schauen Sie sich die Werte Ihrer Organisation an, Ihr Team, den Kommunikationsrhythmus, die Bedürfnisse der Teammitglieder und wählen Sie dann ein paar Aktivitäten aus. Nehmen Sie sie in den Kalender auf. Sie sollten anfangs möglichst obligatorisch oder zumindest super attraktiv sein, bis sie zur Routine werden. Achten Sie darauf, dass Sie den Sinn dieser Aktivitäten gut vermitteln, indem Sie deren Verbindung zu den Werten der Organisation verständlich erläutern. Beziehen Sie die zugehörige kulturelle Komponente der Organisation immer in angemessener und lockerer Weise zu Beginn der Aktivität ein. Das macht es wichtiger, spannender und magischer. Aufrichtigkeit und Aufmerksamkeit sind dabei von ganz entscheidender Bedeutung, sonst endet das Ganze als Gimmick oder Spielerei.

Vertrauen wächst durch persönlichen Kontakt und Interesse. Das war bereits vor Corona für manches Team und manche Führungskraft eine Herausforderung, doch nun ist es noch herausfordernder geworden. – Erfahrung aus dem Feld

Schöne Beispiele für Online-Events, die die Organisationskultur stärken

Hier finden Sie eine Auswahl aus den vielen Beispielen, die bei mir eingegangen sind. Probieren Sie sie selbst aus und lassen Sie sich davon zu neuen Ideen inspirieren.

- **Inspirations-Sessions.** Mit einer Präsentation von einem guten externen Referenten oder einem Ihrer eigenen Kollegen. Vielleicht auch gemeinsam einen kurzen Dokumentarfilm anschauen. Und danach in Online-Breakout-Räumen anhand einiger Fragen weiter darüber reden. Gute Gespräche führen, manchmal mit Bezug zu einem konkreten Projekt, weil uns Lernen wichtig ist.

- **Auch für die Familie.** Manchmal schickt das Unternehmen meines Mannes ein tolles Paket – mit einem Update vom Unternehmen und einem Inhalt, der auch unserer gesamten Familie gefällt. Letztens gab es Popcorn, Cola und einen Gutschein, um zu Hause einen Film anzuschauen. Mit der Nachricht, dass alle Beschäftigten für ihren Einsatz sehr geschätzt

werden, aber auch *quality time* mit der Familie / zu Hause verbringen sollten, zum Beispiel zusammen gemütlich einen Film ansehen. Prima für
meinen Mann, gelobt zu werden, und auch toll für die ganze Familie.

- **Buchclub.** Wir haben jetzt einen aktiven Buchclub. In einer ständig
  wachsenden Gruppe von Kollegen lesen wir ein Buch und treffen uns
  dann online, um darüber zu sprechen. Manchmal ist es ein Roman, ein
  andermal eher etwas Arbeitsrelevantes.

- **Wilde-Ideen-Session.** Bei uns ist Kreativität sehr wichtig. Wir planen
  diese wilden Sessions an verschiedenen Zeitpunkten im Laufe der Woche ein. Alle sind willkommen, etwas zu präsentieren oder einfach nur
  zuzuhören und Ideen einzubringen.

- **Management by Poetry.** Ich schicke meinem Team regelmäßig ein Gedicht. Mit einem Text, der mich berührt, und einer Geschichte über unser
  Team. Macht mir selbst viel Freude und wird sehr gut aufgenommen.

- **Gesunde-Routinen-Challenge.** In einer Gruppe von Kolleginnen und
  Kollegen haben wir beschlossen, unsere bisherige Fahrzeit zu nutzen,
  um gesünder aus dieser COVID-Zeit herauszukommen. Im Fernsehen
  sieht man so viel Angst, dem wollten wir etwas Positives entgegensetzen
  und selbst aktiv unser Immunsystem stärken. Mit guter Ernährung (wir
  teilen Rezepte und kochen manchmal »zusammen«) und Bewegung.
  Alle machen morgens und abends nach Belieben Sport: Joggen, Yoga,
  Atemübungen. Manchmal allein, manchmal zusammen via Teams. Sehr
  motivierend.

- **Speed Date.** Wir hatten nun schon zwei Mal eine Zoom-Veranstal-
  tung mit einer kurzen Einführung zur Bedeutung von Beziehungen
  und einer schön vorgetragenen Rede unseres Geschäftsführers. Im
  Anschluss wurden die achtzig Anwesenden drei Mal für zehn Minuten
  paarweise in Breakout-Räume geschickt, um sich anhand einiger Themen kennenzulernen.

- **Das Trefft-euch-Budget.** Wir arbeiten komplett über die Niederlande
  verteilt. Und uns ist Kontakt sehr wichtig. Jede Woche entscheiden wir,
  wer der Glückspilz ist, der ein Trefft-euch-Budget von 150 Euro bekommt, natürlich immer im Rahmen der dann geltenden Corona-Maßnahmen. Anschließend werden begeistert Fotos geteilt.

- **Wöchentliches Überraschungsmoment.** Wir haben einen Kollegen
  gebeten, während unseres Wochenstarts via Teams jedes Mal bei jemand anders als eine Art Überraschungsgast vor der Tür zu stehen – immer mit einem persönlichen Geschenk und einer Ansprache oder einem

Lied. Davon gibt es dann Live-Bilder von der Straße und vor der Haustür – wie bei *Miljoenenjacht*[3]. Das sorgt für viel Heiterkeit und Enthusiasmus. Und es schafft eine Menge Verbundenheit, Freude und Wertschätzung.

- **Organisations-Spirit.** Bei uns gibt es jetzt jeden Monat ein einstündiges Zoom-Meeting zu einem strategischen Ziel unserer Organisation. Im Vorfeld erhalten wir einen Blog oder Vlog zum Inhalt und es wird eine klare Frage gestellt. Falls die Gruppe zu groß ist, wechseln wir in Breakout-Räume. Jemand von uns übernimmt die Aufgabe, eine kurze Zusammenfassung zu schreiben und an den Initiator – meist die Geschäftsleitung – zu schicken.

- **Gesundheits-Check.** Wir haben eins unserer Online-Meetings in Gesundheits-Check umbenannt. Wir bemerkten, dass alle durch die Intensität der Erfahrungen im Arbeitsalltag voll mit Emotionen aufgeladen waren. Da wir uns jedoch nicht ausreichend oft live sehen, blieben manche aus dem Team zu lange mit allerlei aufgestauten Emotionen allein. Deshalb gibt es jetzt diesen Moment, wo wir einander ernsthaft fragen: Geht es dir gut? Nicht zu viel Stress? Hast du heute genug Pausen gemacht? Nimmst du dir genug Freizeit? Hast du Projekte mit zu viel Stress? Aufgaben, die sich als aufwendiger erweisen als angenommen? Und dann hören wir einander auch wirklich zu. Wenn es passt, meditieren wir auch gemeinsam online, aber nicht alle begeistern sich dafür.

- **Bunter Abend.** Normalerweise gibt's bei uns viele Feiern und Kostümpartys neben der Arbeit. Jetzt organisieren wir ab und zu einen bunten Abend, zu dem einige Sketche und Lieder vorbereiten und alle in Verkleidung kommen. Wir hatten auch schon eine Online-Weinverkostung und regelmäßig gibt es einen Vrijmibo[4] mit nach Hause verschickten »Fresspaketen«. Letztens hatten wir einen Abend mit einem coolen DJ, an dem alle im eigenen Wohnzimmer ausflippten.

- **Meet the family.** Da wir ja nun so häufig Kinder, Partner und Mitbewohner im Hintergrund durchs Bild huschen sehen, haben wir einen Familienabend organisiert. Da haben wir uns gegenseitig einige der Mitbewohner vorgestellt – Kinder, Katzen, Partner –, alles war dabei.

---

3. Anm. d. Übers.: *Miljoenenjacht* ist eine Gameshow der Postcode Loterij im niederländischen Fernsehen, bei der 500 Kandidat:innen die Chance haben, einen Betrag von fünf Millionen Euro zu gewinnen (*https://en.wikipedia.org/wiki/Miljoenenjacht*).

4. Anm. d. Übers.: *Vrijmibo* ist der gesellige Start mit den Kolleg:innen ins Wochenende und eine Zusammensetzung aus den Anfangssilben von Vrijdags middags borrel (Freitag-Nachmittags-Umtrunk … FreiNaUm) (*https://blog-speciaal.de/vrijmibo-der-gesellige-start-ins-wochenende/*).

Teambuilding. Im Vorfeld haben wir alle den *Insights-Discovery*-Test durchgeführt und ihn anschließend mit einem externen Moderator ausgewertet. Man kann natürlich auch einen anderen Test verwenden oder eins der vielen online verfügbaren Lern-dein-Team-kennen-Spiele. Der Zugewinn bei unserem Vorgehen lag in den ernsthaften Gesprächen und neuen Erkenntnissen. Etwas, das ein Offline-Training auch bieten würde.

Avatare in einer virtuellen Welt. Ich wunderte mich darüber, dass sich viele Erwachsene ziemlich müde von einem digitalen Meeting ins nächste schleppen, während unsere Kinder endlos in den 3D-Welten von *Fortnite* und *Minecraft* spielen können. Deshalb habe ich gemeinsam mit einem Team eine digitale Welt erfunden, in der wir diese virtuellen Gaming-Techniken ins geschäftliche Umfeld übertragen. Jede Person, die teilnimmt, erhält ihren eigenen Avatar, genau wie bei *The Sims of Fortnite*. Man kann damit durch das Gebäude oder das Kongresszentrum laufen, rennen, fliegen, sich teleportieren und Gespräche mit anderen anknüpfen. »In dieser 3D-Welt kann man sich mit Leichtigkeit zwei bis drei Stunden vergnügen, während in einem normalen digitalen Meeting die Aufmerksamkeit bereist nach dreißig Minuten nachlässt«, so Martijn Lofvers (googeln Sie ruhig einmal seinen Namen).

Escape Room. Im Rahmen einer Online Experience gemeinsam mit Kollegen und/oder Kunden in kleinen Gruppen Rätsel lösen, die eine Verbindung zur eigenen Organisation haben. Die Teilnehmenden werden vom Spiel gepackt, müssen eng zusammenarbeiten und scharf nachdenken, um die Codes zu knacken. *DenkProducties* entwickelte diese Anwendung für Mitarbeiter- und Kundentage, die nun online stattfinden müssen, inklusive einer Story, die komplett auf die eigene Organisation zugeschnitten ist.

Wanderstaffel. Um untereinander in Kontakt zu bleiben, haben wir im Juni eine Wanderstaffel gestartet. Ich, als Geschäftsführer, unternahm eine Wanderung mit einem Kollegen und übergab ihm dabei das speziell dafür angefertigte Unternehmensfähnchen. Dann ging dieser Kollege mit einem anderen wandern und übergab ihm das Fähnchen. So ging es weiter. Jeder aus der Belegschaft war auf zwei Wanderungen. Das Fähnchen ist sogar in Dordrecht und Ulicoten gewesen. Wir versuchten, vor allem diejenigen zusammenzubringen, die sonst eher selten miteinander sprechen. Von jedem Treffen wurden ein Foto und ein kurzer Bericht an alle anderen gemailt. Letzten Freitag schloss sich der

Kreis. Der letzte Kollege ging wieder mit mir wandern. Das Fähnchen kam zurück ins Büro. Nun werden wir uns etwas Neues überlegen, um die Kontakte untereinander zu pflegen, denn vorläufig arbeiten wir sicher noch weiter zu Hause, denke ich ...

- ▪ **Wer ist der Maulwurf.** Sie und Ihr Team haben dreißig Tage Zeit, ein anderes Teammitglied zu überraschen, zu verblüffen und zu erfreuen (Losverfahren). Sie müssen sich dazu in die Person hineinversetzen und herausfinden, was sie wirklich liebt. Und – das ist der Haken – er oder sie darf nicht merken, dass Sie es waren!

Grandios und professionell

Natürlich können Sie ein Event auch noch grandioser und schöner angehen. So wie Sie das mit einem Live-Kongress oder -Seminar machen würden. Mit Interviews aus einem Studio, mit Online-Keynote-Speakern, Theatershows, Sänger:innen, Komiker:innen, die während der Zusammenkünfte individuell zugeschnittene Texte und Kolumnen vortragen. Es gibt eine Reihe von Event-Agenturen, die sich auf derlei Dinge stürzen. Ich bin auch regelmäßig Teil solcher Online-Programme und es ist wirklich wundervoll, was innerhalb kurzer Zeit erfunden und entwickelt wurde.

Hans Janssen von *DenkProducties* ist einer der Vorreiter auf diesem Gebiet. Ich fragte ihn nach den drei goldenen Tipps für Organisationen, die selbst ein Online-Event organisieren wollen. Hier seine Antwort:

Vom Zuschauer zum Teilnehmer

Meine goldene Regel ist: Verwandele Menschen von »Zusehenden« in »Teil-nehmende«. Denn – passiv zuschauen, dass hält man nur zwanzig Minuten durch. Höchstens. Dann schielt man auf seinen vollen Posteingang, seine Benachrichtigungen und andere Ablenkungen. Aus diesem Grund sind Menschen auch Webinar-müde. Es kostet schlicht Energie, einer Sache auf-merksam zu folgen, zu der man überhaupt keine Bindung spürt.

Wie kriegt man das hin? Drei Tipps:

1. Gestalten Sie Ihr Thema spannend. Warum sollte man eine Stunde lang referieren, wenn man die Botschaft auch in drei knifflige Multiple-Choice-Fragen verpacken kann? Die stellt man den Teilnehmenden, lässt sie selbst darüber nachdenken und gibt nach einiger Zeit die richtigen Ant-worten inklusive zugehöriger Erläuterungen. Wenn man das auch noch als Miniwettbewerb gestaltet und nach jeweils zwei Fragen den Punktestand einblendet, sitzen alle wie gebannt vor ihren Bildschirmen. Zudem prägt sich der Inhalt so auch besser ein.

2. Nehmen Sie Unterricht. Allen ist sicher klar: Online-Kurse sind wirklich eine andere Nummer, als wie üblich vor einer Gruppe zu stehen. Und doch denken achtzig Prozent aller Vortragenden, dass sie noch mit ihren alten Routinen arbeiten können. Das ist Unsinn! Genau wie ein Rocksänger Unterricht nehmen muss, um Opern singen zu können, braucht man als Vortragender ein Training für das Erlernen neuer Fähigkeiten: die Story neu aufbauen, Interaktion mit der Kamera und die unterschiedliche Verwen-dung von Präsentationswerkzeugen.

3. Schaffen Sie Verbindungen. Es gibt viele Nachteile bei Online-Schu-lungen, aber auch einen großen Vorteil: Sie können die Teilnehmenden mit einer konkreten Aufgabe und einem einzigen Knopfdruck in Breakout-Gruppen schicken und nach fünf Minuten ebenso mit einem einzigen Knopfdruck wieder ins Plenum zurückholen. Versuchen Sie das mal offline! Viele Menschen sind erst einmal extrem scheu (plötzlich mit fünf ihnen fremden Personen in einer Session), aber das vergeht innerhalb kürzester Zeit. Es ist toll und didaktisch ungeheuer stark. – *Hans Janssen, Gründer von DenkProducties*

5.5   Online-Onboarding-Rituale für neue Mitarbeitende

Aus dem eigenen Wohnzimmer heraus den Weg in eine neue Organisation zu finden, fällt nicht leicht. Einloggen, das Intranet nach den richtigen Dokumenten absuchen und mithilfe von Teams und Chat-Nachrichten Beziehungen zu all den noch fremden Personen aufbauen. Wie kann man remote Stolz für ein schönes Logo und ein leeres Gebäude fühlen? Eine erste Einschätzung sagt, dass Organisationen, die schon früher schlechte Einarbeitungsroutinen hatten, nun gnadenlos einbrechen. Genau wie überall in dieser Krise werden die guten und die schlechten Muster verstärkt. Deshalb ist die wichtige Gewissensfrage für jede Organisation: Wenn die Art, neue Mitarbeitende einzuarbeiten und willkommen zu heißen, bereits miserabel war, wie sieht es dann aktuell damit aus? Und was gedenken Sie jetzt daran zu ändern?

Ich habe am 1. April bei meinem neuen Arbeitgeber angefangen. Mir wurde eine große Kiste (Starterpaket) mit meinem Notebook, Karte, Gadgets und Konfetti geschickt. An den ersten beiden Tagen hatte ich eine klare Agenda – diverse Sessions via Teams. Ein sehr warmer und herzlicher Start, doch danach fiel ich in ein gewaltiges Loch. Ich musste alles selbst herausfinden. Unklare bis keine Prozesse, keine Ahnung, wen ich wegen welcher Themen ansprechen muss … Bei meinem vorherigen Arbeitgeber hatte ich ein komplettes Onboarding-Programm durchlaufen, mit einem Buddy, der mich Schritt für Schritt in die Organisationskultur einführte. Nun musste ich über einen Bildschirm in einem großen Meer voller Informationen und mit viel Unbekanntem schwimmen. Ich habe mir also ein Herz gefasst und alles Mögliche ausprobiert, um doch ein Gefühl für die Mitarbeiter und das Unternehmen zu bekommen. Doch wenn ich ehrlich bin, fühle ich noch wenig Bindung zu meinem heutigen Arbeitgeber. Die Hälfte meiner Kollegen und Kolleginnen habe ich noch nie gesehen und bin noch nach

einem halben Jahr auf der Suche danach, was wo steht,
wie welche Prozesse ablaufen und an wen ich mich wegen
welcher Dinge wenden kann. Es gibt zwar eine monatli-
che Online-Lunch-Session mit dem CEO mit Informatio-
nen zu den Zahlen und zum Umgang mit Corona und ab
und zu eine Session zum Erfahrungsaustausch, aber nicht
einen einzigen freudigen Moment wie einen Umtrunk, ein
Spiel oder einen Anruf mit der Frage: »*Wie geht es dir?*«
Ich spüre noch immer wenig Loyalität und habe das
wirklich gründlich satt. – Erfahrung aus dem Feld

Wenn man eine Organisation als ein lebendes Ganzes aus Menschen und Beziehungen und aus Prozessen, Aufgaben und Zielen betrachtet, muss man ein
neues Teammitglied auf allen diesen Gebieten willkommen heißen. Klare
Prozessbeschreibungen und Roadmaps erlangen in hybriden Organisationen
noch mehr Bedeutung, weil niemand neben ihnen am Küchentisch sitzt, den
sie einfach mal fragen können, wo was steht. Darüber hinaus sind das informelle Netzwerk und die persönlichen Kontakte entscheidend für Verbindung, Vertrauen, Stolz und Loyalität. Am Beginn einer neuen Arbeitsbeziehung geben Sie dem neuen Teammitglied gleichsam einen Reiseführer mit
Lonely-Planet-Informationen über Ihren Tribe an die Hand: seine Geschichte, die Heldengeschichten, Ihre Vorstellungen, wie die Arbeit am besten erledigt werden kann, wie man am nützlichsten für die Kund:innen ist,
besondere Bräuche und Gewohnheiten, die absoluten Dos und ganz sicher
auch die Don'ts. Welche Tabus muss man kennen? Was darf man auf keinen
Fall sagen und was passiert, wenn man es dennoch tut? Was ist die Sprache
der Organisation und welche Abkürzungen und anderen geheimen Codes
gibt es? Existiert ein Grundriss der wichtigen (Online-)Orte?

Falls Sie über diese Art kultureller Information noch nicht verfügen, dann
sollten Sie beginnen, sich dieser wichtigen Aufgabe zu widmen. Eine solche
Kulturdefinition brauchen Sie ohnehin für den Aufbau Ihrer hybriden Organisation. Insofern schlagen Sie zwei Fliegen mit einer Klappe. Betätigen Sie

sich selbst als Anthropologin oder Anthropologe und schreiben Sie einen Reiseführer für die neuen Teammitglieder. Das ist sicher auch eine Bereicherung für die Mitarbeitenden, die schon eine Zeit lang an Bord sind.

Für die (Online-)Einarbeitung können Sie etliche der bereits früher genannten Aktivitäten nutzen. Wichtig ist, dass jemand das neue Teammitglied an die Hand nimmt und dabei hilft, Türen bei ihm noch unbekannten Kolleg:innen zu öffnen. Lassen Sie niemanden allein herumstöbern, niemals eigentlich, aber vor allem nicht in einer hybriden Organisation.

Schöne Beispiele für Online-Onboarding-Rituale für neue Mitarbeitende

Hier finden Sie eine Auswahl aus den vielen Beispielen, die bei mir eingegangen sind. Probieren Sie sie selbst aus und lassen Sie sich davon zu neuen Ideen inspirieren.

- **Virtueller Rundgang.** Am besten trifft man sich natürlich physisch und läuft eine Runde durch das Gebäude, auch wenn das fast leer ist. Wenn das nicht geht, dann nehmen Sie doch jemanden mit auf einen virtuellen Rundgang. Einfach via Facetime und mit einem Kollegen als Kameramann. Und erzählen Sie dabei Geschichten, wie bei einer Stadtführung. Mit Anekdoten bei der Kaffeeküche und den Nachrichten am Schwarzen Brett.

- **Entrance Room.** Wir organisieren immer ein Spiel, das wir Entrance Room (anstelle von Escape Room) nennen. Das ist eigentlich ein Brettspiel, das wir nun online spielen. Darüber hinaus erstellen wir gerade Vlogs und sammeln Blogs, die die Identität der Organisation wiedergeben.

- **Fünf Mal »Wer wir sind«.** Wir planen für jedes neue Teammitglied fünf (oder mehr) halbstündige Online-Treffen mit dem Agenda-Punkt »Wer wir sind«. Gestandene Mitarbeiter erzählen und der Neueinsteiger kann Fragen stellen.

- **Zwei Wochen mitlaufen.** Bei uns darf man sich zwei Wochen lang einarbeiten, um nicht sofort unter dem Druck zu stehen, hundert Prozent leisten zu müssen. In dieser Zeit laden wir diejenigen zu einer Reihe sehr unterschiedlicher Online-Meetings und zu vielen Vieraugengesprächen ein. Und wir organisieren Corona-konforme Spaziergänge mit Kollegen.

- **Arbeitsaufgabe mit vielen.** Wir sorgen dafür, dass das neue Teammitglied für seine erste Arbeitsaufgabe ganz viele Menschen braucht, sodass diese Person einen Grund hat, in Verbindung mit der Aufgabe viele neue Kolleginnen und Kollegen anzusprechen. So ist das Eis schnell gebrochen und der- oder diejenige erhält einen wichtigen ersten Eindruck. Wenn man das nicht gleich von Anfang an macht, ist es später sehr schwer nachzuholen.

- **Auf dem Foto.** Bei uns muss man innerhalb eines Monats mit vierzig Personen aus dem Betrieb ein Foto machen. Das dürfen auch Screenshots sein.

- **Kultur-Bingo!** Wir geben dem neuen Teammitglied eine Kultur-Bingo-Karte mit allen Aktivitäten, die zu unserer Kultur passen. Beispielsweise: Widersprich einmal dem CEO, erkundige dich einmal ganz direkt nach jemandes Gefühlen, ruf willkürlich jemanden aus der Organisation an, ruf einen Kunden an und frag ihn, was er oder sie von unseren Dienstleistungen hält. Eine volle Karte feiert man dann mit dem gesamten Team.

- **Neueinsteigerseite.** Wir haben eine Website mit allen neuen Kolleginnen und Kollegen angelegt und ermuntern die anderen Teammitglieder, sich dort umzusehen und Kontakte zu knüpfen.

5.6   Online-Abschiedsrituale für Mitarbeitende

Abschied nehmen gehört zum Leben dazu und hört deshalb auch in diesen Corona-Monaten nicht auf. Abschied von einer Kollegin oder einem Kollegen wegen eines neuen Jobs oder weil sie oder er in Rente geht. Abschied bei einem unerwarteten Todesfall. Abschied wegen Fehlverhalten oder Konflikten. Aber auch Abschied von einem ganzen Unternehmensteil, einer Niederlassung oder Produktlinie und manchmal sogar, bei Insolvenz oder Stilllegung, von der gesamten Organisation. Wie nimmt man Abschied in Zeiten von Online-Arbeit und anderthalb Meter Abstand?

Nachdem ich mir ein Jahr lang den Arsch aufgerissen hatte, wurde mein Vertrag vom Unternehmen nicht verlängert. Wegen Corona war das Budget beschränkt und so lief mein Jahresvertrag aus. Mein Abschlussgespräch (zu dem ich selbst eingeladen hatte) war an sich in Ordnung. Bei der Übergabe des Abschiedsgeschenks war nur eine Handvoll Kolleginnen und Kollegen dabei, tja wegen COVID. Mir wurde ein Scherzgeschenk überreicht, tja wegen COVID, das wirkliche Geschenk kam später. Keine persönliche Karte. Eine »ja, blöd, weil COVID«-Ansprache. Kein Umtrunk, tja wegen COVID ... Wenn man sich verabschiedet, sollte man einfach sagen: »Ich blicke gern auf unsere Zusammenarbeit zurück und wünsche Ihnen alles Gute.« Die Pandemie sollte nicht zur Entschuldigung für einen unwürdigen Abschied dienen.
– Erfahrung aus dem Feld

Abschied nehmen erfordert Zeit, Mühe, Gefühl und Geld. Häufig denken wir, dass wir einen Abschied für die Person organisieren, die geht. Das ist auch so. Doch mindestens ebenso bedeutsam ist der Abschied für die, die bleiben. Abschiedszeremonien können zu einem wichtigen Meilenstein werden und alle wieder daran erinnern, wofür die Organisation steht. Mit einem Abschied schließt man gemeinsam etwas ab und beginnt etwas Neues. Abschied ist ein Übergangsritual für die Menschen, die gehen, aber auch für die, die bleiben. Manchmal sagt man dabei »Auf Wiedersehen« und manchmal »Lebewohl«. In beiden Fällen kann uns ein Abschied ohne die nötige Aufmerksamkeit noch lange verfolgen.

*Schon im Vorfeld meiner Verabschiedung nach sieben Jahren Betriebszugehörigkeit verlief vieles ungeordnet und dann sah es so aus, als ob ich mich zu meinem eigenen Abschiedsmeeting nicht mal mehr einloggen kann. Mein Firmen-Account war schon gelöscht. Am Ende wurde ich über WhatsApp angerufen und jemand hielt sein Handydisplay vor die Notebookkamera, sodass mich die anderen irgendwie »sehen« konnten ... Es wurde ein kleiner Text verlesen und Bämm! war die Verbindung unterbrochen. Ich hörte gerade noch einen Kollegen sagen: »Ich will auch noch was ...« Ich wurde wieder angerufen. Eine Kollegin erzählte mir, dass sie unter den Kollegen für mich gesammelt haben und ich mir ein schönes Geschenk aussuchen könnte. Und dann Bämm! war die Verbindung wieder weg. Nun, das war's dann ... – **Erfahrung aus dem Feld**

Für welche Form Sie sich auch entscheiden, stellen Sie diejenigen, die gehen, ins Rampenlicht. Abschied verdient eine Zeremonie, die von jemandem gut begleitet wird – auch online. Denken Sie darüber nach, wie festlich, prunkvoll und formell sie werden soll.

Schöne Beispiele für Online-Abschiedsrituale für Mitarbeitende

Hier finden Sie eine Auswahl aus den vielen Beispielen, die bei mir eingegangen sind. Probieren Sie sie selbst aus und lassen Sie sich davon zu neuen Ideen inspirieren.

- **Künstler.** Wir haben einen Künstler gebeten, ein maßgeschneidertes Lied zu schreiben und während einer Teams-Besprechung vorzutragen. Das war sehr eindrucksvoll.

Kurzer Film. Zu meiner Verabschiedung haben alle im Team einen kleinen Film mit ihren schönsten Erinnerungen an unsere Zusammenarbeit aufgenommen. Und in iMovies Musik daruntergelegt. Den Film haben wir uns zusammen online angeschaut. Dann folgte eine tolle Ansprache unseres Chefs und ein riesiger Applaus von allen.

Online Keynote-Speaker. Wir haben einen Online-Vortrag organisiert mit einem der Lieblings-Speaker des zu Verabschiedenden. Danach gab es einen Online-Umtrunk.

Improvisationstheater. Zur Verabschiedung haben wir eine Gruppe Improvisationstheaterschauspieler gebeten, besondere Augenblicke und unsere Erinnerungen gemeinsam mit der Person, die verabschiedet wird, darzustellen. Einfach online in unserer Teams-Besprechung. Über den Chat konnten wir Input zu Liedern und Szenen geben, die sie dann sofort improvisierten. Es war außergewöhnlich und sehr persönlich.

TV-Show »In der Hauptrolle«. Wir haben es richtig groß aufgezogen, das hatte unser Direktor nach all den Jahren sicher verdient. In einem Studio, mit einem Interviewer und einer Gästerunde. Eine Art »In der Hauptrolle«[5].

Ständchen. Wir haben mit einer Gruppe Kollegen ein Ständchen gesungen vor dem Haus eines Kollegen, der in Rente ging. Wie es sich gehört mit anderthalb Meter Abstand und viel Freude.

Unsere Helden. Wir müssen gerade aufgrund unserer schlechten Zahlen von einer großen Zahl Kollegen gleichzeitig Abschied nehmen. Wir haben auf Yammer eine Gruppe mit dem Titel »Unsere Helden« gestartet. Kollegen, die gehen, verabschieden sich hier, bedanken sich bei den anderen und posten Fotos von Erlebnissen aus manchmal bis zu vierzig Jahren Betriebszugehörigkeit. Erinnerungen kehren zurück, ein Lächeln erscheint beim Lesen auf meinem Gesicht. Eine wundervolle Initiative, um in diesen besonderen Zeiten doch Abschied nehmen und einander noch etwas mitteilen zu können.

---

5. Anm. d. Übers.: *In de hoofdrol* (In der Hauptrolle) war eine niederländische Talkshow, bei der es in jeder Folge um das Leben eines einzelnen bekannten Gasts ging. Das Programm basierte auf der amerikanischen Sendung *This Is Your Life* (*https://nl.wikipedia.org/wiki/In_de_hoofdrol*).

5.7   Das Verarbeiten dieser besonderen Zeit

Viele von uns durchleben bittere Tage. Wer über einen langen Zeitraum zu Hause sitzt, leidet unter Einsamkeit, Langeweile, dem Fehlen von Kontakten und Adrenalin. Und wer nicht zu Hause arbeiten kann und viel direkter mit den Risiken von COVID-19 konfrontiert ist, steht der Krankheit Auge in Auge gegenüber und kann manchmal sogar die anderthalb Meter Abstand nicht einhalten. Der Druck auf Pflegepersonal ist hoch. Die Polizei muss in einer emotionsgeladenen Gesellschaft die Einhaltung von Maßnahmen sichern. Lehrkräfte laufen tagtäglich durch Gebäude voller junger Menschen, die keinen Abstand halten. Unternehmer müssen weiterarbeiten, um ihr Unternehmen zu retten.

Jeder erlebt diese Zeit anders, aber sicherlich emotionaler als sonst. Vor allem die Menschen, die direkt am Bett der am schwersten Erkrankten stehen und sich mit Familienmitgliedern auseinandersetzen müssen, die die Richtlinien und Maßnahmen nicht akzeptieren. Genauso diejenigen in Branchen und Organisationen, die in ihrem Einkommen und Lebensstil von den Auswirkungen der vielen Maßnahmen hart getroffen werden. Während ich an diesem Kapitel schrieb, ging am 21. Oktober 2020 auf Instagram der Beitrag des flämischen DJ's Jef Eagle viral. Er schrieb: »Die Folgen der Corona-Krise sind schlimmer als wir denken. Ich kenne mehr Menschen, die Selbstmord begangen haben, als Menschen, die an Corona gestorben sind. Ich sah, wie 31 Freunde und Bekannte sich in den letzten Monaten das Leben genommen haben. Einer wie der andere waren sie im Event-Sektor aktiv.« Wir haben oft keine Vorstellung davon, wie viel Leid sich hinter den Menschen verbirgt, die wir kennen.

Lassen Sie uns wirklich füreinander da sein. Sprechen Sie miteinander. Seien Sie auch auf Abstand nahe dran. Organisieren Sie ganz bewusst Momente der Aussprache, Reflexion und Sorge füreinander. In der Familie und im Freundeskreis genauso wie mit Teammitgliedern und Bekannten aus dem beruflichen Umfeld. Online, wenn es nicht anders geht, offline, wenn es möglich ist. Manchmal miteinander und manchmal mit externer Unterstützung in Form von Coaching, Moderation.

*Vor dem Sommer hatten wir eine erste Live-Team-Session mit einer Gruppe von Betreuern und Betreuerinnen aus einem unserer Pflegeheime. Es war kein angenehmes Treffen. Es hatten sich viel mehr Emotionen aufgestaut, als wir eigentlich gemeinsam bewältigen konnten. Alles brach sich auf einmal Bahn – zu hart gearbeitet, neue Kollegen und Kolleginnen, großer Kummer über den Tod eines Familienmitglieds, Menschen, die COVID gehabt hatten, schwierige Entscheidungen mit aggressiven Verwandten, Ängste usw. Wir hatten die Begleiterscheinungen all der Dinge, die unsere Mitarbeitenden durchmachen, völlig unterschätzt. Daran haben wir sofort etwas geändert, mit regelmäßigen Online-Sessions und mehr persönlichem Kontakt zu Führungskräften und untereinander. Dieses Treffen war wahrlich ein Wake-up-Call. Denn wir wissen jetzt: Wenn man heutzutage mit derartigen Gesprächen wartet, »bis wir uns wieder sehen«, ist man viel zu spät dran. – **Erfahrung aus dem Feld**

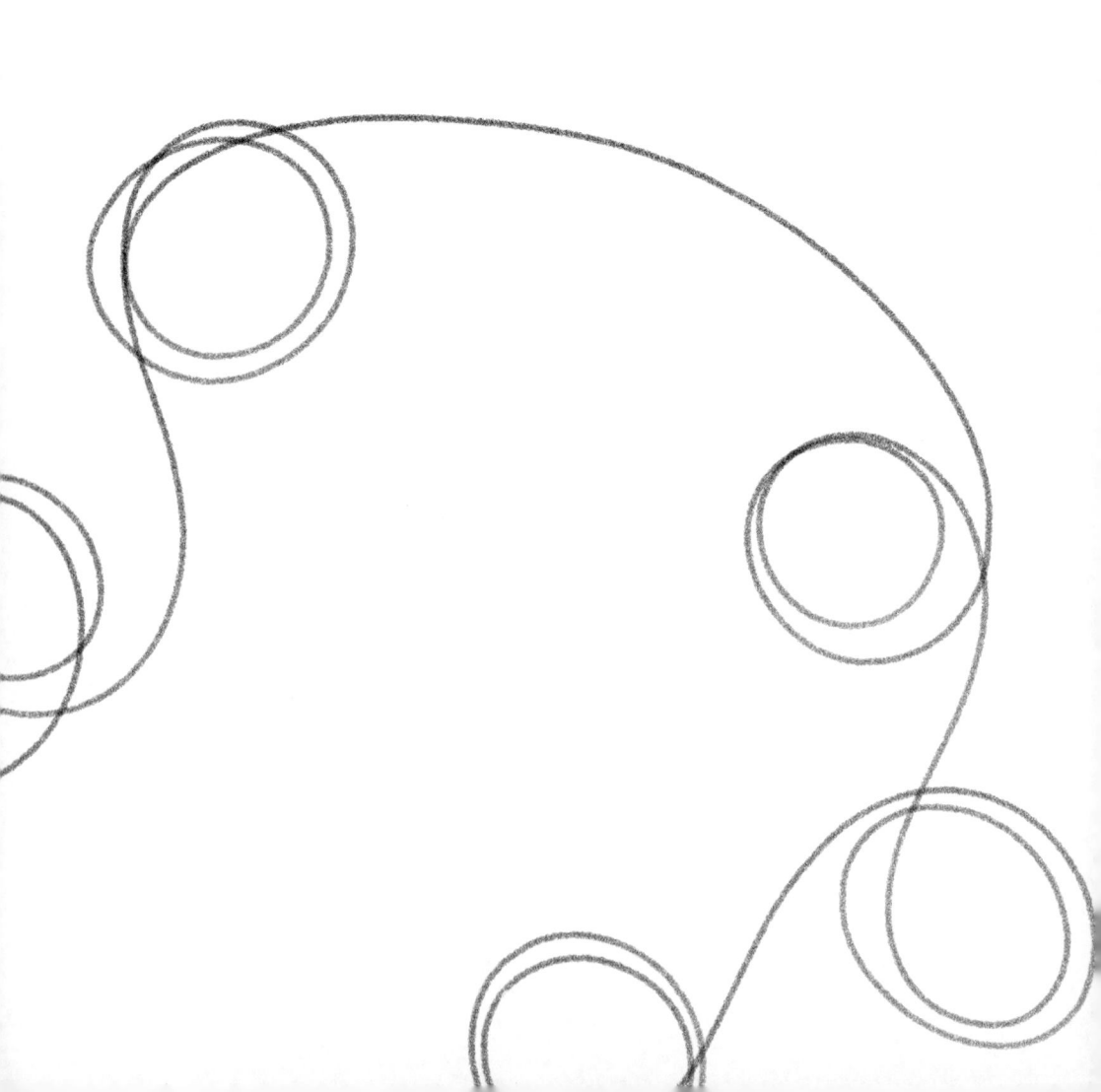

6

Digital kommunizieren:
Online-Lagerfeuer

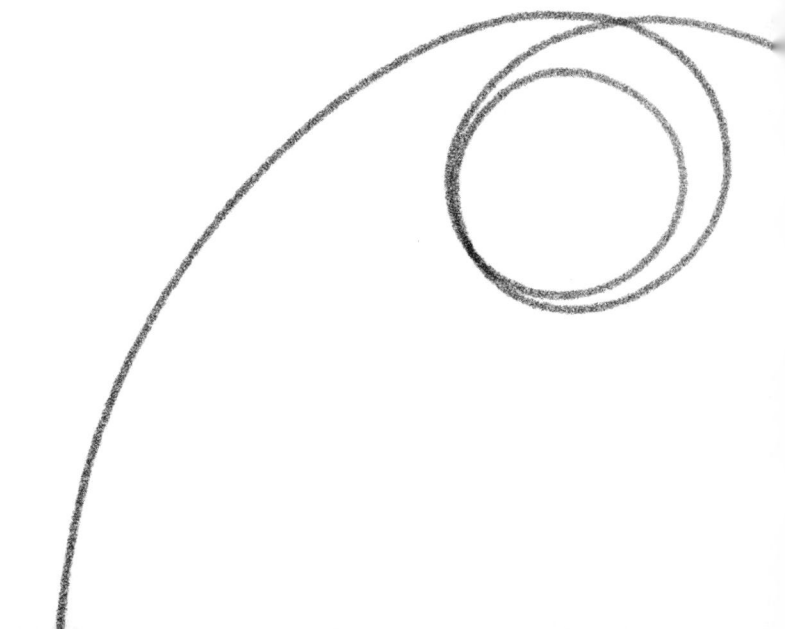

Online-Kommunikation ist anders als Live-Kommunikation. Nicht besser oder schlechter, aber doch anders. Per Videoanruf kann man sehr gut Informationen austauschen. Und wenn Sie die Tipps aus diesem Kapitel nutzen, können Sie auch über digitale Kanäle sehr viel Zusammenhalt und Nähe erleben. Nur – letztendlich wollen wir die anderen einfach auch persönlich treffen. Eine Fernbeziehung ist schön, aber nur dann, wenn man sich auch regelmäßig in die Arme fallen kann. Wir sind taktile Wesen, wir wollen einander fühlen und riechen. Daran sind wir als Menschheit seit Tausenden von Jahren gewöhnt und können das jetzt nicht einfach so innerhalb weniger Monate umgestalten. Und doch – mit ein paar praktischen Tipps und Gesprächsformen kann man aus einem langweiligen Meeting ein lebendiges Ganzes machen und sich aus der Ferne ganz nah sein.

Eine Suchanfrage bei Google fördert einen Schatz an Arbeitsbüchern und Online-Tutorials zutage, wie man Workshops und Besprechungen online besser moderieren kann. Mir wurde auch eine Menge Tipps zu diversen neu entwickelten Tools und Apps zugeschickt. Die lasse ich hier einmal außen vor: Googeln Sie und Sie werden finden! Ich möchte an dieser Stelle darüber schreiben, wie Sie eine normale Besprechung zu einem Lagerfeuergespräch machen.

Lagerfeuergespräch

Das Lagerfeuergespräch ist ein Begriff, der Japke-d. Bouma[1] erschaudern lässt, für mich hingegen ist es eine nützliche Metapher für ein aufrichtiges Gespräch, bei dem wir beide bereit sind, unsere Meinung zu äußern, und einander versprechen, unser Bestes zu tun, um einander ehrlich zuzuhören. Bei dem wir bereit sind, uns durch den anderen berühren zu lassen und eventuell sogar unsere Meinung zu ändern. Ich nenne so etwas auch Jamsessions. Sie können es aber auch einfach Gespräche nennen. Wie Sie möchten.

---

1.   Anm. d. Übers.: *Japke Doutzen Bouma* ist eine 1970 in Arnhem geborene niederländische Schriftstellerin (*https://nl.wikipedia.org/wiki/Japke-d._Bouma*).

Ich stelle Lagerfeuergespräche gern dem gegenüber, was ich Bulletpoint-Meetings nenne. Beide sind wichtig, verfolgen jedoch völlig verschiedene Ziele. Bulletpoint-Meetings sind transaktionale Interaktionen, bei denen wir meistens Dinge ordnen und neu arrangieren, die bereits geordnet waren und die uns in unseren Stellenprofilen begegnen. Wir verteilen Aufgaben, setzen Ziele und kontrollieren den Status von Dingen. Es ist vernünftig, das äußerst effizient zu erledigen. Lagerfeuergespräche sind eher transformationelle Gespräche mit Raum für Emotionen, Träume, Geschichten und Gedanken, in denen wir deuten, was um uns herum geschieht, neue Ideen entwickeln und uns als Menschen begegnen. An einem Lagerfeuer herrscht eine besondere Stimmung. Hier wird wirklich miteinander geredet und einander zugehört und man ist bereit, seine Meinung zu ändern. Hier finden die »magischen« Gespräche statt. Hier werden die Dinge besprochen, die außerhalb des »Normalen« liegen. In Organisationen sind das die Gespräche, die die Seele des Unternehmens prägen. Denken Sie beispielsweise an ein Meeting zu einer neuen Strategie oder Umgestaltung. Außergewöhnliche Entscheidungen erfordern transformationelle Interaktionen beziehungsweise Lagerfeuergespräche. Auf die dann Bulletpoint-Meetings folgen für Umsetzung und Fortschritt. Man braucht beide.

Ich behaupte, dass es vielen Organisationen an Lagerfeuergesprächen mangelt. Und ich denke, dass diese Corona-Zeit mit allen Veränderungen das Bedürfnis danach erhöht hat. Sie sind gar nicht so einfach zu organisieren, wo wir uns nun seltener und schwieriger treffen können und sich Menschen durch die digitalen Möglichkeiten und dadurch dass sich viele nicht mehr persönlich sehen können, eingeschränkt fühlen. Aufgrund der Masse an Reaktionen, die ich in den sozialen Medien auf meine Fragen aus dem vorangegangenen Kapitel erhielt, wage ich zu schlussfolgern, dass der Bedarf groß ist und die Einschränkungen derzeit ungeheuer viel Kreativität in uns freisetzen.

Online-Kommunikation ist hervorragend für Bulletpoint-Meetings geeignet. Das hört man jetzt von vielen Seiten: Besprechungen in Teams sind kürzer und effizienter. Aber daraus wird nicht von selbst ein Lagerfeuer. Mit unserem Human-Dimensions-Team arbeiten wir seit Jahren mit einer Gruppe von internationalen Deep-Democracy-Trainer:innen zusammen, mit denen wir in Zoom-Meetings gemeinsam den Umgang mit und das Begleiten von

komplizierten Entscheidungsprozessen und tiefen Konflikten lehren. Aus Erfahrung wissen wir, dass es möglich ist, online Coaching-Gespräche über
sehr persönliche Themen zu führen. Ebenso wie Gruppengespräche, in denen wir eine tiefe Verbindung zu Menschen spüren können, denen wir noch
nie begegnet sind. Wir wissen auch aus eigener Erfahrung, wie schwierig
und frustrierend es manchmal ist, dass wir uns nicht einfach schnell mal
persönlich treffen können. Aber ... man *kann* über die Entfernung eine Verbindung schaffen. Es erfordert jedoch zusätzliches Engagement von allen und
eine Reihe praktischer Gesprächsstrukturen und Online-Fähigkeiten. Die
Magie eines physischen Treffens erzeugt man in einer Online-Umgebung
durch Form (siehe voriges Kapitel), technische Apps (die lasse ich hier außen
vor, machen Sie sich selbst auf die Suche) und Gesprächstechniken (auf die
wir nun eingehen werden).

Deep Democracy

Die Lewis-Methode von Deep Democracy stellt ein Set kraftvoller Tools
zur Verfügung, mit denen wirklich gute Gespräche geführt werden können, bei denen alle Perspektiven auf den Tisch kommen. Wenn alles auf
dem Tisch liegt, also auch die strittigen Meinungen, dann ist häufig allen
klar, welcher Kurs der richtige ist. Deep Democracy ist kein sanftes Vorgehen, um Harmonie zu erzeugen, sondern eher eine äußerst robuste Methode für den Umgang mit Konflikten. Es bietet Strukturen, um tief einzu-
tauchen und sowohl gute Dialoge als auch handfeste Debatten zu führen.
Deep Democracy verlangt von Führungskräften, dass sie Arbeitneh-
mer:innen den Raum geben, wirklich Input zu liefern, und den Mut, in der
Folge auch auf wertschätzende Weise damit umzugehen. Und es verlangt
von den Mitarbeitenden, sich wirklich zu engagieren und ihre Verantwortung anzunehmen. Der Gedanke dahinter ist, dass man erst dann das gemeinsame Potenzial auch wirklich nutzt, wenn jede und jeder den Mut
hat, sich auszusprechen. Wie dieses Sich-Aussprechen aussieht, unterscheidet sich je nach Kultur und Organisation.

Für mehr Informationen und Trainingsmöglichkeiten verweise ich auf mein
Buch »Deep Democracy – de wijsheid van de minderheid« und die Websi-
tes *www.deepdemocracy.nl* und *www.humandimensions.nl.* [a]

---

a. Anm. d. Übers.: Leider nur auf Holländisch verfügbar.

6.1   Psychologische Sicherheit und digitale Etikette

In einem regulären Meeting wissen wir inzwischen mehr oder weniger, wie wir uns zu verhalten haben, online hingegen müssen viele Teams das erst noch ein Stück weit entdecken. Im Laufe der kommenden Zeit werden wir in allen Organisationen dafür eine Kultur entwickeln. Es wäre doch ziemlich praktisch, gleich einige Dinge einzuführen, die auch nach dieser Pandemie wirksam bleiben. Wir stehen dabei vor folgenden Fragen: Was halten wir in unserer Online-Kommunikation für wichtig und wertvoll und welches Verhalten gehört dazu (und welche Tools und Techniken unterstützen das)? Sobald wir dafür Richtlinien entwickelt haben, wird es einfacher sein, auch online auf effiziente und humane Weise zusammenzuarbeiten.

Ich hatte schon eine Zeit lang einen Knoten im Magen. In unserem Team-Chat waren offenbar alle so positiv und voller Energie bei der Arbeit. Ich nicht. Es gab eine kleine Unstimmigkeit zwischen mir und einem meiner Kollegen, doch wenn man wochenlang allein sitzt und kaum Menschen sieht, können kleine Dinge ganz schön Gewicht bekommen. Ich konnte mich immer schlechter konzentrieren, rief aber jedes Mal auch enthusiastisch, dass es mir gut ginge. Bis jemand in so einem Online-Meeting statt die Standardfrage »Wie geht es dir?« zu stellen, mich einmal ganz direkt fragte: »Und wie fühlst du dich?« Da brach ich zusammen. Glücklicherweise war ich offenbar nicht allein damit. Dann haben wir alle miteinander eine Runde geheult. Das war ziemlich eigenartig, aber es sorgte für Erleichterung. Am Ende haben wir uns fast totgelacht. Es fühlte sich sehr verbunden an.
– Erfahrung aus dem Feld

Schieben Sie wichtige Gespräche nicht zu lange auf. Es ist immer eine gute
Idee, schnell miteinander ins Gespräch zu kommen, wenn irgendwo etwas
schlummert, und vor allem heutzutage, wo man sich nicht mehr zufällig
über den Weg läuft. Es gelingt nicht mehr, mit einer kleinen Geste oder
einem Scherz die Gefahr abzuwenden, und man kann in seinem Homeoffice
über die kleinen Dinge brüten und sie dabei immer größer machen. Zu oft
höre ich in letzter Zeit, dass Menschen »warten, bis sie sich mal wieder sehen«,
um heikle Themen oder Verstimmungen im Team zu besprechen. Doch die
Zeiten, in denen wir alle wieder normal ins Büro gehen können, werden
noch lange auf sich warten lassen oder vielleicht in dieser Form nie wieder
kommen. Deshalb müssen wir schnell besser darin werden, online guten
Kontakt herzustellen, sodass wir auch dort miteinander schwierige Gespräche führen können.

Expliziter sein

Eine große Frustrationsquelle bei der Online-Arbeit ist der Mangel an non-
verbaler Kommunikation und derjenigen, die sich normalerweise in unseren
Augenwinkeln abspielt. Der Bedeutung ersterer sind sich die meisten von
uns bewusst. Doch die Kommunikation, die an der Peripherie unseres Be-
wusstseins abläuft, ist eher unbekanntes Terrain. Wenn wir in einer Gruppe
sitzen, sondieren wir unbewusst, wie uns der andere wahrnimmt und wert-
schätzt. Das teilen wir einander unbewusst durch kleine Signale mit – ein
kurzer Augenkontakt, ein Seufzen, ein Lachen, ein Blick. Aus diesen Informationen, die wir von vielen Menschen zur gleichen Zeit unbewusst wahrnehmen, leiten wir unser Wissen ab, wie wir reagieren sollen und was unsere
nächste Antwort sein wird. Wir arbeiten kontinuierlich an unseren Beziehungen und unserem Vertrauen und Verständnis füreinander, während wir
beobachten, wie die anderen uns beobachten. Fällt es uns schon schwer, in
Online-Settings das nonverbale Verhalten wahrzunehmen, so entfallen die
Signale aus der Peripherie unseres Blickfelds leider vollständig. Dadurch
funktioniert es häufig auch nicht, spontan abwechselnd zu sprechen … uns
fehlen zu viele kleine Zeichen. Die einen ermüdet das mehr als die anderen.

Für gute Online-Kommunikation müssen wir die Dinge ein wenig expliziter
ausdrücken, als wir es im persönlichen Kontakt gewohnt sind. Wir müssen
den Emotionen ein wenig mehr Text mitgeben, weil eine andere Person all

dic subtilen Signale, über die wir das sonst zum Ausdruck bringen, nur schwerlich am Bildschirm erkennen kann. Und obwohl es unbequem ist, dass diese nonverbale Kommunikation nicht mehr so richtig funktioniert, ist es zugleich ein Vorteil: Dadurch entfällt viel Rauschen und Getue. Und wo etwas entfällt, kann etwas Neues entstehen. Wir müssen uns nur noch daran gewöhnen und unsere Art der Gesprächsführung anpassen.

Kein Seufzer ist mehr zwischendurch zu hören, keine Ohs und Ahs, keine Unterbrechungen oder zustimmenden Geräusche. Es ist fast so, als ob die Teilnehmenden »sauberer« kommunizieren. Sie denken einen Moment länger nach, wählen ihre Worte sorgfältig, wohl wissend, dass es manchmal etwas länger dauern kann, ehe sie wieder die Möglichkeit bekommen, sich zu äußern. Es wird zugehört, mit dem Ergebnis, dass wirkliche Verbindung entsteht. Ich bin durchaus überrascht, dass es auch im Online-Teamcoaching Raum für den emotionalen Unterbau gibt. – Erfahrung aus dem Feld

Erinnerungsprobleme

Ich bemerke bei mir selbst, dass ich mir Online-Meetings und -Vorträge schlechter merken kann als Live-Gespräche und -Events. Ich beginne zu verstehen, wie stark ich Erinnerungen mit physischen Orten und sinnlichen Erfahrungen verbinde: »Oh ja, das war bei dem Gebäude mit dem schönen Baum, das sagte die Frau in der roten Jacke, das war damals in dem Saal mit der leckeren Suppe, …« Diverse Online-Events ähneln sich viel stärker als Begegnungen an unterschiedlichen physischen Orten. Dadurch vergesse ich viel mehr Details als sonst. Deshalb auch hier die Empfehlung: alles expliziter machen. Mehr Gesprächsnotizen anfertigen und weniger dem eigenen Gedächtnis vertrauen.

Psychologische Sicherheit

Nicht in jeder Organisation ist es selbstverständlich, offen und ehrlich miteinander zu reden. Menschen haben vielerorts Angst, aufgrund einer Bemerkung beurteilt oder nicht mehr ernst genommen zu werden. Organisationen, in denen es schon früher nicht sicher war, seine Meinung zu äußern, sind das auch online nicht. Das kann dazu führen, dass Menschen verstummen, ihre Ansichten nicht mehr äußern und sich ein Stück von der Organisation entfernen. Die Tendenz ist dann vielleicht, sie noch konsequenter über Aufgaben, Verantwortlichkeiten und Kontrolle zu steuern, während gerade in dieser Situation menschlicher Kontakt gebraucht wird. Führungskräfte, die diesbezüglich bei sich noch Defizite erkennen, sollten schnell hinzulernen. Je mehr digitale Kontakte durch die Remote-Arbeit entstehen, desto dringender brauchen wir menschliche Führung. Ein Tribe, ein Unternehmen ist so stark wie seine wechselseitigen inneren Beziehungen. Damit werden diese Beziehungen zu einer entscheidenden Aufgabe für die Führungskraft.

Psychologische Sicherheit wird gebraucht, um das Beste aus Teams zu machen. Psychologische Sicherheit ist nichts, was auf Abruf oder durch Regeln auf Papier geschaffen werden kann. Sie steht in Beziehung zur Art der Zusammenarbeit und zum Arbeitsklima in Teams und Organisationen. Sie beinhaltet viele Dinge zugleich: dass man sich in der Gruppe wohlfühlt, dass man sich etwas zu sagen traut, wenn es darauf ankommt, dass man zu seinen Fehlern stehen kann, dass die Macht klar und richtig verteilt ist, dass man bereit ist, neue und abweichende Ideen zu äußern, und dass man positiv bleibt, trotz des ganzen Drucks rundherum. Ein wundervoller Begriff, der das sehr schön beschreibt, ist »freimütig sprechen«: Fühl dich frei zu sprechen, und sei in den Momenten, in denen du diese Freiheit weniger spürst und es unbequemer wird, deine Gedanken mitzuteilen, mutig genug, es dennoch zu tun. Freimütig.

Manchmal führt man heikle Gespräche, auch online. Und wenn die Verbindung getrennt ist, hat man doch kein so gutes Gefühl. Geht es diesem einen Kollegen wirklich gut damit? Wie fühlt der sich jetzt? Und morgen? Wenn man zusammen an einem Standort arbeitet, geht man einfach mal vorbei. Danach kann man das besser einschätzen. Jetzt bleibt nichts anderes übrig, als denjenigen kurz anzurufen oder eine kurze Nachricht zu schicken und ihm einfach die eigenen Gefühle und Gedanken mitzuteilen und ihn zu fragen, wie es geht. Das ist vielleicht völlig anders, als Sie es gewohnt sind, aber … aktuell ist noch viel mehr völlig anders.

Digitale Etikette

Es wird einfacher, mit voller Aufmerksamkeit, aufrichtig und offen in einem Online-Meeting zu sitzen, wenn die Spielregeln klar sind. Deshalb ist die digitale Etikette eines der ersten Dinge, die Sie miteinander klären müssen. Sie definiert die kulturellen Regeln, die digitalen Umgangsformen. Ich höre Beispiele über Mitarbeitende, die während eines Teammeetings unangekündigt einfach weglaufen, Tee kochen gehen, ihre Kamera plötzlich abschalten, unterdessen ihre sozialen Netzwerke pflegen, auf ihrem Handy mit anderen Kollegen im selben Meeting »appen« (die dann über die Nachricht auflachen, was auf dem Bildschirm für alle sichtbar ist), oder ganze Dokumente bearbeiten, während es aussieht, als ob sie im Meeting sitzen. Das macht man doch in einem Live-Meeting auch nicht (hoffe ich)? Nachfolgend finden Sie eine Liste praktischer digitaler Etikettregeln, die ich allen ans Herz legen kann, um die richtigen Rahmenbedingungen für ein gutes Online-Meeting zu schaffen. Gewiss nicht erschöpfend, aber sicher ein guter Anfang.

Schöne Beispiele für digitale Etikette

Hier finden Sie eine Auswahl aus den vielen Beispielen, die bei mir eingegangen sind. Probieren Sie sie selbst aus und lassen Sie sich davon zu neuen Ideen inspirieren.

- **Nicht zu lange!** Sie können nicht acht Stunden pro Tag via Bildschirm mit Menschen reden und dann erwarten, dass Sie abends noch frisch sind. Planen Sie Ihre Meetings sorgfältig und prüfen Sie, welche Kommunikationskanäle für welches Ziel wichtig sind (siehe Kapitel 3). Machen Sie dann alle 45 bis 60 Minuten eine Pause von etwa einer Viertelstunde. Gehen Sie deshalb auch nicht von einem Meeting sofort ins nächste. Planen Sie immer 15 Minuten »Reisezeit« zwischen den Meetings ein, in denen Sie sich einmal strecken, Kaffee holen, Ihre Augen vom Bildschirm lösen und einen Moment an die Luft gehen können.

Anlaufzeit. Nutzen Sie aktiv eine Anlaufzeit von beispielsweise fünf Minuten, in der Teilnehmende sich einloggen, kurz winken und hallo sagen können. Wenn Sie einen Warteraum nutzen, lassen Sie die Personen eine nach der anderen eintreten, sodass Sie jeden persönlich begrüßen können. Ein klein wenig wie ein Händeschütteln an der Tür. So ist jeder sofort präsent und fühlt sich gesehen.

Backstage. Wenn Sie mit einer Gruppe ein Online-Event organisieren, dann achten Sie darauf, dass Sie sich bereits eine halbe Stunde vorher Backstage treffen, wie Sie sich auch bei einem Live-Event früher im Raum verabreden würden. Technik-Check, noch drei Worte miteinander reden und einen Kaffee holen. Sorgen Sie auch dafür, dass Sie am Ende noch einen Moment zusammenkommen, etwas plaudern und Erfahrungen teilen. Aus eigener Erfahrung weiß ich, dass das viel besser ist als einfach nur »Klick und tschüss!«.

Musik. Scheuen Sie sich nicht, am Beginn und am Ende Musik oder kleine Filme einzusetzen, auch bei geschäftlichen Treffen. Beide sind äußerst hilfreich, um Atmosphäre und Verbindung zu schaffen.

Headset. Investieren Sie in Ohrhörer oder ein Headset, statt das Mikrofon Ihres Computers zu verwenden. Damit verringern sich die Hintergrundgeräusche und Sie sind besser zu verstehen. Das bringt mehr Ruhe für alle Beteiligten. Mit Geräuschunterdrückung hören Sie noch nicht einmal, was um Sie herum vorgeht. Wenn also alle zu Hause solche Kopfhörer haben, können Sie entspannt zusammen am Küchentisch arbeiten und Hausaufgaben machen.

Ampel. Informieren Sie die Personen in Ihrem Haushalt darüber, dass Sie in ein Meeting gehen, wie lange das dauert und welche Priorität dieses Meeting hat. Mit anderen Worten – wie peinlich ist es, wenn jemand durchs Bild läuft. Eine praktische Lösung ist eine Art Ampel an der Arbeitszimmertür oder direkt neben dem Arbeitsplatz. Rot bedeutet: Nicht stören oder ins Bild laufen, außer in einem Notfall. Gelb heißt: Lieber nicht stören, es sei denn, es geht nicht anders. Bei Grün ist der andere willkommen.

Kamera an. Handhaben Sie in Videomeetings die Regel: Kamera an, außer wenn es überhaupt nicht anders geht. In einer Besprechung sitzen Sie ja auch nicht mit einem Sack über dem Kopf. Das ist ja gerade die Idee bei Videotelefonie – dass man sich sehen kann. Wenn Sie das nicht wollen, nennen Sie es Telefongespräch. Und sofort merken Sie, dass das mit fünfzehn Leuten noch anstrengender wird als in einer Videokonferenz. Ihr Zimmer ist nicht aufgeräumt oder die Kinder laufen ab und zu durchs

Bild? Dann lernen Sie, wie man einen digitalen Hintergrund einstellt. Oder noch besser: Sorgen Sie dafür, dass Ihre Organisation eine Reihe von Templates zur Verfügung stellt, die dafür eingesetzt werden können. Sieht gut aus, gibt Ruhe und wirkt überraschend verbindend. Bitten Sie zudem alle, die Webcam auf Augenhöhe einzustellen, dann können Sie sich noch etwas häufiger in die Augen schauen.

Ruhiger Hintergrund. Wenn Sie irgendwann Lebensumfelder im Bild zu sehen bekommen, sollten Sie damit nicht zu streng umgehen. Das gehört zu dieser Zeit. Schauen Sie selbst, ehe Sie sich einwählen, schnell noch, was im Bild erscheint. Hängen Sie die Wäsche besser irgendwo anders hin. Prüfen Sie, welche Bilder und Fotos zu sehen sind und ob Sie das wollen. Sorgen Sie für gute Beleuchtung – keine Sonne, die in die Kamera scheint, und keine Lampe, die Ihren Kopf zu sehr strahlen lässt. Und achten Sie darauf, dass es nicht so aussieht, als ob Dinge aus Ihrem Kopf wachsen oder Regalbretter an der Wand scheinbar auf Ihrem Kopf balancieren. Das lenkt nur ab und untergräbt Ihre Seriosität und Glaubwürdigkeit.

Nicht zu streng. Bitten Sie darum, dass sich alle einen ruhigen Fleck suchen, doch reagieren Sie auch in formellen Meetings nicht zu streng auf unerwartete Unterbrechungen durch Haustiere oder andere Personen im Haushalt. Betrachten Sie das als einen informellen Moment der Entspannung. Gehen Sie kurz darauf ein und fahren Sie dann mit dem Meeting fort.

Biorhythmen. Berücksichtigen Sie bei der Planung so gut es geht die Biorhythmen und Lebensumstände der Teilnehmenden. In jeder Familie gibt es Stoßzeiten, planen Sie deshalb wichtige Meetings so, dass jeder konzentriert teilnehmen kann.

Emoticons. Es sollte auch bei formelleren Zusammenkünften zur Normalität werden, im Chat Emoticons zu benutzen ☺. Daran muss man sich im geschäftlichen Kontext vielleicht erst noch gewöhnen, doch sie gehören einfach zu unserer Online-Kommunikation dazu. Man kann damit schnell etwas zum Ausdruck bringen und sie geben uns ein Stück nonverbale Kommunikation zurück. Und natürlich setzt man sie in Maßen ein. In einem Live-Meeting wird man schließlich auch nicht die ganze Zeit Grimassen schneiden oder »Buuuh« rufen 😁 😜.

Nonverbal. Achten Sie, selbst wenn es schwieriger ist, auch in Videogesprächen auf nonverbale Kommunikation. Wie sitzt jemand vor seinem Monitor, wie bewegen sich die Augen, bemerken Sie eine Veränderung in der Intonation? Was passiert, was beobachten Sie? Machen Sie es explizit, wenn Sie bemerken, dass jemand in Gedanken abschweift, und überprüfen Sie Ihre Annahmen.

Sagen Sie, was Sie denken. Üben Sie, explizit anzusprechen, wenn etwas nicht in Ordnung ist. Es ist oft schon schwierig genug, zusammen aufmerksam und konzentriert in einem Meeting zu sitzen, machen Sie es sich nicht auch noch gegenseitig unmöglich. Lässt die Aufmerksamkeit nach? Sprechen Sie es an, sodass Sie gemeinsam etwas daran ändern können.

Volle Aufmerksamkeit. Verabreden Sie, dass jeder während der vereinbarten Zeit mit voller Aufmerksamkeit dabei ist. Also nicht einfach weglaufen, plötzlich die Kamera abschalten oder zwischenzeitlich an Dokumenten arbeiten oder auf dem Handy soziale Medien checken. Die anderen sehen das vielleicht nicht direkt, doch sie spüren es. Wenn Sie ausreichend Pausen machen und gute Gesprächsformate nutzen, sollte diese Aufmerksamkeit kein Problem darstellen.

Stummschaltung – an/aus. Wenn die Gruppe nicht allzu groß ist, kann es schön sein, wenn alle Mikrofone an sind. Dann hört man statt eisiger Stille ab und zu ein Räuspern, nachdem man etwas gesagt hat. In größeren Gruppen entsteht dadurch jedoch häufig Unruhe, und wenn jemand einen Vortrag hält, ist es schlichtweg störend. Treffen Sie dazu miteinander bewusst eine Vereinbarung.

Den Chat benutzen. Ermuntern Sie dazu, den Chat für Zwischenfragen zu nutzen. Ein großer Vorteil einer Online-Umgebung ist, dass der Chat oft etwas niederschwelliger empfunden wird, als das Mikrofon einzuschalten. Im Chat können Personen, denen es schwerfällt, etwas zu sagen oder zu fragen, eher zur Diskussion beitragen und dadurch können alternative Meinungen eher gehört werden.

Augenkontakt. Ein großer Nachteil bei Online-Kontakt ist, dass man sich nicht direkt in die Augen schauen kann. Schauen Sie deshalb bei einem Vortrag wirklich in die Kamera, denn das sind die Momente, in denen andere Ihnen wirklich in die Augen sehen können.

Es gibt eine Pandemie. Ein Tipp mit sehr konkretem Corona-Bezug: Erinnern Sie sich gegenseitig ab und zu daran, dass Sie nicht »normal von zu Hause arbeiten«, sondern dass Sie »während einer weltweiten Pandemie von zu Hause arbeiten«. Es sind wirklich merkwürdige, unnormale Zeiten. Die Arbeit dringt in Ihr Zuhause ein, und Ihr Zuhause ab und zu in Ihre Arbeit. *So be it.* Es ist, wie es ist.

6.2 Online-Check-in und -Check-out

Sobald es allen gelungen ist, sich im richtigen Online-Raum zu versammeln, kann das Meeting beginnen. Wenn Sie einfach mit dem ersten Punkt auf der Agenda starten, wird während der Besprechungszeit sicher nichts Magisches passieren. Da sich die Teilnehmenden aktuell auch nicht vorher informell auf dem Gang getroffen haben, ist es wichtig, für dieses spezielle Meeting den Kontakt zwischen ihnen zu aktivieren, sodass sich alle vollkommen konzentriert im Online-Raum aufhalten. Genau wie bei jeder anderen Zusammenkunft müssen einige erst von der vorigen Aktivität zur aktuellen umschalten. Die Anlaufzeit trägt dazu bereits bei, reicht jedoch nicht aus. Machen Sie es sich zur Gewohnheit, immer zuerst einzuchecken. Dazu ist die Check-in-Gesprächsstruktur von Deep Democracy hervorragend geeignet. Live genauso wie online.

Wenn Sie ein straffes Bulletpoint-Meeting vor sich haben, nutzen Sie einen kurzen und aussagekräftigen Check-in. Wenn Sie mehr Verbindung wünschen und gemeinsam intensiver in Themen eintauchen wollen, dann nehmen Sie sich etwas mehr Zeit dafür. Während des Check-in wachsen die einzelnen Personen zu einer Gruppe zusammen. Manchmal dauert der Check-in fünf Minuten, manchmal auch länger. Online läuft das so ab (mit Erklärung)[2]:

Online-Check-in

Entscheiden Sie gemeinsam im Voraus, wer die Aufgabe der Moderation übernehmen wird. Diese Person hat sich Gedanken über eine gute Check-in-Frage gemacht. Man wählt eine Frage aus, von der man weiß, dass sie die Teilnehmenden bewegt, dass sie relevant ist und sich auf den Zwecks des Meetings bezieht. In der folgenden Übersicht finden Sie zu Ihrer Inspiration eine ganze Liste guter Check-in-Fragen.

---

2. Anm. d. Übers.: Leider zurzeit nur auf Holländisch verfügbar, es kann jedoch ein automatisch erzeugter deutscher Untertitel ausgewählt werden.

Beispiele für gute Check-in-Fragen

Wählen Sie eine Frage, die sowohl für die Gruppe als auch den Moment relevant ist. Versuchen Sie gemeinsam, Emotionen explizit auszusprechen. Das
kann sich anfangs etwas unbehaglich anfühlen, doch online muss man eben
die Dinge etwas deutlicher zur Sprache bringen. Und es hilft außerordentlich,
sich auf persönlicher Ebene miteinander zu verbinden.

- Worauf freust du dich heute, was macht dir Sorgen?
- Was wirst du heute tun, um deine Energie online zu halten, um sie zu
  aktivieren?
- Wie fühlst du dich (mit den neuen Maßnahmen, dem Projekt X, den Ver-
  änderungen, …)?
- Wie geht es bei dir zu Hause? Wie geht es dir, deiner Familie?
- Was geht dir an Gedanken und Klatsch zu meiner Rolle als (Führungskraft, Projektmitarbeiter:in, HR-Berater:in, Lehrkraft) durch den Kopf?
- Was kann man besser machen? Was lässt dich nicht schlafen? Was macht
  dir Bauchschmerzen, wenn du nur daran denkst?
- Worauf bist du stolz? Wovon willst du mehr? Wofür bist du dankbar?
- Skalierungsfrage stellen, z.B.: »Wie viel Lust hast du auf dieses Meeting auf
  einer Skala von 1 bis 10? Schreib die Antwort groß auf ein Stück Papier. Ich
  zähle bis drei und dann hältst du es vor die Kamera.« Das ist eine schöne
  und schnelle Variante des Check-ins, und wenn die Zeit ausreicht, können
  Sie anschließend noch die einzelnen Zahlen erklären lassen.
- Worüber musstest du diese Woche unbändig lachen?
- Welche Corona-Erfahrung, die du oder jemand anderes gemacht hat,
  möchtest du teilen?
- Welches Thema muss heute unbedingt besprochen werden?
- In welcher Phase des Corona-Kulturschocks befindest du dich gerade?
  (Siehe Kapitel 2)

Als für die Moderation zuständige Person erläutern Sie, dass alle miteinander nun einchecken werden, dass es schön ist, wenn alle sich äußern, wie viel Zeit für den Check-in zur Verfügung steht, und Sie bitten darum, die eigene Sprechzeit selbst im Auge zu behalten. Bitten Sie dann die Teilnehmenden, ihr Mikrofon auf stumm zu schalten. So können sich alle gut auf diejenigen konzentrieren, die sprechen. Die Taste zum Ein- und Ausschalten des Mikrofons funktioniert dann als eine Art Redestab. Und dann beginnen Sie selbst, die Frage zu beantworten. Je klarer, ehrlicher und deutlicher Sie dabei sind, desto größer ist die Chance, dass die anderen Ihrem Beispiel folgen. Unterstreichen Sie noch einmal, dass Sie gern alle hören möchten, und fragen Sie, wer als Nächstes sprechen möchte. Diejenige Person schaltet selbst sein Mikrofon ein und beantwortet die Frage.

Dann folgen die Nächsten, bis alle dran gewesen sind. In der Praxis funktioniert das bis zu einer Gruppenstärke von etwa zehn Personen gut. Bei mehr Teilnehmenden können Sie diese z.B. in Kleingruppen in Breakout-Räumen einchecken lassen, und ein Wortführer gibt dann jeweils eine Zusammenfassung in der großen Gruppe. Oder Sie bleiben in der großen Gruppe und lassen die Leute im Chat antworten.

Sie können die Teilnehmenden bitten, beim Einchecken direkt in die Kamera zu schauen. Das funktioniert sehr gut und ist der Moment, in dem alle anderen dieser Person direkt in die Augen schauen können. Machen Sie daraus wirklich besondere Momente, indem Sie diese in der Moderation auch tatsächlich als solche benennen.

Achten Sie darauf, dass jede Person etwas sagt, und bitten Sie die anderen, gut zuzuhören. Ganz am Ende fassen Sie zusammen, was von jedem gesagt wurde. Der Check-in gewinnt zusätzlich an Kraft, wenn sich alle in der Zusammenfassung wiederfinden, sich in den Worten erkennen. Nach der Zusammenfassung fragen Sie, ob jemand etwas vermisst hat. Und ob jemand aufgrund des Check-ins und der Zusammenfassung vielleicht noch etwas ausdrücken, präzisieren, verdeutlichen oder auf etwas reagieren möchte, das jemand anderes gesagt hat. Moderieren Sie das aufkommende Gespräch. Fassen Sie eventuell noch einmal zusammen und bauen Sie eine Brücke zur Agenda. Oder erstellen Sie nun eine Agenda mit all den Dingen, die auf dem Online-Tisch liegen.

Mit einem guten Check-in sorgen Sie für persönliche und menschliche Interaktionen und entzünden im wahrsten Sinne das Lagerfeuer. Führungskräfte
nehmen ebenfalls immer teil. Alle sind auch nur Menschen und für die wechselseitigen Beziehungen und Verbindungen ist es gut, von anderen zu hören.
Der Führungskraft kann es guttun, einmal außerhalb ihrer Funktion ihre
Gedanken und Anliegen mitzuteilen und so Verbindungen zu schaffen und
zu spüren. Für Teammitglieder ist es gut, den Menschen hinter der Rolle zu
sehen, und oft auch beruhigend, zu hören, dass die Führungskraft mit den
gleichen Problemen konfrontiert ist wie sie.

*Ich arbeite tagtäglich mit Teams auf diese Weise. Am
schönsten ist immer, wenn Teams zum ersten Mal hiermit
Bekanntschaft machen, ihr Erstaunen über die Wirkung
von Deep Democracy während und nach dem Check-in.
Fantastisch!* – **Erfahrung aus dem Feld**

Check-out

Auch der Abschluss eines Online-Meetings erfordert besondere Aufmerksamkeit. Ich habe in den letzten Wochen in so vielen Meetings gesessen, aus
denen Teilnehmer:innen plötzlich verschwanden. Oder wo die moderierende Person das Meeting beendete, wodurch alle plötzlich weg waren. Es
ist wesentlich besser, wenn Sie das Ende eines Meetings explizit ankündi-
gen, sodass Sie gemeinsam einen Abschluss finden können. Ich nenne das, in
Anlehnung an Deep Democracy, auschecken. Zum Beispiel, indem Sie ankün-
digen, dass das Meeting in fünf Minuten endet, und fragen, mit welchen
Gedanken, welchen Fragen oder welchen Anmerkungen die Teilnehmenden
das Meeting verlassen. Sie können darum bitten, das im Chat zu teilen oder es
laut auszusprechen. Vielleicht gefolgt von der Frage, was das für ein kommen-
des Meeting bedeutet. Oder stellen Sie jede andere Frage, die für den Kontext
und die Ziele des Teams und des Meetings relevant ist. Nach dem Check-out
wünschen Sie einen guten Tag und geben das Zeichen, sich auszuloggen.

6.3   Online-Debatte

Gegensätze sind der Startpunkt eines kreativen Prozesses. Das klingt toll und interessant, ist in der Praxis jedoch oft ziemlich anstrengend. Das bedeutet nämlich auch, dass wir mit etwas nicht einverstanden sind. Wie bringen wir das nun respektvoll zum Ausdruck? Und noch so ein schöner Satz: »Die abweichende Meinung beinhaltet eine Weisheit, die das Bild der Mehrheit bereichern kann.« Das ist wundervoll, sorgt aber auch für viel Wirbel. Vor allem online, wo wir uns nur schwer in andere einfühlen können. Und auch hier müssen wir, da wir uns wegen der Corona-Maßnahmen nicht regelmäßig treffen können, nach Wegen suchen, um solchen Meetings, die wir eigentlich live durchführen würden, auch online eine Form zu geben. Zum Glück geht das richtig gut. Die Debatte von Deep Democracy bietet dafür eine gute Gesprächsstruktur. Mit ihr kann man auf eine einfache und kraftvolle Weise online über Gegensätze sprechen.

Wir führen jetzt mehr Gespräche über Themen, bei denen wir uns reiben. Da wir uns jetzt deutlich seltener sehen, ist der »Mantel der Liebe« verschwunden. Es fühlt sich an, als ob das soziale Schmiermittel weg ist und man deshalb die Reibung deutlicher spürt. Bei Themen, bei denen sich unsere Führungskräfte früher gewöhnlich bekämpft haben, wollen sie nun mehr aus der Verbindung heraus agieren. Zumindest die neuen Führungskräfte, die alten glauben da noch nicht so recht daran.
– Erfahrung aus dem Feld

Die Struktur der Debatte ist sehr einfach. Man kann sie in einem Online-Meeting verwenden, in dem alle sprechen, sie funktioniert aber auch geschrieben im Chat.

Finden Sie zuerst heraus, an welcher Stelle sich das Gespräch festläuft, zu welcher Entweder/oder-Frage viel diskutiert wird. Formulieren Sie diese klar und deutlich. Seite A steht für … Und Seite B steht für … Prüfen Sie, ob das für alle klar verständlich ist und schreiben Sie es gegebenenfalls in den Chat. Beispielsweise: Seite A steht für »das Tragen einer Maske muss hier in der Schule Pflicht sein«, und B steht für »das Tragen einer Maske werden wir nicht zur Pflicht machen«. Oder Seite A steht für »investieren in die neue Dienstleistung« und B bedeutet »nicht investieren«. Seite A steht für »hybrides Arbeiten ist toll« und Seite B für »hybrides Arbeiten ist schrecklich«.

In der Chat-Variante schreiben danach alle, warum Seite A ein fataler Plan ist. Formulieren Sie klar und deutlich, schreiben Sie alles auf, was Ihnen gegen den Plan von Seite A einfällt … »funktioniert doch nicht, weil …; wenn wir das machen, werden wir sehen, dass …; Leute, die das wollen, sind …«. Nehmen Sie sich Zeit, den Chat zu lesen und all Ihre Überlegungen einzutippen. In der Sprach-Variante sagt jeder reihum, warum A eine schlechte Idee ist. Überprüfen Sie, ob alles getippt bzw. gesagt ist, und wenden Sie sich dann B zu. Wenn dazu auch alles getippt bzw. gesagt ist, gehen Sie zum nächsten Schritt.

Bitten Sie jede Person, sich einen Augenblick Zeit zu nehmen und herauszu-finden, was sie von all dem, was getippt oder gesagt wurde – ganz gleich ob von ihr selbst oder von jemand anderen, zur einen oder zu anderen Seite –, angesprochen hat. Was hat sie bei allem, was gesagt wurde, berührt? Wo-rüber konnte gelacht werden, wobei stiegen Tränen in die Augen, was hat zum Nachdenken angeregt? Und fragen Sie sich selbst: Was hat diese Bemer-kung bei mir ausgelöst? Was berührt Sie, was erkennen Sie für sich selbst, was ist Ihnen wirklich wichtig? Sie können hier eine fünfminütige Pause an-schließen, mit der Bitte, nichts anderes zu tun, keine E-Mails zu checken oder zu »appen«, sondern einfach nur in Ruhe nachzudenken.

Nach dieser Reflexionszeit teilen Sie die Erkenntnisse miteinander, entweder per Eingabe im Chat oder es sprechen alle nacheinander, wie beim Check-in. Hören Sie zu, lesen Sie, fassen Sie zusammen. Kehren Sie dann mit all diesen neuen Erkenntnissen zur ursprünglichen Frage zurück: Machen wir A oder B? Aus eigener Erfahrung weiß ich, dass sich mit dieser sehr kraftvollen Me-thode auch schwierige Dilemmas oder aufkeimende Konflikte online bespre-chen lassen.

Eine Debatte auf Slack oder WhatsApp

Da wir uns bei Human Dimensions nur ein paar Mal im Jahr mit dem gesamten Team treffen und unterdessen natürlich jede Menge passiert und viele Entscheidungen getroffen werden müssen, nutzen wir diese Form der Debatte regelmäßig auch auf Slack. Dann ruft jemand zur Debatte auf, benennt die zwei Seiten und gibt bekannt, wie viel Zeit man zur Verfügung hat, seine »Pfeile abzuschießen«, z. B. drei Stunden. Alle, die gerade dazu in der Lage sind, steuern ihre Meinungen, Ideen und Gefühle bei. Danach zeigt der Initiator an, dass die Zeit beginnt, sich über die Dinge auszutauschen, die einen angesprochen haben, beispielsweise weitere drei Stunden, um schließlich zu Lösungen zu kommen. Manchmal erfolgt das in einem gemeinsamen Entscheidungsprozess, manchmal durch die Person, bei der das Thema auf dem Tisch liegt, und die nun mit all dem Input eine weise Entscheidung treffen kann. Ist das für jeden Typ von Debatte geeignet? Nein, natürlich nicht. Manchmal muss man sich einfach sehen, ob live oder online. Alles hängt davon ab, wie emotionsgeladen die Gegensätze sind, und natürlich von den faktischen Möglichkeiten, einander zu sehen. Manchmal muss man mit den verfügbaren Mitteln auskommen, und dann ist das eine gute Variante.

Gute Zweiergespräche

Dieselbe Debatten-Gesprächsstruktur können Sie auch in Zweiergesprächen nutzen, z. B. als Alternative für ein Feedback-Gespräch. Sie konzentrieren sich dann eher auf zwei Personen als auf zwei Seiten. Zuerst verabreden Sie miteinander, dass Sie das Gespräch unter der Grundannahme führen, dass Sie beide die Dinge völlig unterschiedlich wahrnehmen können und dass für die gleiche Wirklichkeit mehrere Perspektiven existieren. Und dass es Ihnen um eine gute und noch bessere Arbeitsbeziehung geht und Sie deshalb dieses Gespräch führen wollen, in dem beide noch etwas lernen können. Dann beginnt Person A und sagt alles, was er oder sie der anderen Person sagen möchte. Diese hört zu, erwidert nichts, sagt nicht »ja, aber …«. Sie hört nur zu. Wenn durch Person A alles gesagt ist, ergreift Person B das Wort und sagt, was sie zu sagen hat. Wiederum sagt die andere Person nichts, sondern hört zu. Nachdem beide alles gesagt haben, tauschen Sie sich darüber aus, was sie weshalb berührt hat und was das über sie aussagt.

Was jede Person für sich als wichtig erkannt hat. Am Ende des Gesprächs klären sie miteinander, was eventuell noch aufgelöst oder vereinbart werden muss. Natürlich wollen Sie diese Art von Gesprächen lieber live führen, und falls das geht, dann machen Sie das auch. Gehen Sie raus in die Natur. Gehen Sie spazieren. Führen Sie ein Picknick-Gespräch. Doch wenn das nicht möglich ist, dann ist dies eine sehr gute Struktur, um auch online großartige Gespräche zu führen.

6.4   Online-Entscheidungsprozess

Natürlich müssen auch jetzt genau wie immer eine Menge Entscheidungen getroffen werden. Manche Entscheidungen können Sie selbst treffen und müssen sie dann auf eine freundliche und klare Weise allen anderen mitteilen, z.B. während eines Meetings oder in Form einer Videobotschaft, die diese sich zu der für sie passenden Zeit anschauen können (asynchron arbeiten!). Für andere Entscheidungen möchten Sie die gesamte Gruppe zusammenholen und Input sammeln. Möchten ein grandioses Lagerfeuergespräch führen, bei dem alle Seiten gehört werden, um so die besten Entscheidungen aller Zeiten zu treffen. Mit einem guten Mittagessen für die erforderliche gemeinsame Basis und Verbindung. Ich würde sagen: Tun Sie das, wenn es geht. Es ist eine Menge möglich mit anderthalb Meter Abstand. Theater- und Kongresssäle bieten inzwischen hervorragende Tagungsarrangements, bei denen Sie einfach die gewohnten Moderationsformate mit einigen Anpassungen verwenden können. Und ... wenn live nicht möglich ist, sollten Sie nach Online-Formen Ausschau halten.

Ich höre von immer mehr Menschen, dass durch die gestiegene Online-Kommunikation und die Tatsache, dass wir seltener zusammenkommen, der Hang, autokratische Entscheidungen zu treffen, zunimmt. Selbst in Organisationen, in denen vorher viel gemeinsam entschieden wurde, scheint nun (wieder) mehr direktive Führung zu entstehen. In unruhigen Zeiten rufen Menschen oft nach starken Führungspersonen, und diese haben den Hang, die Zügel in die Hand zu nehmen. Das kann man natürlich so machen, es ist nur nicht immer erforderlich oder wünschenswert, dass Entscheidungen getroffen werden, ohne vorher unterschiedliche Personen und Sichtweisen gehört zu haben. Glücklicherweise gibt es auch online viele Möglichkeiten, um alle Perspektiven einzuladen und in die Entscheidungsfindung einzubeziehen.

Ich habe bereits erklärt, wie die Form der Debatte von Deep Democracy helfen kann, gegensätzliche Meinungen zu besprechen und gute Lösungen und Entscheidungen zu finden. Viele Formen der Intervision sind sehr gut für Online-Meetings geeignet, denn diese bestehen oft schon aus sehr klaren Schritten, die dafür sorgen, dass die Teilnehmenden der Reihe nach miteinander reden und einander und sich selbst zuhören können. Eine Methode, die wir selbst häufig einsetzen, ist die von LeKgotla, die ausführlich in »Building Tribes« beschrieben wird. Diese Gesprächsstruktur basiert auf einer Form der Rechtsprechung in Botswana. Das Ziel ist es, so viel Input wie möglich zu sammeln, sodass die verantwortliche Person mit einer Frage eine bestmöglich informierte, umfassende Entscheidung treffen kann.

*In unserer Kommune sind wir nun nach innen orientiert. Jeder ist im »Kriegszustand«, um sich auf das Kommende vorzubereiten. Wir legen los, machen Pläne, aktualisieren, passen erneut an. Vergessen dabei, diejenigen einzubeziehen, um die es geht, die Sozialhilfeberechtigten, die Kolleginnen und Kollegen, die es umsetzen müssen. Wir wollen uns ja ändern, doch offenbar trauen wir uns nicht oder können es nicht. Ich hoffe, dass wir uns selbst den Raum geben, um zu Atem zu kommen und alles, was passiert ist, einzuordnen. Entschleunigen und den Menschen Zuwendung schenken. Dann entsteht Magie. Daran glaube ich. – **Erfahrung aus dem Feld.**

LeKgotla – Konsultation und Entscheidungsfindung

Natürlich beginne ich mit einem Check-in, sodass alle mit voller Aufmerksamkeit im Online-Meeting sitzen. Achten Sie gut auf die Zeit, denn online ist die Aufmerksamkeitsspanne etwas kürzer.

Benennen Sie vor diesem Treffen jemanden, der das Gespräch moderiert. Achten Sie darauf, dass es nicht die Person ist, die eine Frage hat und eine Entscheidung treffen muss. Beginnen Sie mit der Frage. Formulieren Sie sie am besten als Ich-Botschaft, über die die Person, die die Frage gestellt hat, entscheiden kann. Wir nennen diese ab jetzt »Chief«. Der Chief erläutert die Frage, vielleicht mit einer kurzen (!) Präsentation oder durch eine vorab verschickte Videobotschaft. Formulieren Sie im Stil von: »Mich beschäftigt folgende Frage, ich möchte dazu von euch gern Input, wollt ihr mir bei dem folgenden Dilemma helfen …« Stellen Sie die Frage klar, präzise und einladend.

Die moderierende Person bedankt sich beim Chief und bittet die Gruppe, über den Chat ihre klärenden Fragen zu stellen. Achtung! Keine Vorschläge, keine Lösungen, keine Suggestivfragen. Lediglich Fragen, die für mehr Klarheit sorgen sollen. Nehmen Sie sich dafür fünf Minuten Zeit. Dann soll der Chief antworten. Der oder die Moderator:in begleitet diesen Prozess und erteilt ab und zu einem Fragesteller das Wort, um seine Frage zu verdeutlichen. Am Ende wird der Chief gefragt: »Verändert sich die Frage, nachdem du all das gehört hast, oder bleibt sie unverändert?« Und der Chief wiederholt die Frage.

In der folgenden Gesprächsrunde sind alle aufgefordert, aus so vielen verschiedenen Perspektiven wie möglich Antworten und Ideen für die Frage zu äußern. Alle sind nun stummgeschaltet. Wenn Sie etwas sagen wollen, heben Sie einfach die Hand – wortwörtlich oder mittels des Hand-Icons, wie in Zoom oder Teams – und die moderierende Person erteilt Ihnen das Wort. Sie aktivieren selbst Ihr Mikrofon, erklären zuerst, aus welcher Perspektive Sie etwas beitragen werden (als Geschäftsführer:in, als verärgerte Kundschaft, als besorgter Elternteil, als …) und äußern dann Ihre Sichtweise. Und so geht es weiter, bis alle Teilnehmenden alles gesagt haben. Der Chief hört währenddessen zu und kann sich, wenn er möchte, Notizen machen.

Dann ist für alle, außer für die moderierende Person und den Chief, Pause. Starten Sie im Online-Plenum eine Uhr und lassen Sie angenehme Musik laufen. Die beiden gehen zusammen in einen separaten Breakout-Raum. Hier fragt der oder die Moderator:in den Chief: »Was hat dich von all dem Gehörten berührt und was wirst du tun?« Vielleicht sind noch zwei weitere Teilnehmende zu diesem Meeting eingeladen, vielleicht andere projektver-antwortliche oder leitende Personen. Doch nicht zu viele, denn es ist nicht das Ziel, das Meeting fortzusetzen. Schließlich ist alles gesagt. Jetzt geht es darum, dass der Chief Entscheidungen trifft, die er oder sie wirklich in die Praxis überführen wird. Dieses Gespräch dauert etwa zwanzig Minuten. Dann wird der Chief gebeten, in einer kurzen Ansprache über die Entschei-dungen und Vorhaben zu informieren. Die moderierende Person unterstützt ihn dabei.

Anschließend versammeln sich alle wieder im Online-Plenum. Dort bedankt sich der Chief für den gesamten Input und gibt seine Entscheidungen und Vorhaben bekannt. Der oder die Moderator:in rundet auf angemessene Weise ab, eventuell mit Applaus für den Chief, bittet um Anmerkungen im Chat, wie die Teilnehmenden das Treffen erlebt haben, und beendet das Mee-ting. Häufig ist es eine gute Idee, den Chief anschließend in einem Breakout-Raum zu treffen und noch ein wenig zu plaudern. Wie man das live ja auch machen würde.

LeKgotla auf Slack oder WhatsApp

Natürlich ist nicht immer Zeit für ausführliche Beratungen und lange Gesprä-che oder große Meetings. Wir haben mit diesem LeKgotla-Vorgehen gute Erfahrungen in Apps gesammelt. Genau wie in der weiter oben beschriebenen Debatte ruft nun jemand: »Ich brauche Input für eine Entscheidung, wer hat Zeit für ein LeKgotla? Das ist die Frage.« Die darauffolgende Stunde (oder länger) ist Zeit für klärende Fragen. Anschließend gibt es einen festen Zeit-raum für alle Perspektiven, wonach man sich bei allen bedankt und die eigene Entscheidung mitteilt. Funktioniert wie geschmiert. Autokratisch, und doch mit genügend Raum für unterschiedliche Ansichten. Das können Sie natürlich nur für Fragestellungen nutzen, über die Sie selbst die Entscheidungshoheit haben. Manchmal müssen Sie als Führungskraft Entscheidungen treffen, die

Auswirkungen auf das Team haben. Das können Sie auf diesem Wege so offen und informativ wie möglich tun. Indem Sie nach der Entscheidung fragen »Was braucht ihr, um diese Entscheidung mitzutragen?«, können Sie die autokratisch getroffene Entscheidung um vergessene Perspektiven und Bedürfnisse erweitern. Und wenn das Team die Entscheidung nicht mittragen will? Dann sollte darüber gesprochen werden, mit Check-ins und Online-Debatten.

6.5   Hybride Programme erfordern erhöhte Aufmerksamkeit

Im Grunde gibt es drei Arten von Teammeetings oder Events: Alle sind zusammen vor Ort, alle sind online oder die hybride Form, bei der ein Teil der Mitarbeitenden vor Ort ist und die anderen online am Meeting teilnehmen. Jede Form hat ihre eigene Dynamik und Besonderheiten, auf die es zu achten gilt. Wir – oder zumindest ich – lernen gerade eine Menge hinzu. Hier sind einige meiner Beobachtungen der vergangenen Monate.

Physisch an einem einzigen Ort

Veranstaltungen, bei denen wir alle zusammen in einem Raum sitzen, sind nichts Neues. Es sind unsere Meetings und Events. Das einzig Neue sind jetzt die anderthalb Meter Abstand und möglicherweise das Tragen von Masken. Das Hotel- und Gaststättengewerbe, Theater und Eventagenturen haben hart daran gearbeitet, das alles Corona-konform hinzubekommen. Es gestaltet sich etwas schwieriger, mal eben mit den Teilnehmenden in Kleingruppen zu wechseln, aber ansonsten ist es gut und sicher zu handhaben.

Alle online

Das setzt die erforderliche Technik voraus und es stellt sich die Frage, wie interaktiv Sie es gern hätten. Sie können sich für diverse Formate von Fernsehprogrammen entscheiden – mit Talkshow-Runden, Vorträgen, Musik und künstlerischen Darbietungen –, die sich alle nach dem Einloggen online anschauen können. Oder Sie verwenden interaktive Methoden mit Umfragen, Fragen im Chat, virtuellen Breakout-Räumen und Netzwerk-Sessions. Auf diesem Gebiet lernen viele Menschen täglich hinzu, und es ist wirklich schon sehr viel möglich. Googeln Sie nur einmal nach neuen Veranstaltungskonzepten und innovativen Arbeitsräumen.

Hybrid: eine Gruppe im Raum und eine Gruppe online

Das ist nach meiner Erfahrung ein schönes und zugleich schwieriges Format. Wenn ich einen Vortrag halte, muss ich mich nämlich fortwährend entscheiden. Spreche ich mit den Zuhörenden im Raum oder über die Kamera mit der Gruppe, die online teilnimmt? Wenn ich die Kamera wähle, dann fühlt sich der Raum ein bisschen wie das fünfte Rad am Wagen an. Und wenn ich mich auf die Personen im Raum konzentriere, dann bekommt die Online-Gruppe eher so etwas wie eine Theateraufzeichnung zu sehen. Das Gleiche gilt für die Arbeitsweise. Wenn ich die Personen im Raum in Kleingruppen arbeiten lasse, muss die Online-Gruppe dann ein Weilchen warten und sich selbst beschäftigen, oder gibt es für sie ein paralleles Online-Programm mit virtuellen Breakout-Räumen? Zudem können sich die Online-Teilnehmenden ein wenig zweitklassig fühlen, da sie nicht am Ort des Live-Events sein dürfen. Etwas, worüber man im Vorfeld gut nachdenken sollte.

Ich vermute, dass wir zu den hybriden Formen im kommenden Jahr noch viel lernen werden. Ein schönes Format, das ich schon einmal durchführen durfte, war ein Staffelvortrag, bei dem sich die gesamte Gruppe in einem Gebäude befand, jedoch auf drei Hörsäle verteilt war. Ich hatte meinen Vortrag in dreimal 45 Minuten unterteilt und hielt diese jeweils vor *einer* Gruppe, während mich die anderen auf einem großen Bildschirm sehen konnten. Zwischendurch wechselte ich den Raum und gab der gesamten Gruppe für diese Zeit eine Aufgabe, mit der sie sich beschäftigen sollte.

Wichtig ist, dass die Personen, die physisch zusammen sind, das Gespräch nicht dominieren, sondern sorgen Sie dafür, dass die Online-Teilnehmenden ebenso aktiv in das Meeting oder das Geschehen einbezogen werden. Manchmal ist es deshalb sogar besser, wenn alle online gehen, denn dann sind die Bedingungen für alle gleich.

Vergiss für 'nen Moment
wie alles an dir zerrt

der Hund, die Arbeit, Erdenschwere

wie Tag und Nacht
die Fäden unablässig stramm

Agenda-Punkte
Pläne
neuer Kram –

vergiss sie
während dies Gedicht' hier wärt

dann bist du zwar noch keine Feder
doch im Moment genauso unbeschwert.

Lttrvreters | Judith Nieken
(https://twitter.com/lttrvreters)

7

Die Stille spricht:
Zögere nicht, zu zweifeln

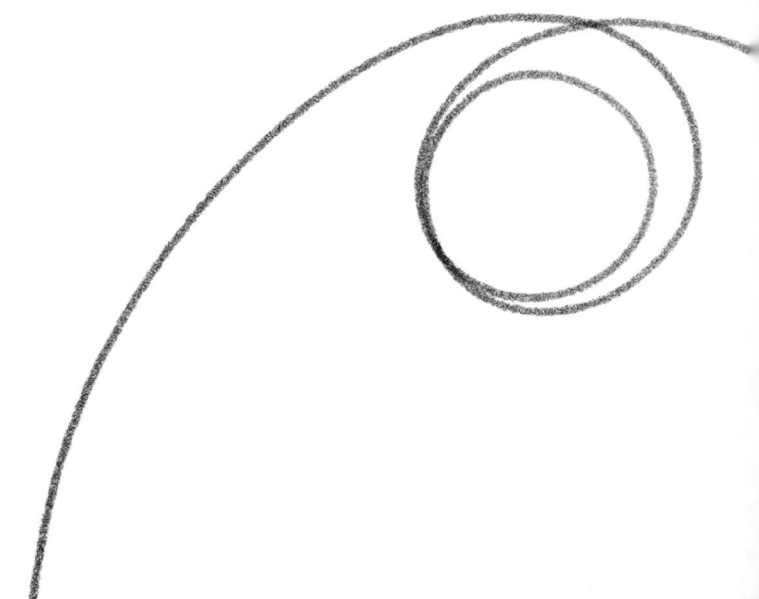

Neben unserem gewohnten Leben und den normalen Arbeiten tauchen offenbar immer wieder neue Problemstellungen auf. Am liebsten aber wollen wir jetzt Lösungen. Manchmal geht das aber wohl nicht. Schließlich befinden wir uns in einer Krise. Doch diese Krise dauert und dauert. Sie ist kein Sprint, eher ein Marathon. Manche Dinge müssen schnell erledigt werden, doch bei Weitem nicht alles. Wenn wir nicht achtgeben, bauen wir miteinander unnötigen Druck auf, was uns nur noch mehr Stress beschert.

Mir ist aufgefallen, dass sich zu Beginn des Lockdowns alle erst noch an das digitale Arbeiten gewöhnen mussten und mir so eine Menge Zeit blieb, in Ruhe Dinge zu erarbeiten, nachzudenken und etwas mit den Kindern zu unternehmen. Das war allerdings nur von kurzer Dauer, denn offenbar wollen wir nun auf der Arbeit immer mehr Stunden in einen Arbeitstag hineinstopfen. Mehr Meetings, mehr Aktionen, denn online ist ja ach so effizient … Ich will lieber wieder mehr Lücken in meinem Kalender. Ich will entschleunigen, doch das bedeutet, gegen den Strom von mehr, mehr, mehr, zu schwimmen.
– Erfahrung aus dem Feld

Hier ein kurzer Einblick, wie ich diese Zeit persönlich erlebe: Es sind chaotische Zeiten. Meine gewohnten Arbeiten werden fortwährend verschoben oder in diverse Online-Varianten umgewandelt. Beinahe jeder Tag erfordert neue kreative Lösungen für Dinge, die bisher Routine waren. Meine Kinder quälen sich durch Homeschooling hindurch. Entspannt Essen gehen oder ein spontaner Besuch in der Kneipe an der Ecke sind wegen Corona kaum noch drin. Ich finde es ziemlich bitter, nun allein zu Hause zu sein. Niemand ist da zum Anlehnen oder um den Tag wegzulachen. Ich bin hin- und hergerissen, ob ich das Virus fürchten oder es als kalkulierbares Risiko betrachten soll, das zum Leben dazugehört. Manchmal weiß ich nicht, welcher Koryphäe ich glauben kann oder muss. Ich denke voller Begeisterung an mögliche tiefgreifende Veränderungen von strukturellen Webfehlern in unserer Gesellschaft. Und dann schaue ich nach den Reiseempfehlungen auf der Weltkarte und bekomme einen Knoten im Magen. Vorläufig kann ich nirgendwo hin. Ich fühle mich eingeschlossen. Verirrt, ohne mich verlaufen zu haben. Und ich spüre, dass ich diversen Anforderungen genügen will. Genügen muss. Mein Kalender sieht über weite Strecken entspannter aus, doch der Schein trügt. Ich bin beschäftigter, viel beschäftigter. Vor allem in meinem Kopf. Ich gehe spazieren. Und arbeite weiter, mit einem Lächeln. Ich passe mich an und versuche, positiv zu bleiben, jedenfalls so gut es geht ...

Viele Menschen, mit denen ich spreche, befinden sich im Überlebensmodus – weil ihr Unternehmen vom Zusammenbruch bedroht ist, weil sie mit Auswirkungen von COVID auf ihre eigene Gesundheit oder Anfälligkeit konfrontiert sind, weil sie Freunde im Ausland haben, die mit großen finanziellen Problemen kämpfen, weil sie sich Sorgen über das Vorgehen der Regierung machen. Wir spüren, dass gewaltige Veränderungen im Gange sind, die für uns als Individuum jedoch nicht greifbar werden. Und so kann man sich entscheiden, härter zu arbeiten, oder aber sich damit abfinden und sein Lebensumfeld zu reduzieren, oder für eine Kombination aus beidem.

Ein äußerst positives Element in meinem persönlichen Leben ist das »Entschleunigen«. Durch die Corona-Maßnahmen brauchen Dinge (in Belgien) mehr Zeit: Wenn ich einkaufen gehe, darf nur eine begrenzte Anzahl Menschen in den Laden, also »warten«. Ich brauche morgens nicht mehr zu »hetzen«, um den Zug zu erreichen, ich »entschleunige« meinen Schritt, sodass ich bewusst die anderthalb Meter Abstand einhalten kann ... Durch diese Entschleunigung nehme ich mein Umfeld viel bewusster wahr, kann an Ort und Stelle sinnieren und mich überkommt ein Gefühl von Ruhe. Diese Entschleunigung, diese Ruhe, gibt mir auch mehr

Zeit, oder zumindest nehme ich mir mehr Zeit. Ich weiß, das ist sehr persönlich, und ich kann mir vorstellen, dass nicht jeder das von mir Beschriebene als positiv erlebt. – **Erfahrung aus dem Feld**

Niemand weiß, was zu tun ist

Gerade wenn wir etwas nicht wissen, müssen wir den Mut haben, zu zweifeln. Ich denke, die bekannte Aussage, dass man »durch Verlangsamung am besten beschleunigen kann«, gilt auch in diesen Zeiten. Kurz auf Abstand gehen, sich in Ruhe einen Überblick verschaffen, die Muster bei sich selbst und anderen erkennen. Das funktioniert zu unterschiedlichen Zeitpunkten zwischendurch, oder indem man sich fokussiert eine Woche Zeit nimmt, die herumgeisternden Gedanken einzufangen und zu bündeln, um danach wieder Raum und Ruhe für andere Dinge zu haben. Es geht darum, in dem Chaos, das wir erleben, einen Rhythmus zu finden. Jede Person für sich und in Verbindung mit den Menschen in unserem Umfeld.

Obwohl wir als Menschheit schon mehrere Pandemien und andere große Katastrophen überlebt haben, ist das doch für alle neu und das erste Mal. Wir können Trost und Halt in der Tatsache finden, dass »der Mensch« durchaus weiß, was zu tun ist. Und zur gleichen Zeit stolpern wir von der Lösung zum nächsten Dilemma und Problem. Keiner weiß, was zu tun ist. Niemand weiß, was der beste Weg ist. Deshalb müssen wir neben Tatkraft und Handeln auch Raum für Zweifel und Ruhe schaffen. Raum für das Nichtwissen, das Stellen von Fragen, das Nachhaken bei aktuellen Dingen, zum Herauszoomen, um das große Ganze sehen zu können. Während dieser Zeit des Müßiggangs und des Herumstöberns können neue Ideen entstehen, nicht in den Stunden, in denen wir ständig von einem Online-Meeting ins nächste hetzen.

Ich lese jeden Tag ein Stück Text von einem großen Phi-
losophen oder einer Schriftstellerin oder wem auch
immer und versuche dann, innerhalb einer Viertelstunde
aufzuschreiben, was ich damit in meinem täglichen
Leben verbinde. Oder wie ich darin Trost finden kann.
Oder wie es mich direkt inspiriert, sofort loszulegen.
– Erfahrung aus dem Feld

Wir erleben eine Herausforderung für unsere vergessenen menschlichen
Tugenden, wie ich das nenne – Heiterkeit spüren, um hart arbeiten zu können, der Stille zuhören, um die eigene Stimme zu finden, zweifeln, um die
eigene Meinung zu formen, Schmerz zulassen, um sich der Veränderung
bewusst zu werden. Erlauben Sie sich ab und zu ein paar Stunden Müßig-
gang. In diesen außergewöhnlichen Zeiten ist es unmöglich, seinem normalen Rhythmus zu folgen. Es muss nicht jede Minute gefüllt sein. Ich bin mir
ganz sicher, dass Ihnen, nachdem Sie hochkonzentriert gearbeitet haben,
genau in diesem Moment der Muße neue Einfälle kommen. In der Stille formen sich unsere Gedanken. In der Stille hören wir, wo wir sind, fühlen wir,
was wir fühlen. In der Stille entsteht die Verbindung. Schaffen Sie einen
Rhythmus, der für die Familie und zwischen Arbeitgeber und Arbeitnehmer
passend ist, inklusive konkreter Kontaktzeiten. Das gibt Ruhe. Nutzen Sie
die Zeit deshalb so, wie sie sich bietet. Stimmen Sie Rhythmen aufeinander
ab. Wechseln Sie zwischen Bulletpoint-Meetings und ruhigen Lagerfeuern
und starren Sie gemeinsam sinnierend in die Flammen.

Auch ich suche regelmäßig ganz bewusst die Stille. Während eines Stadtspa-
ziergangs, mit einem Kaffee in der Sonne, unten am Strand beim Hinaus-
schauen aufs Meer, das meine Gedanken mitnehmen und mir neue bringen
kann. Ich finde diese Stille nicht immer angenehm, weil so viel zu hören und
zu fühlen ist, wenn man sich die Zeit zum Zuhören nimmt. Lustigerweise
fällt mir beim Schreiben dieses Buches auf, dass ich, per Zufall oder auch

nicht, in den vergangenen Jahren für mehrere Zeitschrif-
ten Artikel über Zweifel und Stille geschrieben habe. Ich
durfte dazu sogar in Wassenaar einen TEDx halten, der
für April 2020 geplant war, aufgrund von Corona jedoch
ein paar Monate später, im September 2020, stattgefun-
den hat.

Diese Artikel habe ich in überarbeiteter Form in die folgenden Abschnitte
aufgenommen. Der erste handelt von der Bedeutsamkeit, gut zweifeln zu
können, inklusive einer kurzen Anleitung, wie das geht. Der zweite handelt
davon, wie Sie die Kraft der Stille in ein Meeting integrieren können, mit
Lektionen der Quäker. Und der dritte schließlich erzählt von meiner persönlichen Wahrnehmung der Stille in den vergangenen Monaten und welche
Bedeutung ein gemeinsamer Rhythmus für die Verbindung innerhalb der
Gruppe hat. Der letzte Abschnitt ist kein Artikel, sondern eine sehr einfache
und konkrete Übung, um häufiger die Ruhe in sich selbst zu finden.

7.1   Plädoyer und Anleitung für mehr Zweifel

Zweifeln. Die meisten von uns finden das ein unangenehmes Gefühl – Zweifel. Wir wollen uns lieber ganz sicher sein und suchen nach »der Wahrheit«,
um andere davon zu überzeugen, dass wir Recht haben, und tatkräftig Entscheidungen treffen zu können. Und doch … erst wenn wir etwas nicht
sicher wissen, kommen wir zu neuen Erkenntnissen. Das Hinterfragen unserer Wahrheiten, das Staunen über den Status quo und die Bereitschaft, sich
von einer anderen Meinung berühren zu lassen, schafft die nötige Verwirrung, um Weisheit zu finden. Ohne Zweifel keine Weisheit. Deshalb ein Plädoyer für und eine Ode an den Zweifel – mit einer praktischen Anleitung,
um noch heute damit zu beginnen. Wenn wir es wagen, mehr zu zweifeln,
können wir alle Stimmen hören und werden gemeinsam weiser. Denke ich.

Ein Plädoyer für mehr Zweifel: ohne Zweifel keine Weisheit

Bereits der französische Philosoph Descartes sagte: »Zweifel ist der Weisheit
Anfang.« Aus eigener Erfahrung weiß ich, dass die Stimme der Minderheit

innerhalb einer Gruppe die Mehrheit gehörig an der Richtigkeit ihrer Meinung zweifeln lassen kann. Das wird der Minderheit nicht immer gedankt. Es wird heimlich gelacht, öffentlich gemeckert und geseufzt, dass ohne diese anderen Ansichten alles viel einfacher war. Erst wenn die Gruppe bereit ist, Zweifel zuzulassen und Meinungen zu korrigieren, kann sie die Weisheit der Minderheit hören. Und so die Weisheit des Ganzen verbessern. Weisheit lässt sich erst in der Unsicherheit des Nichtwissens einfangen. Im Brüten und Herumstöbern. Viele Menschen bezeichnen das als unangenehm oder sogar unsicher. Ich nenne es lieber spannend und kreativ. Wenn wir unsere Wahrheiten eine Zeit lang loslassen, sind wieder alle Optionen offen. Dazu müssen wir es allerdings wagen, an uns selbst und an den Dingen zu zweifeln.

Das widerspricht dem Bedürfnis, etwas sicher zu wissen und Dinge mit Entschiedenheit vorbringen zu können. Oft erfahren wir Wertschätzung, wenn wir eine unerschütterliche Meinung vertreten, Entscheidungen treffen, andere überzeugen und in Bewegung bringen. Kaum etwas gibt uns ein so gutes Gefühl wie »etwas sicher zu wissen«, wenn auch nach langem Grübeln. Als kluger Profi oder starke Führungskraft lässt man Zweifeln besser sein, ist eine weitverbreitete Ansicht. Denn sonst wird man von anderen für schwach, unentschlossen, unsicher, wenig durchsetzungsfähig und wenig entschlossen gehalten. Und sollte man dann aufgrund seiner Zweifel auch noch seine Meinung ändern, ist man ein Wendehals, der sein Fähnchen mit dem Wind dreht und wenig Rückgrat hat. Zweifel stört unsere Nachtruhe und lässt unsere Schlagkraft erlahmen. Wenn man in einer Talkshow-Runde oder im Vorstand sitzt und etwas gefragt wird, worauf man keine Antwort weiß, besteht eher der Hang, drum herumzureden, Halbwahrheiten von sich zu geben und sich eher eine Antwort auszudenken, als zuzugeben, dass man es nicht weiß. Dass man zweifelt. Wir wollen eben keinen Zweifel, sondern die Wahrheit und nichts als die Wahrheit. Am liebsten unsere eigene. In klaren Statements.

Zweifel ist laut Wörterbuch ein »unsicheres Gefühl darüber, was man tun oder denken soll«. Wenn wir von Zweifel sprechen, meinen wir das oft nicht besonders positiv und verweisen auf etwas, das wir (noch) nicht haben: Wir erleben einen Mangel an Überzeugung, können schwierige Entscheidungen nicht treffen, uns fehlt es an Tatkraft, wir wägen Optionen endlos ab. Ich finde deshalb, es ist höchste Zeit, dem Zweifel ein klareres und weniger grüblerisches Image zu verleihen. Zweifel bedeutet nämlich auch: die Bereitschaft, eigene Überzeugungen unter die Lupe zu nehmen, schwierige Angelegenheiten sorgfältig zu überdenken, Geduld zu haben, komplexe Dinge von allen Seiten zu betrachten, nach Wegen zu suchen, um gegensätzliche Erwartungen optimal zu erfüllen, den Mut, wesentliche Fragen zu stellen und aufrichtig zuzuhören. Im Zweifel können wir uns begegnen und zu neuen Einsichten finden: Ist das bei dir jetzt auch so? Wie muss ich das machen? Was hältst du davon? Hat jemand noch eine andere Idee?

Natürlich kann man auch nicht endlos weiter zweifeln. Zusammenarbeiten bedeutet auch, aktiv zu werden, notfalls mit eingeschränkten Informationen. Denn niemand will, dass gesunder Zweifel umschlägt in Verzweiflung, ein kopfloses Gefühl von Panik, Ohnmacht und Machtlosigkeit. Verzweiflung ist Zweifel ohne Tatkraft. Zweifel hingegen verstehe ich als tatkräftiges Erstaunen. Es geht um den Mut, auszusprechen, was man denkt, und es gleichzeitig zu hinterfragen. Schließlich regen sich in uns häufig bereits Zweifel, wenn jemand etwas Überraschendes mit Bestimmtheit vorbringt. Zögern Sie deshalb nicht, auszusprechen, was Sie denken, um dann mit der gleichen Begeisterung herauszufinden, ob Sie eventuell falsch liegen. Im Buch »Deep Democracy« beschreibe ich, wie man durch aktive Suche nach der abweichenden Meinung die Weisheit der Minderheit hören kann. Aufrichtige Gespräche, bei denen wir bereit sind, uns von einer anderen Person berühren zu lassen, und uns trauen, unsere Meinung zu ändern, vermeiden eine Menge Wirbel und vergrößern die Weisheit der Gruppe. Gute Gespräche führen zu besseren Entscheidungen.

Wenn wir mehr Zweifel zulassen, hören wir einander besser zu und vermeiden, dass wir lediglich die Richtigkeit unserer eigenen Meinungen oder Gewohnheiten verteidigen, die ihre Kraft schon lange verloren haben. Mehr Zweifel verhindert viel Trubel und Getue in Gruppen. Deep Democracy nennt dieses Getue »Sabotageverhalten«, weil es die Weisheit der Gruppe als Ganzes sabotiert. Wenn Sie sich selbst oder andere bei folgendem Verhalten beobachten: Witzchen machen, Tratsch und Klatsch, Entschuldigungen finden, um getroffenen Vereinbarungen nicht nachkommen zu müssen, absichtlich einen Prozess verzögern, Rückzugsverhalten …, dann wissen Sie, dass Sie gerade einem Gespräch aus dem Weg gehen. Dass Sie stattdessen – auf der Suche nach der kollektiven Weisheit – lieber Fragen stellen sollten, um mit Staunen und Anteilnahme Zweifel zuzulassen. Im Übrigen löst zu viel Zweifel auch Trubel und Getue aus. Deshalb gilt es, gemeinsam die optimale Balance zwischen Zweifeln und dem Treffen von (vorläufigen) Entscheidungen zu finden. Ich nenne das auch gern Jammen mit Unterschieden.

Eine Ode an den Zweifel: mit Zweifel unsere Diversität nutzen

Solange man von etwas wenig weiß, ist es einfacher, selbstsicher zu sein. Je mehr man von einer Sache weiß, desto mehr zweifelt man an der Richtigkeit. Indem man oft und viel zweifelt, erweitert man seine Welt. Das ist toll und spannend zugleich, denn in Momenten von Zweifel können sich Verstand und Gefühl begegnen. Ihr Kopf sagt dies, Ihr Herz das, und für einen Augenblick sind Sie unsicher. Das ist das Schöne am Zweifel. Er öffnet einen gewaltigen Raum, in dem alles wieder möglich ist. Zögern Sie also nicht und zweifeln Sie in vollen Zügen. Lassen Sie sich dabei von den Menschen helfen, die anders über die Dinge denken, denn die sind in der Lage, Sie zu verwirren.

Von Shakespeare stammen die treffenden Worte: »Unsere Zweifel sind Verräter.« Das ist völlig richtig. Zweifel verraten den Status quo, die bis dahin akzeptierte Wahrheit. Gerichtete Zweifel können die Welt, wie wir sie kennen, drastisch verändern, weil wir zu anderen Schlussfolgerungen gelangen. Und so rüttelt Zweifel auch an bestehenden Machtsystemen. Das ist uns nicht immer angenehm. Deshalb werden Nachrichten, die uns nicht gefallen, heute häufig als Fake News abgestempelt. Dann müssen wir uns nicht mit ihnen auseinandersetzen und können unsere bestehenden Meinungen verteidigen. Offenheit hingegen sorgt für einen bleibend frischen Blick auf Möglichkeiten und Unmöglichkeiten. Zugleich erleben wir, wie in dem Meer von Zweifeln, in dem wir aufgrund der Pandemie jetzt leben, die vielen alternativen Geschichten Verzweiflung auslösen. Ganz und gar nicht mehr zu wissen, welcher Geschichte man glauben soll, schafft ein ungesundes Maß an Verwirrung und Angst. Damit werde ich mich in den kommenden zwei Kapiteln beschäftigen.

Mehr oder andere Menschen einzubeziehen sorgt für mehr Perspektiven, aber auch für mehr Zweifel bei der Gruppe, die den Ton angibt. Sobald man an Rahmenbedingungen zu zweifeln beginnt, rüttelt man möglicherweise auch an der Macht derer, die entscheiden dürfen, was wir für »normal« und »wahr« halten. Aus diesem Grund ist in jeder Gruppe das Maß an Diversität und Inklusion ein heikles Thema: Wer darf an welchem Gespräch oder welcher Aktivität teilnehmen, wer darf worüber mitreden und wer darf was mitbeschließen? Vor allem in Krisenzeiten ist das eine spannende Frage. Denn genau dann kommt es darauf an, dass wir uns alle an die Regeln halten, um Schlimmeres zu vermeiden, und die Zeit reicht nicht immer aus, um alle Perspektiven einzubeziehen. Das haben wir im März und April 2020 erlebt, als das RIVM[1] eine führende Rolle im Geschehen übernahm. Doch in einzelnen Momenten ist es sehr wohl wichtig, mehr Blickwinkel und Perspektiven in der Führung oder in einem Krisenteam zuzulassen, sodass getroffene Entscheidungen fundierter sind und eher mitgetragen werden. Die Kunst besteht im Timing zwischen Aktion und Tatkraft auf der einen und Zweifel und Ruhe auf der anderen Seite. Wie das während dieser Pandemie gehandhabt wurde und wird, darüber laufen die Meinungen auseinander, was dazu beträgt, dass wir diese Zeit als unruhig und chaotisch erleben.

Dominanzblindheit und Minderheitenstress

Die Weisheit der Minderheit kann der Mehrheit die Augen öffnen. Das findet die Mehrheit nicht immer angenehm. Die gemeinsame Suche nach neuem Wissen geht mit Nichtwissen und chaotischen Gefühlen einher. Es ist nicht immer einfach, eine neue Perspektive zu erkennen, geschweige denn nachzuempfinden, was der andere erlebt. Manchmal kann man andere Ansichten nicht hören, weil das Gegenüber sie nicht ausspricht. Ein andermal äußert der oder die andere wirklich etwas, doch man kann sich nicht wirklich hineinfühlen, was die Signale für diese Person bedeuten. Oder aber man kann einfach nicht glauben, dass wahr ist, was man hört, und beachtet es deshalb nicht. Ich nenne das auch Dominanzblindheit, wobei der Glaube an die (eigene) dominante Sichtweise Menschen für andere Optionen blind macht.

Der Dominanzblindheit steht etwas gegenüber, was ich Minderheitenstress nenne. Minderheitsstimmen müssen sich im Allgemeinen mehr anstrengen, um gehört zu werden. Ist das unlauter? Ja. Minderheitenstress geht oft gepaart mit Emotionen einher. Aufkommender Stress, wenn Dinge, die man

---

1.   Anm. d. Übers.: *Rijksinstituut voor Volksgezondheid en Milieu* (RIVM, zu Deutsch etwa: Reichsinstitut für öffentliche Gesundheit und Umwelt) ist eine niederländische Behörde für Öffentliche Gesundheit und Umweltschutz (*https://de.wikipedia.org/wiki/Rijksinstituut_voor_Volksgezondheid_en_Milieu*).

wichtig findet, nicht gehört werden, wird negiert oder unterdrückt. Davon kann man schrecklich wütend werden, sodass man die anderen mit der eigenen Sichtweise konfrontieren will. Manchmal mit viel Lärm und Transparenten, ein andermal subtil und mit Einfühlungsvermögen. Alles in allem nur Getue. Wenn wir an unserer eigenen Wirklichkeit mehr Zweifel zulassen und andere Ansichten aktiver einladen, werden wir weiser werden.

Ein Leitfaden, um einfacher mehr zweifeln zu können

Im Laufe unserer Erziehung haben wir gelernt, Zweifel aus dem Weg zu gehen und Menschen, die die bestehende Ordnung in Zweifel ziehen, schnell wieder auf Spur zu bringen. Um mehr Raum für Zweifel zu schaffen und so das Potenzial und die Weisheit der Gruppe besser nutzen zu können, gebe ich Ihnen hier fünf Tipps, die Sie noch heute in die Praxis umsetzen können. Das schafft den Raum, um mehrere Perspektiven sehen und zu weiseren Entscheidungen finden zu können. Das denke ich zumindest.

Erstens: Meine Wahrheit muss nicht deine Wahrheit sein. Statt zu denken: Schweigen ist Zustimmung, fragen Sie besser: »Wer hat noch eine andere Idee?« Die Schweigenden sind oft die mit den anderen Ideen. Sie sind gegen den Vorschlag oder sie zweifeln, trauen es sich aber nicht zu sagen. Laden Sie sie deshalb mit der Frage »Wer hat noch eine andere Idee« aktiv ein. Sie sollten nicht überrascht sein, wenn dem wirklich so ist. Hören Sie lieber zu. Lassen Sie sich von abweichenden und neuen Erkenntnissen, die bestehende Realitäten infrage stellen, inspirieren. »Durch Zweifel gelangen wir zur Wahrheit«, so Cicero.

Zweitens: Statt zu sagen »Kinder, die Fragen stellen, werden übergangen«, lassen Sie lieber Kinder und Erwachsene aussprechen, was sie denken und fühlen, und all ihre Fragen stellen. Vielleicht sorgt Klarheit für etwas mehr Konflikte, und nicht alle Fragen werden mit ja beantwortet werden können. Doch in diesen Momenten von wirklichem Kontakt, in denen wir möglicherweise nicht genau wissen, was wir tun sollen, entstehen die Beziehungen und neue Verbindungen.

Drittens: Hören Sie auf »Petze, Petze ging in' Laden, wollte ein Stück Käse haben …« zu rufen. Überlegen Sie lieber, welcher Klatsch und Tratsch wichtig genug ist, um ihn mit einander zu teilen. Kommen Sie zu neuen Erkenntnissen, indem Sie sich trauen, gemeinsam an der Richtigkeit des Handelns von allen zu zweifeln. »Zweifel ist eine Ehrerweisung an die Wahrheit«, so Konfuzius.

Viertens: Zweifeln heißt, beide Seiten zu sehen. Nicht »so schnell wie möglich nach der richtigen Lösung« zu suchen, sondern eher »jammend die Maximallösung zu finden«. Offene Zusammenarbeit mit dem Willen, die Talente aller zu nutzen, erfordert einen guten Umgang mit Diversität. Dabei hat niemand ein Monopol auf die Wahrheit und alle Perspektiven tragen zum Ganzen bei. Das ist wie in einer Jamsession: Man weiß nicht sicher, wie es laufen wird und wo es am Ende hinführt, doch man kann sich sicher sein, dass alle einander aufrichtig zuhören. Um etwas Sicherheit in die Unsicherheit zu bringen, um tatkräftig zweifeln zu können, öffnet man sich für die Gefühle von Unsicherheit und Zweifel. Man erkundet mit offenem Verstand (und Herzen) die Unterschiede und Übereinstimmungen, um in der Folge neue Lösungen für ein gemeinsames Leben zu schaffen. Diesen Prozess des Umgangs mit Unsicherheit und Unterschieden beschreibe ich ausführlich in »Jam Cultures«.

Zu guter Letzt: Zweifeln ist erlaubt, zögern nicht. Hören Sie auf zu denken: Bei Zweifel nichts unternehmen. Starten Sie mit: Bei Zweifel – handeln! Ein chinesisches Sprichwort sagt: »Wer ewig zweifelt über den folgenden Schritt, steht sein ganzes Leben auf einem einzigen Bein.« Das ist unangenehm und so kommt man nirgendwo hin. Legen Sie einen Zeitraum fest, während dessen Sie zweifeln dürfen, und stürzen Sie sich dann mit all Ihrem Staunen und Ihrer Neugier hinein. Öffnen Sie sich allen Emotionen und Blickwinkeln. Den eigenen und denen anderer. Denen der Mehrheit und denen der Minderheit. Und entscheiden Sie sich dann für eine Richtung. Das muss nicht endgültig sein. Es darf vorübergehend sein. Aber entscheiden Sie sich. Es muss nicht perfekt sein. Gut ist gut genug. Sie können ja doch nicht vorhersehen, wie es läuft. Gehen Sie Schritt für Schritt und hinterfragen Sie alles, was Ihnen begegnet. Und bleiben Sie jederzeit offen, die eigenen Entscheidungen anzupassen. Bleiben Sie achtsam im Hier und Jetzt, verzweifeln Sie nicht, sondern jammern Sie mit den Menschen in Ihrem Umfeld. Ein weiser Mensch zweifelt. Trifft Entscheidungen. Experimentiert. Und hinterfragt beständig. Jeden Tag.

7.2 Wo Worte fehlen, spricht die Stille

Ein spezieller Weg, um eine Sackgasse, Krise oder Problemstellung zu überwinden, ist die Stille. In der Stille wird gesagt, was gesagt werden muss. *Silence speaks when words can't.* Die Antwort liegt in der Luft, Sie müssen sie nur hören, empfangen, ergreifen.

Quäker-Treffen

Die Quäker kennen verschiedene Arten von Zusammenkünften, die zudem weltweit unterschiedliche Stile haben. In einigen Gruppen liegt der Schwerpunkt mehr auf der religiösen Komponente, andere pflegen eine eher humanistische oder aktivistische Ausrichtung. Darüber hinaus bestehen Unterschiede in der Herangehensweise und dem Maß an Formalien. Das Verbindende aller Quäker-Treffen ist der Ansatz, dass Antworten auf Fragen in der Stille gefunden werden können. Das zentrale Thema lautet *creating a space to listen and to be.* Stille ist dabei kein Selbstzweck, sondern schafft den Raum, um im Lärm der Welt sich selbst, dem anderen und der Stimme der Geister, des Universums, des Höheren, Gottes und der Götter zuzuhören. *»Talk God, I'm listening«* anstelle von *»Listen God, I'm talking«.*

Quäker versammeln sich im Kreis in einem *meeting house*. Das Treffen beginnt, wenn zwei Quäker im Raum sind. Jedes Treffen beginnt in Stille. Abwechselnd mit der Stille werden Zeugnisse abgelegt. Während religiöser Versammlungen müssen keine Entscheidungen getroffen werden. Bei geschäftlichen Treffen fasst ein *clerk*, eine Art Protokollführer:in, die Zeugnisse zusammen, reduziert sie auf das Wesentliche, schlägt einen Entschluss vor und legt diesen der Gemeinschaft vor.

Konzentrierte Stille

Eine Stunde lang in Stille zusammenzusitzen ist wirklich lange, wie ich aus eigener Erfahrung weiß. Quäker finden es schwer zu erklären, was genau man in der Stille macht, worauf genau man hören muss. Es geht nämlich nicht darum, die Stille auszusitzen oder sich zu überlegen, auf welche Weise man verbal zur Zusammenkunft beitragen wird, sondern in der Stille auf eine Suche nach Antworten zu gehen. Um jenseits der Worte zu hören. Worte sind häufig nur im Weg. Wie schon George Fox, einer der Gründerväter der Quäker, sagte: »Lass für einen Moment deine eigenen Gedanken, dein eigenes Streben, Verlangen und deine Vorstellungen los. Leere dich, um neue Erkenntnisse, das Licht, empfangen zu können.«

Stille durchbrechen – Discernment

Um zu entscheiden, ob es sich lohnt, einen Gedanken zu teilen, benutzen die Quäker den Begriff *discernment*, Unterscheidungsvermögen. Discernment bedeutet, dass man einen Unterschied macht zwischen dem, was man sagen will, um sich selbst zu hören und sein eigenes Ego zu stärken, und dem, was für das *greater good*, wenn man so will: das Göttliche, gesagt werden muss. Also nicht einfach etwas sagen, sondern die Worte sorgfältig abwägen und die Stille ihre Arbeit tun lassen. Erst in der Stille finden Menschen und Ansichten wieder zueinander. Die Stille bringt Sanftheit in den Konflikt und gibt der Weisheit Raum.

Praktisch können Sie sich, bevor Sie zu sprechen beginnen, einfach die folgenden Fragen stellen. Ist die Antwort auf eine dieser Fragen nein, dann hören Sie weiter sich selbst und der Stille zu, ehe Sie sprechen. Ist die Antwort auf alle Fragen ja, dann teilen Sie die Weisheit, die zu Ihnen gekommen ist:

- Ist die Botschaft für andere als mich selbst bestimmt?
- Ist die Botschaft für mehr Menschen als nur die Person, die als letzte gesprochen hat, gedacht?
- Muss die Botschaft wirklich hier und jetzt ausgesprochen werden?
- Können andere die Botschaft möglicherweise falsch verstehen, als politische Meinung oder persönliche Mitteilung?
- Ist das, was ich sagen will, wirklich nicht nur von und für mich selbst, sondern vom und für das große Ganze?
- Zu guter Letzt: Muss ich sprechen? – Dann sprechen Sie.

Übertragung auf Organisationen

Könnte das auch in der Hektik einer normalen Organisation gelingen? Und wenn es gelingt, was wird dann dabei herauskommen? Die Kraft der Stille kann man auf verschiedene Weise einsetzen. Kurze Momente der Stille während regulärer Meetings sind zum Beispiel sehr effektiv. Wenn wichtige Entscheidungen getroffen werden müssen, sich große Spannungen aufgebaut haben oder Input zu komplizierten Problemstellungen gebraucht wird, sind Momente von Stille ein guter Gedanke. Für fünf oder zehn Minuten im aktuellen Kontext, als eigenständiges einstündiges Event oder als Teil einer ganztägigen Veranstaltung. Das funktioniert sogar online sehr gut.

Doch Sie können nicht einfach »jetzt mal still sein« sagen. Dann greifen Menschen nach ihrem Handy, flüstern miteinander oder starren nach draußen. Ein Stille-Meeting müssen Sie angemessen einleiten, um so einen guten Übergang aus dem hektischen, vollen, lauten Leben in einen Moment der Stille zu schaffen. Zum Beispiel können Sie nach der Begrüßung und Vorstellung des Ziels des Meetings eine Einleitung zur Bedeutung von Stille und Kontakt geben. Dazu bedarf es keiner Birkenstock-Atmosphäre. Sie können auch in sehr sachliche, kommerzielle Unternehmenskontexte einen klar abgegrenzten Moment der Stille einbetten. Die Art und Weise, wie Sie ihn einführen, schafft die Atmosphäre und lädt den Moment mit Bedeutung auf.

Vor der Stillephase starten Sie mit einer kurzen, prägnanten Präsentation mit Problembeschreibung, Veranlassung oder Fragestellung. Sie enden mit einer Frage, die zum Nachdenken anregt, oder einem Gedanken, auf den alle in Ruhe eine Antwort finden sollen. Die Stille kann von fünf Minuten bis zu einer Stunde dauern. Nach einem eventuellen anfänglichen Unbehagen werden Sie überrascht sein, wie viel die Menschen während und sicher auch nach der Stille erleben und welche Erkenntnisse sie gewinnen. Bitten Sie nach der festgelegten Zeit darum, sich in kleineren Gruppen zusammenzufinden und die Erkenntnisse zu teilen, um diese dann in der größeren Gruppe zusammenzutragen. Auf diese Weise sammeln Sie innerhalb kurzer Zeit viel Informationen und es entsteht eine neue Art von Verbindung, anders als wenn Sie eine einstündige Debatte geführt hätten.

Vergessen Sie nicht zu fragen, welchen Effekt die Stille auf die Einzelnen persönlich, die Gruppe als Ganzes und die Qualität der Erkenntnisse hatte. In der inneren Ruhe liegen die Antworten, wir brauchen sie nur zu hören.

Doch seltsam und unangenehm

Seltsam, so eine lange Stille? Ja. Aufregend? Ja. Unangenehm? Gewiss. Trotzdem … die Stille suchen, um aus der Sackgasse herauszukommen. Um in Stille zu beraten, braucht es Courage. Haben Sie den Mut, Ihre Teammitglieder einzuladen und dann zu bitten, »nur das zu sagen, was gut für die Gemeinschaft ist, und kein unnötiges Rauschen zu verursachen«? Es ist nicht immer leicht, auf die eigene innere Stimme zu hören, geschweige denn, sie laut auszusprechen. Wahrhaftigkeit, Ehrlichkeit und Selbsterkenntnis erfordern Geduld, um bei den Dingen innezuhalten, die wirklich unsere Aufmerksamkeit erregen. Und sie dann in aller Ehrlichkeit vor sich selbst und anderen in die Tat umzusetzen. Den Mut zu haben, uns selbst und den Menschen um uns herum die Wahrheit zu sagen und diese dann in die Tat umzusetzen, auch wenn man sich damit gegen die vorherrschende Norm und die aktuellen Machtverhältnisse stellt, erfordert neben Geduld auch Ausdauer und Mut. Ich wünsche Ihnen ganz viel Stille.

7.3   Der Rhythmus der Stille

Anhand einer persönlichen Schilderung, wie ich die Stille in den vergangenen Monaten erlebt habe, will ich zeigen, was Rhythmus für uns als Mensch, als Organisation und Gesellschaft bedeutet.

Während des Joggens wurde ich von der Stille des Wassers abgelenkt. Ich sah, wie es sich durch den schwachen Wind kräuselte, wie ein Blesshuhn träge Runden schwamm, wie vor einer blassen Sonne die überhängenden Zweige Schatten warfen. Ich nahm meine Ohrhörer heraus und hörte das Rascheln des Schilfs. Ich hielt an und setzte mich auf den Steg. In der Stille hörte ich meinen Atem. Fühlte mein Herz schlagen. Und nach ein paar Minuten strömten diverse Gedanken durch meinen Kopf. Es war Anfang Juli 2020. Meinungen, Geschichten, Wahrheiten und Unwahrheiten über die intensive Corona-Zeit. All das wirbelte durch meinen Körper. Ich war versucht, meine dröhnende Jogging-Musik wieder einzuschalten und weiterzulaufen. Doch meine Augen hingen an dem Blesshuhn, als ob es mich einlud, dem Strom meiner Gedanken zu folgen. Ich lauschte der Stille und fühlte meine Ohnmacht, nicht sicher zu wissen, was und wem ich glauben kann. Ich lauschte darauf, wie der Abstand von anderthalb Meter meinen Kontakt mit anderen und vielleicht auch mit mir selbst verändert hatte. Stille Tränen stiegen mir in die Augen. Und neue Gedanken suchten einen Weg.

Die Stille. Oft ist es bequemer, vor ihr wegzulaufen, als sich Zeit für sie zu nehmen. Stille Momente können unheimlich sein. Wenn ich nach Hause komme und niemand ist da, schalte ich das Radio ein oder schaue einen Film. Die Klänge und Stimmen sorgen dafür, dass ich mich weniger allein fühle. Geräusche trösten. Ich lebe ein erfülltes Leben, in dem in hohem Tempo ein To-do dem anderen folgt. Ich finde das wundervoll. Adrenalin, Kreativität, fließende Gedanken. Davon werde ich äußerst produktiv. Oft ist Mut erforderlich, um Stille in meinem Leben zuzulassen. Vielleicht kennen Sie das. Die Stille lässt mich fühlen. Lässt mich erneut über mein Denken reflektieren. Lässt mich an meinen eigenen Sicherheiten zweifeln, weil sich plötzlich so viele Möglichkeiten eröffnen können. Stille wirft ein Licht auf die Fragen warum, wozu und wofür.

Ohne Stille kann ich mich selbst nicht verstehen, geschweige denn andere. Angenommen, Sie äußern mit Entschiedenheit eine Meinung, ich reagiere darauf heftig und Sie spielen den Ball sofort wieder an mich zurück, dann fühlen wir vielleicht Energie durch unsere Körper strömen, doch es sind noch keine neuen Gedanken entstanden. Erst wenn wir es wagen, still zu sein, haben wir die Möglichkeit, von dem, was wir sagen, berührt zu werden. Nur in der Stille können wir auf andere Gedanken kommen. Können Dinge zu uns durchdringen. Freundschaften wachsen in der Stille zwischen Worten.

Vieles in unserem Leben hat einen Rhythmus, in dem alle reden und nur wenige zuhören. Büroräume sind zu laut, um unseren eigenen Denkprozess abzuschließen. Wir haben das Gefühl, etwas zu verlieren, also versuchen wir es härter, länger, höher, lauter, schneller. Wir vergessen dabei, dass die wirkliche Antwort auf diese Fragen darin bestehen würde, langsamer, tiefer, leiser, detaillierter, leichter vorzugehen. Weniger Geräusch, mehr Stille.

1999 war ich in Laos. Ich blieb für ein paar Wochen in Luang Prabang. Jeden Morgen ging ich in dasselbe kleine Straßencafé zum Frühstück. Und das konnte gut und gern zwei Stunden dauern. Erst wurden die Eier geliefert, dann wurde das Mehl gebracht, und so wurden alle Zutaten von irgendwo geholt. Erst dann konnte mit Ruhe und Sorgfalt das Essen zubereitet werden. Zu guter Letzt bekam ich mein Omelett. Ich ging in diesem ruhigen Rhythmus meiner Umgebung völlig auf und erfreute mich an den Düften und Klängen um mich herum. Eines Morgens kam eine Gruppe Italiener angelaufen, unübersehbar gerade aus Italien eingeflogen. Ihnen war heiß, sie waren müde und es waren Koffer verschwunden. Sie waren so fürchterlich aufgedreht, redeten laut und viel und mit ausladenden Gebärden. Ich beobachtete, wie die Laoten erstarrten und ihre Mimik und ihre Bewegungen noch ruhiger wurden. Und die Italiener ihrerseits wurden immer lebhafter. Ich saß dabei, schaute zu und dachte: Ich kann hier jede Menge Theorien aus meinem anthropologischen Hintergrund darauf anwenden, doch eigentlich wirkt es wie ein Musikstück.

Damals habe ich begonnen, nach Rhythmusunterschieden in Gruppen zu schauen. Ich habe einen Abschluss in Anthropologie – mit Spezialisierung auf den Einsatz von Drama, Musik und Tanz als Lernmedium in Uganda – und plötzlich fanden etliche Puzzlesteine ihren Platz. Ich sah nicht nur, wie uns kulturelle Rhythmusunterschiede durcheinanderbringen können, ich konnte es dort am Flussufer in Laos plötzlich auch deutlich spüren.

Alles hat einen Rhythmus. Das Herz, der Atem, die Tage, die Jahreszeiten, die Lebensphasen. Jeder Mensch hat einen eigenen Rhythmus. Orte haben Rhythmen, ja sogar Dinge haben einen Rhythmus. Ein Glas Wein hat einen anderen Rhythmus als eine Tasse Kaffee. Ein Marmorsaal einen anderen Rhythmus als eine einfache Cafeteria mit Holzverkleidung. Sobald unser Rhythmus zu sehr gestört wird, werden wir unglücklich, kommen nicht in Fluss, können uns nicht miteinander abstimmen. Wenn wir immer nur in hohem Tempo leben, halten wir das nicht durch. Sind wir zu viel, zu oft und zu lange träge … halten wir das auch nicht durch. Rhythmus ist die Variation in der Wiederholung.

Ich habe die Rhythmen, die Gruppen von Menschen gemeinsam erschaffen, »kulturelle Rhythmenwelten« genannt. Ein kultureller Rhythmus ist die Summe alltäglicher Handlungen und über das Jahr verteilter gemeinschaftlicher Feiertage, Sportwettkämpfe und Veranstaltungen. Der kulturelle Rhythmus schafft eine Balance zwischen Momenten von Ruhe und Aktion, Stille und Lärm, von Feiern und von Pflichten und Mühen. Er hat einen Beat, einen regelmäßigen Basisrhythmus, innerhalb dessen sich die Verhaltensveränderungen abspielen. Es ist der Beat, in dem wir uns bewegen, arbeiten und leben. Und der für jede kulturelle Gruppe einzigartig ist. Durch die Wiederholung jährlicher Rituale wie Weihnachten, Karneval oder Zuckerfest[2] erleben wir Kontinuität. Auch in Organisationen schaffen wir durch unsere Arbeitszeiten, Schichten, die Quartalsmeetings und das Sommergrillfest oder den Neujahrsumtrunk einen kulturellen Rhythmus. Jede Gruppe wechselt regelmäßig zwischen dem täglichen Rhythmus und außergewöhnlichen Momenten wie Festivals, Teambuilding-Events und Festen. Indem wir den Trott durchbrechen, können wir den Rhythmus fortsetzen. Durch den gemeinsamen Rhythmus fühlen wir uns miteinander und mit unserer Umgebung verbunden. Rhythmen vermitteln das Gefühl, dass alles mit allem zusammenhängt.

Ohne Stille werden unsere Rhythmen und Aktivitäten zu einer Kakofonie. Stille können wir als eine Zeitspanne erleben, in der wir warten, bis wieder etwas geschieht. Doch damit greifen wir zu kurz. Und versäumen das Wesentliche. Es ist gut und wichtig, sich ab und zu von der Stille ablenken zu lassen. Stille ist nicht die Abwesenheit von etwas, sondern die vollständige Anwesenheit von allem. Stille ist die lauteste Form von Kommunikation. Sie macht uns menschlich. In der Stille zwischen den Noten formt sich die Musik. Kreativität versteckt sich in der Zeit dazwischen. Wenn wir unsere Fähigkeit verlieren, uns der Stille hinzugeben, dann verlieren wir unsere Menschlichkeit.

---

2. Anm. d. Übers.: Das Fest des Fastenbrechens oder im Türkischen auch Zuckerfest ist ein islamisches Fest unmittelbar nach dem Fastenmonat Ramadan (*https://de.wikipedia.org/wiki/Fest_des_Fastenbrechens*).

Können Sie sich erinnern, wann Sie das letzte Mal in Stille saßen und das Geräusch Ihres eigenen Atems hörten? Wann saßen Sie das letzte Mal in Stille bei Ihren Liebsten? Oder bei Ihren Kolleg:innen? Für viele sind solche Momente selten, doch wir brauchen sie. Stille gibt uns die Chance, die Dinge zu hören, die wir meistens negieren.

Und nach der Stille müssen wir den Mut aufbringen, unsere Gedanken und Gefühle in Worte zu fassen. Denn Worte und Aktivitäten laden ihrerseits die Stille wieder auf. In die Stille zu gehen, erfordert Mut. Die Stille zu durchbrechen ebenso.

7.4   Einatmen – Ausatmen

Natürlich können Sie diverse Aktivitäten ausführen, um in die Stille zu gehen und zu entspannen. Und … Sie können auch »einfach« lernen, bewusster zu atmen. Sophie Brouwer, eine unserer Human-Dimensions-Kolleginnen, ist Expertin in Atemtechniken, unter anderem der Wim-Hof-Methode. Sie erzählt: »Wir können wochenlang ohne Essen, tagelang ohne Wasser, aber nicht länger als drei Minuten ohne Atem leben. Einatmen, ausatmen … es scheint ganz einfach zu sein. Und wir tun es automatisch. Und doch atmen (zu) viele Menschen zu schnell und zu oberflächlich. Solch eine schnelle und oberflächliche Atmung aktiviert unser sympathisches Nervensystem (Sympathikus). Vorbereitet zu sein, um zu kämpfen oder zu fliehen, ist notwendig, wenn wir, wie unsere Vorfahren, Auge in Auge einem hungrigen Raubtier gegenüberstehen. Doch für jemanden, der lediglich seine täglichen Aktivitäten erledigt, ist die permanente Bereitstellung von Stresshormonen für Körper und Geist schädlich. Anders gesagt: Wir vergeuden im wahrsten Sinne unseren Atem.«

Unter ihrer Anleitung konnte ich an unterschiedlichen Atem-Sessions teilnehmen und es ist erstaunlich, wie viel Entspannung und Energie man in relativ kurzer Zeit mithilfe einer Reihe recht einfacher Techniken fühlen kann. Atmen funktioniert im Prinzip vollkommen von allein, doch wenn der Kopf beschäftigt ist oder Stress aufkommt, beginnt man automatisch schneller zu atmen. Manchmal schreibt man hochkonzentriert eine wichtige E-Mail und stellt plötzlich fest, dass man dabei den Atem angehalten hat. Holt man mehr als zehnmal pro Minute Atem, ist das eigentlich schon zu schnell, wodurch man sich unbemerkt immer angespannter fühlen kann. Durch ruhiges Atmen hingegen kommt der Körper mehr zur Ruhe.

Um zur Ruhe zu kommen, hilft es schon enorm, während der Arbeit ab und zu bewusst den Atem zu beobachten. Tun Sie es jetzt einmal. Spüren Sie Ihren Atem. Ist er oberflächlich und schnell? Dann verlangsamen Sie ihn. Versuchen Sie, sich ein paarmal pro Tag bewusst zu werden, dass Sie atmen.

Nachfolgend ist eine Übung beschrieben, die ich regelmäßig nutze, weil man sie einfach zwischen zwei Terminen ausführen kann, in kurzer Zeit und mit viel Wirkung. Man sagt, dass Hillary Clinton während ihrer Kampagne diese Technik auch genutzt hat, aber dieses Wissen bringt Ihnen natürlich nichts.

> Es ist eine traditionelle Pranayama-Atemübung, die Energiebahnen reinigt und ausgleicht. Die Übung heißt Nadi Shodhana Pranayana und ist auch als »Wechselatmung« bekannt. Machen Sie Folgendes:
>
> - Nehmen Sie eine bequeme Sitzhaltung ein.
> - Legen Sie den Zeigefinger der rechten Hand auf Ihre Nasenspitze, legen Sie den Daumen auf Ihren rechten und den Ringfinger auf Ihren linken Nasenflügel.
> - Drücken Sie nun mit dem Daumen Ihren rechten Nasenflügel zu und atmen Sie tief durch das linke Nasenloch ein. Fühlen Sie dabei, wie sich Ihr Bauch hebt. Schließen Sie das Nasenloch anschließend mit dem Ringfinger und halten Sie den Atem für einen Moment an.
> - Halten Sie das linke Nasenloch geschlossen, öffnen Sie das rechte und atmen Sie ruhig aus. Fühlen Sie, wie sich Ihr Bauch beim Ausatmen senkt.
> - Während Sie links weiter zuhalten, atmen Sie tief durch das rechte Nasenloch ein. Schließen es anschließend mit dem Daumen. Halten Sie den Atem einen Moment an.
> - Halten Sie die rechte Seite geschlossen, öffnen Sie die linke Seite und atmen Sie aus …

Glückwunsch! Damit haben Sie die erste Runde Nadi Shodhana Pranayana geschafft. Wiederholen Sie das Ganze noch neunmal und atmen Sie immer durch dasselbe Nasenloch ein, durch das Sie ausgeatmet haben. Das erhöht den Sauerstoffgehalt im Blut, beruhigt den Geist, erhöht Ihren Fokus und Ihre Konzentration und stellt die nötige Balance zwischen Körper und Geist erneut her. Nicht schlecht für ein paar Runden bewusst atmen.

8

Die Zwischenzeit: Führung in Krise und Transformation

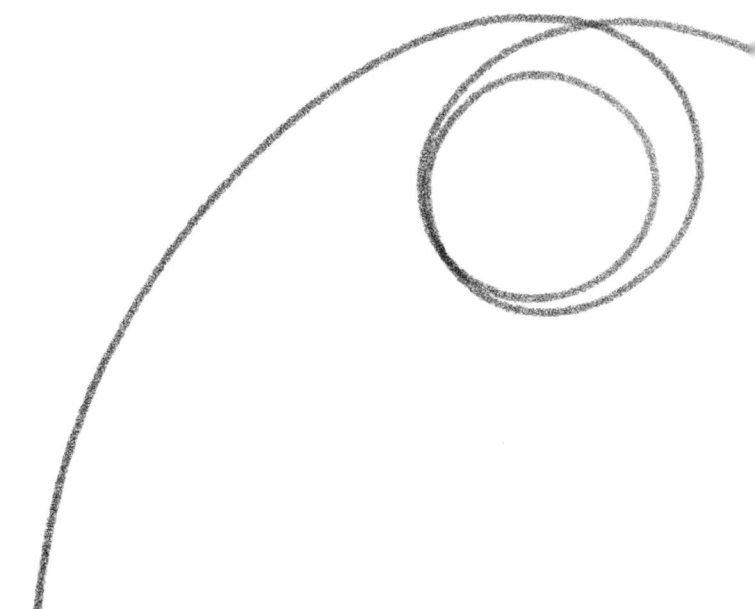

Die Corona-Pandemie stellt sowohl das Krisen- als auch das Change Management vor große Herausforderungen. Ich höre von vielen Führungskräften, dass ihre Tage lang sind, sie diverse vorläufige Maßnahmen umsetzen müssen und viele unterstützende Gespräche mit besorgten Mitarbeitenden, Kund:innen und Klient:innen führen. Ständig ändern sich Corona-Maßnahmen. Eine Ausnahme folgt auf die andere. »Der Lockdown war noch relativ einfach«, seufzt der Regionalleiter einer großen Einrichtung, »doch den richtigen Weg zu wieder mehr Öffnung zu finden, ist so anstrengend, und dann müssen wir aktuell alle Schritte wieder rückgängig machen.« Manche Unternehmer werden mit der völligen Einstellung ihrer Kernaktivitäten konfrontiert (z.B. das Hotel- und Gaststättengewerbe, die Eventbranche, der Kultursektor) und andere müssen ihre Arbeit unter allen Umständen aufrechterhalten (wie Gesundheitswesen, Bildungswesen, Polizei, Fabrikanlagen und kommunale Dienstleister).

Wie begleitet man Menschen durch die Phasen eines Corona-Kulturschocks? Ich möchte Ihnen hier einige Erkenntnisse aus der Anthropologie mitgeben über den Umgang mit Veränderung und welche Anforderungen das an Führungskräfte stellt. Wenn Sie meine früheren Bücher kennen, z.B. »Corporate Tribe« oder »Building Tribes«, dann wird Ihnen das eine oder andere bekannt vorkommen, hier habe ich es aber auf den Corona-Kulturschock angepasst.

8.1   Krise und Transformation

Eine wichtige Frage im Rahmen dieses weltweiten Corona-Kulturschocks habe ich bereits in Kapitel 2 gestellt: Betrachten Sie diese Zeit als eine Krise oder als eine Transformation? Wenn dies für Sie eine Krise ist, dann setzen Sie wahrscheinlich auf ein Paket vorläufiger Maßnahmen, um demnächst, sobald die Welt wieder offen ist und diese Maßnahmen nicht mehr gebraucht werden, in die alte Normalität zurückkehren zu können. Dann ist es okay, sich für Dinge, die nun anders laufen oder wegen der Corona-Maßnahmen unmöglich sind, ein paar inkonsistente Maßnahmen zu überlegen und sie sofort zurückzunehmen und zur alten Normalität zurückzukehren, sobald das wieder geht. Wenn Sie diesen Zeitraum hingegen als eine Transformation betrachten, so ist dies für Sie eine Zeit großer struktureller Veränderungen. Dann werden Sie diesen Zeitraum nutzen, um die Dinge, mit denen Sie in der alten Normalität ganz und gar nicht zufrieden waren, zu verändern.

> **Krisenansatz:** diese Zeit mit minimalen Anpassungen durchstehen und so schnell wie möglich wieder zur alten Normalität zurückkehren.

> **Transformationsreise:** eine Chance zur radikalen Veränderung langfristiger Probleme. Den Überblick behalten, was aktuell vorgeht, in mutigen Gesprächen herausfinden, was wir für wertvoll und wertlos erachten – über die Bedeutung von Arbeit, Leben, Zusammenleben, Bildung, Gesundheit, Freiheit, Natur, Kultur usw. nachdenken.

Ein Krisenansatz ist eine wirklich gute Idee für alle Aktivitäten und Situationen, die in der alten Normalität perfekt waren. Dahin wollen Sie zurück. Also geht es vor allem darum, die Zeit zu überstehen. Ein Transformationsansatz ist die logischste Herangehensweise für all die Dinge, mit denen Sie auch vor Corona schon nicht glücklich waren und die sich plötzlich völlig anders entwickeln. So entsteht kreativer Freiraum für nachhaltige Veränderungen in eine Richtung, die Ihnen wünschenswerter erscheint.

Ich denke, dass Sie für jede Aktivität oder Situation selbst (und miteinander) entscheiden müssen, ob es sich um eine Krise oder eine Transformation handelt. Und diese Zuordnung kann sich im Laufe der Zeit verändern. Im April 2020 habe ich Online-Vorträge zum Beispiel als eine totale Krisenlösung betrachtet. Doch inzwischen, je länger die Situation anhält, bemerke ich, dass ich diese Option ernster nehme und sogar beginne, sie zu genießen, auch wenn sie nie das Erlebnis eines vollen Vortragssaals ersetzen kann. Deshalb ziehe ich, sobald es mir möglich ist, die Bühne einem Online-Auftritt vor, betrachte Online-Formate inzwischen jedoch als neue, vollwertige Alternative, die ich vorher nie ernsthaft in Betracht gezogen hatte. Wenn ich mir anschaue, was beim Online-Unterricht möglich ist, und erlebe, wie meine Kinder dabei aufblühen, hoffe ich, dass hier eine Transformation hin zu differenzierteren hybriden Unterrichtsformen in Gang gekommen ist, oder besser: zu einem guten Mix aus synchronem und asynchronem Unterricht, mit qualitativ ebenso hochwertigen Online- wie Offline-Stunden, zu Hause und in der

Schule. Klar, es ist jetzt noch nicht ideal, es kann aber vielleicht ein Anfang auf dem Weg zu etwas Neuem und Besserem sein. Und so lassen sich viele weitere Beispiele anführen, am eigenen Arbeitsplatz ebenso wie rund ums Klima, bei unserem Umgang mit Tieren, bei Menschenrechten, in der Politik usw.

Vor dem Sommer 2020 sprachen viele Menschen noch von einer Krise. Jetzt, im Herbst, berichten die meisten Menschen, die ich in Organisationen gesprochen habe, dass sie diesen Zeitraum als eine Transformation erleben. Es ist für Ihr Team eine interessante Check-in-Frage (siehe Kapitel 6) für eine der kommenden Besprechungen, denn die Perspektive, die Sie jetzt einnehmen, beeinflusst in hohem Maße, wie Sie über diese Zeit reden und welche Maßnahmen Sie ergreifen.

In der alten Normalität gab es sicher in jeder Organisation ein Veränderungsprojekt. Wir suchten nach Wegen, den CO_2-Ausstoß zu verringern, den Lehrkräftemangel in den Griff zu bekommen, das Umweltgesetz ordnungsgemäß umzusetzen, den Verwaltungsaufwand in der Pflege zu verringern, die Diversität an unterschiedlichen Stellen zu erhöhen …, um nur einige zu nennen. COVID beschleunigte all diese Transitionen. Ich denke, es ist wichtig, all die eingefahrenen Muster, die nun offenliegen, mit einigen grundlegenden Veränderungen anzupacken. Nicht zu schnell und nicht zu viel auf einmal, aber nichts tun ist keine Option.

8.2   Lebensweisheiten im Umgang mit der Krise

Ich sprach mit einer Freundin in Burkina Faso. Sie erzählte mir, dass COVID dort natürlich auch eine Rolle spielt, aber man es eher als eine weitere der vielen Krankheiten erlebt, wie z.B. Malaria, Cholera, Dengue, HIV und Gelbfieber, an denen man sterben kann. Jeder Todesfall ist, genau wie bei uns, natürlich sehr traurig, doch die Tatsache, dass man an einer Krankheit sterben kann, ist für den Durchschnittsburkiner keine welterschütternde Erkenntnis. Ansteckende Krankheiten gehören in weiten Teilen der Welt als alltägliches Risiko zum normalen Leben dazu. Aus dieser Perspektive kann man sehen, wie weit wir uns an dieser Stelle inzwischen vom Wissen um Verletzlichkeit entfernt haben. Und wie wir in unserer Gesellschaft dazu übergegangen sind, an absolute Beherrschbarkeit und Kontrolle zu glauben. Es ist zu hören, dass wir das Virus »zügeln, eindämmen und niederschlagen werden«. Das ist eine völlig andere Perspektive, als es für einen von vielen Faktoren zu halten, mit dem wir leben und umgehen lernen müssen. Ich denke, dass wir auf beiden Seiten viel voneinander lernen können. Einer meiner Kontakte aus Uganda, der im Augenblick nicht einmal Geld für Malariamedikamente hat und aufgrund des anhaltenden Lockdowns nichts ernten kann, ging sogar so weit, uns Europäern seine Anteilnahme auszusprechen: »Für euch ist es im Augenblick viel schwerer als für uns, denn ihr kennt das nicht, diesen Stress mit Dingen, die auf einmal völlig anders laufen. Deshalb fehlt es euch an Erfahrung, in schwierigen Situationen locker zu improvisieren. *Bless you.*«

Nichts ist so menschlich wie Krise, Transformation und Konflikt. Jede kulturelle Gruppe ist damit konfrontiert und es gibt viele und wundervolle Beispiele, wie man damit umgehen kann. Ein bekanntes Beispiel ist das chinesische Schriftzeichen für Krise, das aus zwei Symbolen besteht: Gefahr und Chance. Hinter allem Schmerz der Gefahr kann neues Leben entstehen. So gesehen eröffnet die Krise eine Chance, die bereichern kann. Ein weiteres, weniger bekanntes Beispiel ist der Umgang mit Krisen in einer anderen Kultur, bei den Cherokee.

Der rote und der weiße Chief

Vor dem achtzehnten Jahrhundert kannten die Cherokee, eine Bevölke-
rungsgruppe aus dem Südosten der USA, duale Führung. Der Stamm
wurde durch einen »weißen Chief« und einen »roten Chief« geführt. Der
erste war der Anführer in normalen Friedenssituationen und unterstützte
die Dorfgemeinschaft bei Entscheidungen zur lokalen Verwaltung und in
Landwirtschaftsfragen. Der zweite übernahm die Führung in Zeiten von
Krieg und Krise. Die *Ältesten* entschieden, wann es an der Zeit war, die
Führung zu wechseln. Der rote Chief sorgte während eines Konflikts dafür, dass die jungen Männer in Bereitschaft versetzt wurden, und hatte
dabei Unterstützung von einem Subchief, einem Sprecher und etlichen
Boten. Er installierte Kriegsteams, zusammengestellt durch die Anführer
der sieben Cherokee-Clans, mit denen er gemeinsam alle Entscheidungen
traf. Dazu gehörten auch Frauen. Medizinmänner spielten in Kriegszeiten
eine wichtige Rolle, sie sprachen mit den Geistern des Stammes, um gute
Entscheidungen treffen zu können.

Wir können daraus lernen, dass man während einer Krise eine andere
Führungskraft wählen kann, die durch ein eigenes Team unterstützt wird.
Die geschäftsführende Person bleibt im Amt, zieht sich jedoch für diesen
Zeitraum aus der Gesamtleitung zurück und konzentriert sich auf das
Tagesgeschäft, das wie gewohnt weiterläuft. Der rote Chief übernimmt
während der Krise die Führung. Und das nicht in Form eines Krisenteams,
das den CEO berät, sondern wirklich als eine weitere Führungskraft, die
die Verantwortung für eine außergewöhnliche Situation übernimmt. Der
CEO operiert jetzt aus der zweiten Reihe heraus. Ich hatte vor dem Sommer die Gelegenheit, einen Nachmittag lang mit etlichen Bürgermeis-
ter:innen zusammenzuarbeiten, und sah, wie müde sie waren und wie
sehr sie sich danach sehnten, dass das vorläufige Corona-Gesetz verabschiedet wird. Dann hätten sie wieder mehr Zeit für ihre regulären Aufgaben, die jetzt zu oft vernachlässigt wurden, was viel Stress und uner-
wünschte Situationen zur Folge hatte. So gesehen ist solch ein Führungs-
wechsel gar keine so schlechte Idee.

$\rightarrow$

Die Rolle des Medizinmanns entspricht der Rolle von Coaches und Consultants. Diesen Personen ist es gestattet, die Situation zu deuten und der Organisation den Kern, den Sinn, vor Augen zu führen, um zum Wesen der Organisation zurückzukehren. Eine schöne Frage, um darüber ins Gespräch zu kommen, könnte sein: Hat Ihre Organisation gerade einen »weißen Chief« oder einen »roten Chief«? Wer ist das? Und wenn Sie so etwas nicht haben, was könnte sich dadurch für Sie verändern? Und – wird den »Medizinmännern« insgesamt ausreichend Freiraum und Mitspracherecht eingeräumt? Im Laufe dieses Kapitels werde ich noch näher auf die Rolle von Medizinmännern und Magiern in Krisenzeiten eingehen.

8.3   Liminalität: die Zwischenzeit

In Kapitel 2 beschrieb ich die Phasen eines Kulturschocks und auf welche Weise wir sie als Gesellschaft gerade durchlaufen. Im Wesentlichen handelt es sich dabei um aufeinanderfolgende Veränderungsphasen, innerhalb derer sich die Menschen immer wieder mit anderen Formen von Unsicherheit auseinandersetzen müssen. Und auch wenn Veränderung ein wesentlicher Bestandteil des Lebens ist, so empfindet sie doch nahezu jeder Mensch als eine komplizierte Sache. Jede Veränderung stellt die aktuelle Ordnung von Normen und Positionen zur Diskussion. Neue Einsichten führen zu neuen Schlussfolgerungen, zu neuem Verhalten und vielleicht sogar zu einem neuen Verständnis von richtig und falsch. Das wiederum kann zur Folge haben, dass wir dadurch andere Dinge für wesentlich erachten, für andere Sachen Geld ausgeben und andere Führungskräfte auswählen. Wenn nun beispielsweise sehr viele Menschen weiterhin hauptsächlich von zu Hause aus arbeiten und nie wieder in die endlosen Staus zurück wollen, dann brauchen wir weniger Autos, werden dauerhaft weniger Kraftstoff verbrauchen und uns eher mehr Grün als mehr Straßen wünschen. Was für eine Kette von Verwerfungen kann das in verschiedensten Bereichen auslösen! Darüber hinaus können sich flexible Arbeitszeiten auf die Zeiten von Schule, Kinderbetreuung und die Trainingszeiten in Sportvereinen auswirken. Wenn wir den durchschnittlichen Arbeitsrhythmus des Landes verändern, muss alles andere mitziehen.

Liminalität

Veränderungen holen uns aus unseren Routinen heraus und gehen stets mit einem gewissen Maß an Chaos und Unsicherheit einher. In der Anthropologie nennen wie diesen Zeitraum der Suche zwischen Alt und Neu die liminale Phase, die Zwischenzeit, worin das, was war, nicht mehr besteht, das, was sein wird, noch undeutlich ist, und das, was ist, vor allem Chaos und Unsicherheit zu bieten hat. Es ist eine Zeitspanne, die Identitätsfragen aufwirft und Nostalgie und Sehnsucht nach der Vergangenheit schürt.

Um zu einer neuen Ordnung zu gelangen, müssen wir den Umgang mit unserer Unsicherheit lernen und die schöpferische Kraft aller wecken. Das kann schwierig werden, weil die Sehnsucht nach der alten Normalität wie Wellen von Heimweh über uns hinwegrollen kann. Wohl jeder Mensch hat, vor allem in dieser Corona-Zeit, schon einmal das Gefühl erlebt, dass er oder sie die gesamte Situation satthat und diese Zeit einfach überspringen will. All das sind logische und bekannte Kennzeichen von Liminalität. Es ist äußerst verführerisch, in einer Sehnsucht nach früher zu verharren. Effektiver und gesünder hingegen ist es, die aktuelle Situation zu akzeptieren und sich experimentierend durch die Zeit zu bewegen. Die Welt vor März 2020 kommt nicht mehr zurück und wie die Zukunft aussehen wird, haben wir zum Teil jetzt selbst in der Hand. Zumindest haben wir einen Einfluss darauf, wie wir die aktuelle Zeit erleben und über sie sprechen.

Liminalität

Der Begriff »Liminalität« stammt aus der Anthropologie und kennt verschiedene Umschreibungen, z.B.: der Raum zwischen nicht dies und noch nicht das. *Between the no longer and not yet.* Neue Ordnung im Chaos finden. Erwartungsvoll, unsicher, aufregend. *Betwixt and beetween.* Ein Gefühl von verliebt sein, ohne bereits zu wissen, ob die andere Person ebenso empfindet. *Uncertainty and anxiety.* Hoffnungsvoll und ängstlich. Kurz und heftig oder lang und schmerzvoll. Kreativ und neugierig. Lernend. Bei wirklicher Veränderung und Transformation ist eine liminale Phase unvermeidlich.

Menschen verändern sich in drei Schritten

Wir gehen gerne davon aus, dass wir eine Veränderung in zwei Phasen erreichen können, von *Ist* nach *Soll*, von A nach B, von der heutigen zur erwünsch-
ten Situation. Doch Menschen verändern sich in drei Phasen. Überall auf der
Welt geben Menschen mittels *rites of passage*, mittels Übergangsritualen der
Transformation und Veränderung Form, sodass diese erfolgreich verlaufen
kann. Diese Rituale kennen drei Phasen:

1. Abtrennung oder Zerstörung des Alten: Trennung von der alten Normalität
2. Liminalität oder die Zwischenzeit: die außer-normale Zeit
3. Re-Integration: die neue Normalität

Übertragen auf den Corona-Kulturschock lässt sich erkennen, dass in den
Niederlanden die Abtrennung während der Pressekonferenz am 15. März
2020 entstanden ist, auf der noch für denselben Abend der erste Lockdown
angekündigt wurde. Der darauffolgende Kulturschock formt die liminale
Phase, die außer-normale Zeit. Also noch keine neue Normalität, sondern
eine anormale Zeit, in der wir der neuen Normalität Form geben können
und müssen. Sobald die Corona-Maßnahmen nicht mehr erforderlich sind,
wenn wir uns wieder frei entscheiden können, ob wir jemanden berühren
wollen oder nicht, können wir das Gelernte in die neue Normalität integrieren – eine Zeitspanne, die durch einen Rückkehrschock gekennzeichnet sein
wird. Bis dieser Zeitpunkt erreicht ist, erfordert diese merkwürdige, außer-
normale Zeitspanne zusätzliche Begleitung.

Wir lernen viel im Durcheinander

Die liminale Phase hat ungeahnte Kraft. In dieser Phase werden kulturelle
Rahmenbedingungen und gesellschaftliche Positionen aufgebrochen. Es ist
eine verwirrende Zeit, in der Menschen sich nach dem Alten sehnen und zugleich auf optimale Weise für neue Deutungen und Botschaften offen sind
und in der Lage, schnell zu lernen. Es ist die Zeit von Trauer um das, was
war, aber auch um die Kraft zu finden, innerhalb dieses Freiraums etwas
Neues zu erschaffen.

Diese Phase bedarf guter Begleitung, denn in dem nun offenen Freiraum können alle möglichen Geschichten entstehen – von Liebe und Miteinander, aber auch von Grausamkeit und Isolation. Während der Liminalität sind Menschen für alles empfänglich, was ihnen Halt gibt, so auch für wilde Geschichten und politische Versprechungen. Wir erleben aktuell, welch großen Einfluss Geschichten über den Ursprung des Virus auf das Vertrauen in die Corona-Maßnahmen und die Bereitschaft haben, sich an sie zu halten. Die Algorithmen von Facebook tragen zusätzlich zu dieser Verwirrung bei, sodass Menschen eher aufeinandergehetzt werden, als dass sie gemeinsam nach Mitteln und Wegen suchen, um gut und gesund durch diese Zeit zu kommen.

Liminalität ist *die* Zeit, um miteinander in Kontakt zu bleiben und mutige Gespräche zu führen, denn in dieser Zeitspanne finden wir neue Deutungen und lernen neue Dinge. Es ist keine angenehme Zeit. Opfer müssen gebracht und schwierige Entscheidungen getroffen werden, doch immer wieder gehen Menschen aus einer solchen Zeit stärker hervor, als sie hineingegangen sind. Eine Krise beinhaltet, wie schon gesagt, Gefahr und Chance.

Wer die Vergangenheit kennt, kennt die Zukunft. Mit viel Pietät für all die schrecklichen Dinge, die passiert sind, lehrt uns die Geschichte, dass wir hieraus am Ende gestärkt hervorgehen werden und es uns voranbringt. Es ist ein Reset für viele Dinge, back to the basics, weg von Hetzerei und Getue. – Erfahrung aus dem Feld

Unsicherheit begleiten und Schöpferkraft anfachen

Die Herausforderung besteht darin, die Unsicherheit der liminalen Phase zu begleiten und die schöpferischen Kräfte aller anzufachen. Wenn wir die

Unsicherheit akzeptieren können, erhalten wir Zugang zu Kreativität und Neugier, die ebenfalls diese Phase auszeichnen. Die Aus- und Weiterbildungswelt vertritt recht übereinstimmend die Meinung, dass Lernen am besten in einer ruhigen und sicheren Lernumgebung funktioniert, doch die Praxis zeigt, dass Menschen in Zeiten von Durcheinander und unsicheren Zukunftsaussichten ebenfalls enorme Fortschritte machen können. Das ist es, was wir derzeit überall beobachten.

Durch das fortwährende Lernen und Experimentieren erleben wir aktuell eine intensive und ermüdende Zeit, vor allem weil der Auslöser ein unsichtbares Virus ist, das den Menschen Angst einflößt und unsere Freiheiten einschränkt. Doch wie können wir uns gegen diese umherschweifende Angst wehren, sodass wir unseren Blick auf das Lernen und Kreieren richten können? Eine mögliche Antwort ist, der Welt mit Erstaunen zu begegnen. In hitzigen Momenten nicht sofort gereizt aufzuspringen, sondern im Stillen ruhig und »gelassen« mit einem »oh ja, das geht natürlich auch« zu reagieren. Um anschließend mit forschendem, frischem Blick zu untersuchen, was es zu entdecken gibt. Indem wir uns bewegen und Dinge ausprobieren. Ich habe das zwar noch nie gemacht, aber ich denke, dass ich es kann …

Rituale

Rituale sind als Anker in unsicheren Zeiten enorm nützlich. Sie geben Rhythmus, Halt, Unterstützung und Sicherheit. Sie sind Augenblicke außergewöhnlicher Handlungen, die Übergänge markieren und uns eine gewisse Kontrolle über das Unerklärliche geben. Indem wir passende Rituale entwerfen und einsetzen, können wir die wichtigen Dinge stärker in den Vordergrund rücken. Rituale machen Tagtägliches zu etwas Außergewöhnlichem. In einem Ritual »erschaffen wir die Welt aufs Neue«, sagen die Yoruba. Rituale geben Orientierung und lichten das Chaos. Sie helfen uns, den Übergang zwischen dem einen und dem anderen zu vollziehen: zwischen alt und neu, drinnen und draußen, Erfolg und Scheitern, Leben und Tod. Sie sind Markierungen an Übergangsmomenten. Mir fiel auf, dass von allem, was ich während der Arbeit an diesem Buch auf den sozialen Medien postete, die Suche nach neuen Ritualen die meisten Reaktionen auslöste. Dies ist die Zeit, neue Rituale zu schaffen, die uns in diesen merkwürdigen Zeiten Halt geben. Kapitel 5 gibt Ihnen dazu Anregungen.

8.4   Tribale Archetypen in der Krise

Als wir plötzlich zur Vermeidung von Ansteckung fast alle zu Hause bleiben mussten, entlud sich in den ersten Wochen eine ungeheure Menge an Kreativität und Zusammengehörigkeit. In Scharen zogen wir auf die Jagd nach neuen Arbeitsmethoden, anderen Prozessen, besseren Techniken, gutem Heimunterricht, neuen Businessmodellen und Wegen, unseren Kopf über Wasser zu halten. Mit viel gegenseitigem Beifall. *Wir schaffen das!* Stolz allerorten. Mit Blick auf die archetypischen Energien der Tribes haben wir uns scharenweise in die Rolle des Jägers begeben. Fantastisch, aber nicht durchzuhalten. Das wird jetzt deutlich, nachdem die Energie der ersten Monate verebbt ist. Der Honeymoon ist vorbei und wir müssen Mittel und Wege finden, um diese liminale Phase über einen längeren Zeitraum aufrechtzuerhalten.

Ein Weg, sich dieser Dynamik zu nähern, erfolgt aus dem Blickwinkel der unterschiedlichen tribalen Archetypen. Jeder Tribe, jede Organisation kennt tribale archetypische Rollen, die immer ausgefüllt werden müssen. Das erinnert ein wenig an die Rollen, die Managementvordenker und -autor Henry Mintzberg in seiner Arbeit »Structures of Five« unterscheidet, hier jedoch aus tribaler Sicht. Es gibt Chiefs (die Führungskräfte), Subchiefs (das mittlere Management), die Ältesten (die Vorgesetzten), Jäger (die nach neuen Ideen suchen), Sammler (die die alltäglichen Arbeiten erledigen, sodass der Fortbestand des Tribes gesichert ist) und Magier (die für außergewöhnliche Einsichten sorgen).

Ich weiß aus eigener Erfahrung, dass ich mich in letzter Zeit durch diese archetypischen Rollen bewegt und Dinge getan habe, die erforderlich und richtig waren, jedoch nicht per se zu mir persönlich oder zu meinen Aufgaben innerhalb meiner Organisation oder meiner Familie passen. Und ich habe dasselbe bei unseren Teammitgliedern beobachtet. Als wir uns dessen bewusst wurden, haben wir die Ordnung aktiv wieder hergestellt, was ungeheure Ruhe und Schlagkraft zur Folge hatte. In »Building Tribes« sind die Archetypen ausführlich beschrieben. Im Folgenden gebe ich eine knappe Darstellung, verbunden mit meinen Beobachtungen während dieser pandemischen Krise. Und natürlich geht die Frage an Sie, was Sie wiedererkennen und was Sie gemeinsam mit Ihren Kolleg:innen anders oder besser machen können.

In diesem kleinen Film erkläre ich in vier Minuten die unter-schiedlichen tribalen Archetypen.[1]

Chiefs sind dazu da, Entscheidungen zu treffen oder dafür zu sorgen, dass der Tribe Entscheidungen treffen kann. Sie garantieren die Sicherheit. Sie sichern die Ernte, schlichten Streitigkeiten und hüten die heutige Ordnung. Sie sind das Gesicht der Organisation. Die archetypische Energie eines Chiefs findet sich oft bei einem CEO (hat Überblick, trifft Entscheidungen) oder bei der Projektleitung (Chief eines klar umrissenen Projekts).

Die Chefs mussten in letzter Zeit alle möglichen Entscheidungen mit großer Entschlossenheit treffen. Eine gewaltige Aufgabe, allein schon, weil sie als Gesicht der Organisation dafür verantwortlich gemacht werden. In all dem Trubel haben sich viele Chiefs der Jagd angeschlossen und wurden in Füh-rungsverantwortlichkeiten in dieser außergewöhnlichen Zeit hineingezo-gen. Das war anfangs durchaus erforderlich, doch dadurch war der Stuhl des Chiefs für die regulären Aufgaben plötzlich unbesetzt. Andere Chiefs haben alle Entscheidungsmacht an sich gerissen und darüber vergessen, die Kraft des gesamten Tribes zu nutzen. Das ist zwar ein logischer Schritt beim ersten Big Bang, langfristig jedoch unvernünftig und einer mit Folgen: Sub-chiefs, die lediglich für die Umsetzung eingesetzt werden, statt mit ihrem Wissen und ihren Erfahrungen zur Entscheidungsfindung beitragen zu kön-nen. Jäger, die aufgrund ihrer gewaltigen Expertise über spezifisches Wissen zu Teilgebieten verfügen, dazu jedoch nicht befragt werden. Magier, die nur darauf warten, tiefere Verbindungen zu schaffen. Sammler, deren Erfah-rungsreichtum vergessen wird. Und Älteste, die als Ratgeber übersehen wer-den.

---

1.   Anm. d. Übers.: Leider zurzeit nur auf Holländisch verfügbar, es kann jedoch ein automa-tisch erzeugter deutscher Untertitel ausgewählt werden.

Subchiefs haben Teilbereiche einer Gesellschaft oder Organisation in ihrer Obhut. Sie sind die Augen und Ohren des Chiefs und sorgen dafür, dass Dinge umgesetzt werden. Sie geben weiter, was sie von den Sammlern über Land, Feinde, Ernte, Raubtiere, Sorgen und Kinder hören. Sie statten Jägern und Magiern Besuche ab und treffen sich mit anderen Subchiefs zu Zusammenkünften und Festen, um sich zu versichern und zu befragen, ob sie auf dem richtigen Kurs sind, und um zu hören, was der Chief will. Subchiefs balancieren immer in der Mitte. Sie erledigen ihre Arbeit an den Grenzen tribaler Rollen. Das ist eine schwierige Aufgabe. Sie verfügen über Wissen und Einfühlungsvermögen auf beiden Seiten und unterliegen somit einer doppelten Loyalität, sowohl nach oben als auch nach unten. Einerseits wollen sie für ihre Mitarbeitenden und die Kundenthemen an der Basis da sein. Andererseits verstehen sie die politische Ausrichtung und den strategischen Kurs des Chiefs nur allzu gut. Sie sind Übersetzende zwischen Erlebniswelten. Und nebenbei haben sie auch noch ihre eigenen Träume und Bedürfnisse, was nicht selten zu eigenen kleinen Königreichen führt. Subchiefs sind potenzielle Anwärter auf den Stuhl des Chiefs, was für die erforderliche Konkurrenz untereinander sorgt. Die archetypische Energie des Subchiefs findet sich häufig im mittleren Management: bei Abteilungs- und Bereichsleitenden, Landesvorständen und Produktlinienverantwortlichen.

Auf den Subchiefs lastet ständig hoher Druck, ganz besonders während dieser Pandemie. Vieles muss geregelt werden, wobei sich die Regeln fortlaufend verändern. Subchiefs haben eigene Handlungsspielräume, die jedoch immer und vor allem jetzt mit denen anderer zusammenhängen. Genau diese Gruppe muss innerhalb der Regeln spezifisch zugeschnittene Wege und Maßnahmen finden. Sie muss herausfinden, wie sie mit allen in Verbindung bleiben kann, wenn jetzt viel Distanz erforderlich ist. Sie brauchen die Magier, die ihnen helfen, gute Lagerfeuer zu schaffen. Sie wollen die Sammler dabei unterstützen, zu mehr Ruhe und Routine zu finden, und die Chiefs mit ihren Erkenntnissen versorgen. Für einen Subchief ist es oft einfacher, zu viel als zu wenig zu arbeiten, was auf Dauer jedoch nicht durchzuhalten ist. Deshalb ist es essenziell, sich und anderen fürsorglich Grenzen zu setzen.

Jäger sind immer auf der Suche nach neuen Dingen. Sie ergänzen die Ernährung aus Beeren, Nüssen und Agrarprodukten um Fleisch und Fisch. Sie erkämpfen Jagdreviere und vergrößern das Territorium des Tribes. Die Jagd hat einen hohen Stellenwert, auch in Organisationen. Jäger sorgen für das Besondere und vergrößern das Stammesgebiet. Sie jagen nach neuer Kundschaft, großen Aufträgen, neuen Dienstleistungen und neuen Produkten. Sie verfeinern und erneuern ständig ihre Techniken. Sie stehen auf dem Podium, um die Geschichte ihrer Funde und des Tribes zu erzählen. Sie sorgen für Erneuerung und Innovation, um ständig für die Zukunft gerüstet zu sein. Die Energie von Jägern haben Menschen, die erneuern, nach draußen gehen, den Rahmen der Organisation aufbrechen oder sich mit ungekannter *nerdiness* an Produktentwicklung oder Prozessverbesserung festbeißen. Die archetypische Energie des Jägers findet man bei F&E (Forschung und Entwicklung), bei der Special Sales Force und bei Superspezialisten.

Jäger-Energie ist in dieser Zeit des Suchens nach neuen Wegen sehr bedeutsam. So können wir beobachten, dass sehr viele Menschen auf die Jagd gegangen sind. Auch solche, die normalerweise keine Jäger sind. Es ist wichtig, dass sie nun auch wieder zurückkehren können, um aus ihrer eigenen ursprünglichen Kraft heraus die Dinge zu erledigen, die ebenfalls sehr wichtig sind. Und dass gute Jäger den Spielraum bekommen, vollständig fokussiert für Erneuerung zu sorgen.

Sammler sichern den täglichen Rhythmus von aufstehen, essen, schlafen. Sie sind die Versorger des Tribes, ziehen die Kinder groß, sorgen für schmackhaftes Essen, für saubere Häuser, Kleidung und Wasser. Rituale und Feste stellen für Sammler ein wichtiges Bindungsinstrument dar. Sammler sind auch das Frühwarnsystem des Tribes. Da sie sich so nahe an der Natur und den Grenzen des Dorfes bewegen, bemerken sie als erste, dass Gefahr droht. In Organisationen sind Sammler die *fee-earners*, also Mitarbeitende, die dem Unternehmen direkt Einnahmen erwirtschaften. Sie führen die Kernaufgaben der Organisation aus. Wenn die Sammler gute Arbeit leisten, beeinflusst das in hohem Maße die Unternehmensergebnisse. Sie haben eine größere Nähe zur Kundschaft oder den Produktionsprozessen als alle anderen und wissen oft sehr gut, was in der Organisation nicht stimmt. Nicht immer können sie dieses Wissen an Chief, Jäger und Magier weitergeben. Und nicht immer passen die Veränderungen, die vorgeschlagen werden, zu den Erfahrungen der Sammler in der Organisation.

Häufig versuchen Sammler Probleme dadurch zu lösen, dass sie noch härter arbeiten und sich noch intensiver kümmern. Oft werden sie voneinander stärker beeinflusst als durch die Chiefs, die hierarchisch über ihnen stehen. Was man von Kolleg:innen hört ist einfach viel glaubhafter als das, was von der Geschäftsleitung kommt. Die archetypische Energie der Sammler findet sich bei Mitarbeitenden in der Geschäftsleitung, in der Finanzverwaltung, im Kundendienst, im regulären Vertrieb und bei allen, die in großer Nähe zu den Kernprozessen stehen und die alltäglichen Arbeiten verrichten, mit denen das Unternehmen sein Geld verdient: Coaches, Lehrkräfte, Pflege-kräfte, Produktionsmitarbeitende. Oft wird übersehen, dass Sammler über sehr viel interne Macht verfügen. Da ihre Arbeit auf den ersten Blick wie Routine wirkt, werden sie häufig nicht gesehen, ein wenig vergessen oder unterschätzt.

Während der Krise haben die Menschen dieser archetypischen Rolle dafür gesorgt, das alles am Laufen blieb. Von Regalauffüllenden über Pflegekräfte bis hin zur Planung … Viele Sammler sind mit auf die Jagd gegangen, sie konnten nicht anders. Schnell neue Dinge lernen, Prozesse umkrempeln, völlig neue Wege für Kundenkontakt finden – das fiel nicht allen leicht und hat hier und da für viel Stress gesorgt. Sammlern nützt es, schnell wieder eine Routine zu finden, auch wenn nur vorübergehend, und ihnen helfen Rituale und Momente, die Verbindung und Rhythmus schaffen. Zudem sind sie, aufgrund ihrer großen Nähe zu Umsetzung und Kundschaft, eine äußerst wertvolle Informationsquelle für weitere Entscheidungen und den einzuschlagenden Kurs.

Magier sind die tribalen Archetypen, die für das Außergewöhnliche sorgen, für das Gespräch, das sonst nicht geführt würde. Wo der Chief für die transaktio-nalen Bulletpoint-Meetings steht, schaffen die Magier die transformationellen Lagerfeuer (siehe Kapitel 6). Sie fangen Kummer auf und spenden Trost. Sie helfen, das Band zwischen Menschen und Göttern aufrechtzuerhalten, und fas-sen Religion, Magie und Ritual in Worte. Magier schaffen Raum für das Gespräch und vollbringen Wunder. Sie verfügen über ein umfangreiches Wis-sen. Sie sind ein Knotenpunkt für Informationen, denn alle Menschen im Dorf kommen für weisen Rat und Rituale mit ihren Sorgen zu ihnen. Magier sind die Sinnstiftenden. Sie kümmern sich um die Seele des Tribes, sie sind die Hüter der

Dialoge und außergewöhnlichen Gespräche. Als Chief und als Gemeinschaft sollte man ihnen wirklich gut vertrauen können, denn sie sind imstande, das Denken des gesamten Tribes zu beeinflussen.

Die archetypische Energie von Magiern findet sich bei Personen, die beratend tätig sind, bei internen und externen Coaches, denjenigen, die Impulse geben, die künstlerisch aktiv sind, bei »freien Radikalen« und auch in der HR. Es sind die Menschen, die andere und den Tribe in Kontakt bringen mit ihrem Kern und Zweck auf Erden. Es sind die Intellektuellen, die mehr an Ideen als an Handlungen, Entscheidungen und Zielen interessiert sind. Es sind die Fachleute, die Dinge wissen, die niemand sonst weiß. Es sind die Kunstschaffenden, die Sie berühren und Ihnen einen anderen Blick auf die Dinge vermitteln. Meistens findet man diese Energie beim Personal, seltener in der Leitung. Es sind die Personen, die sich der Musik verschrieben haben, die die Brücke zwischen dem Normalen und dem Außergewöhnlichen schlagen. Es sind die Menschen, die Gespräche über das Außergewöhnliche, über Veränderungen, Übergänge, Gefühle, Ideen und die Zukunft führen dürfen.

In Zeiten von Liminalität werden Magier dringend gebraucht. Sie helfen, diese Zeit zu deuten und zu verarbeiten. Sie führen Rituale aus und erfinden neue, wenn es erforderlich ist. Magier bewirken, dass Menschen zusammenkommen, was mit Corona nicht mehr auf herkömmliche Weise möglich ist. Viele von ihnen müssen sich deshalb selbst neu erfinden. Zudem werden sie in Organisationen und in der Gesellschaft ziemlich oft durch Geschäftsinteressen oder die Notwendigkeit von Bulletpoint-Meetings überstimmt. Doch wenn wir aus diesem Chaos eine neue Wirklichkeit erschaffen wollen, sind Magier unentbehrlich. Sie sind, wie Sie im folgenden Abschnitt lesen können, die Anführenden in der Liminalität. Sie verwandeln eine normale in eine magische Zeit, in der Veränderung stattfinden und die Zukunft sich entfalten kann.

Die **Ältesten** sind das externe Gewissen der Gruppe. Sie sind die Hüter des Tribes als Ganzes. Sie können tot oder lebendig sein. In vielen Tribes sind sie die verstorbenen Vorfahren, derer man gedenkt und die mit verschiedenen Ritualen geehrt werden. Manchmal sind unter den Ältesten auch solche, die früher einmal Chief waren. Sie haben für einen jüngeren Chief den Platz geräumt, werden aber noch immer auf vielfältige Weise zurate gezogen – um über die Vergangenheit zu erzählen oder um altes Wissen an die jüngeren Generationen weiterzugeben. Häufig bewahren die Ältesten die Tradition, die Seele und die Existenzberechtigung des Stammes. Sie wissen, warum die Dinge so sind, wie sie sind, wissen um die Geschichte, und mit diesem Wissen warnen sie den Tribe vor zu viel Veränderung oder Modernisierung oder geben ein Zeichen, wenn es Zeit für Veränderungen ist. Sie sind die Sparringspartner des Chiefs, dürfen jedoch nicht seinen Platz einnehmen. Häufig haben sie zudem eine symbolische Funktion. Die archetypische Energie der Ältesten findet sich in Aufsichts- und Beratungsgremien sowie Ältestenräten.

Um ehrlich zu sein, fehlt mir der rechte Blick auf das Verhalten der Ältesten in diesen Corona-Monaten. Ich hoffe, dass sie als würdige Sparringspartner die Chiefs unterstützen, vielleicht für kurze Zeit auf dem Chefsessel gesessen haben, ihn aber auch recht schnell wieder freigegeben haben.

Reflexion zu tribalen Archetypen

Die tribalen Archetypen bieten einen guten Rahmen, um einmal Folgendes miteinander zu besprechen: Welche archetypische Rolle habe ich gerade inne? Welche habe ich bisher innegehabt und was ist damit in dieser liminalen Zeit passiert? Wie kann ich wieder mehr aus meiner Kraft heraus agieren?

8.5   Zwei Arten von Führung

Liminalität erfordert zwei Arten von Führung. Auf der einen Seite Führungskräfte, die das Tagesgeschäft managen, das normale Leben und alle Aufgaben,
die erledigt werden müssen. Diese nenne ich die Chiefs (Personen im Management, in der Projektleitung). Daneben ist in einer liminalen, außergewöhnlichen
Situation eine völlig andere Art von Führung erforderlich, mit explizitem Fokus
auf Deutung, Sinngebung, Geschichten, Emotionen und Identität. Diese Rolle
übernehmen traditionell die Magier eines Tribes. Das sind beispielsweise die
Medizinmänner der Cherokee, wie ich das in Abschnitt 8.2 beschrieben habe.

Magier haben das Mandat, den Vorständen zu sagen, dass sie sich in einem
Kreis aufstellen sollen und nach vorn treten müssen, wenn sie etwas sagen
möchten. Oder dass sie einen Haka[2] tanzen müssen. Sie können ein seltsames Ritual auf eine Weise einsetzen, wie es eine Führungskraft oder der
CEO nicht tun könnte. Das wäre dann doch komisch. Häufig holen wir uns
Magie von außen, weil es Außenstehenden leichter fällt, die fest gefügte
Ordnung unserer Annahmen durchzurütteln.

Viele Chiefs haben den Hang, die alltägliche Ordnung zu hüten. Das gehört
zwar zu ihrer Rolle, doch in Zeiten von Transformationsprozessen ist das
nicht immer sinnvoll. Es sind die Magier, die die Veränderungen begleiten
und den Abweichungen und neuen Trampelpfaden mit Interesse folgen, sie
beobachten und ihnen nachspüren. Chiefs sind gut beraten, ihnen zuzuhören. Und Magier ihrerseits sind gut beraten, den Chiefs zuzuhören. Beide
brauchen einander, um spontane Veränderungen voranzubringen – in Meinungen, Geschichten und Sinnstiftung ebenso wie in der neuen Alltagsordnung. Vor allem in Zeiten von Corona. Magie und Rituale geben uns Halt in
langwährenden unsicheren Situationen. Es vermittelt uns ein Zusammengehörigkeitsgefühl. Deshalb haben wir in den ersten Wochen scharenweise
von Balkonen aus gesungen. Deshalb werden die neuen Routinen und Rituale aus Kapitel 5 nun so sehr gebraucht. Und darum stellt sich auch die

---

2.   Anm. d. Übers.: Der *Haka* ist ein ritueller Tanz der Maori
      (*https://de.wikipedia.org/wiki/Haka*).

wichtige Frage: Haben Sie diese beiden Rollen gut besetzt? Wer trägt in diesen Zeiten den Veränderungsprozess? Haben Sie jemanden damit beauftragt? Und wen? Manchmal sehe ich, dass die Rolle des Magiers einem Trainee übergeben wird, der schöne Events organisieren kann. Beziehen Sie jungen Menschen unbedingt mit ein, aber sorgen Sie dafür, dass ihnen seitens der Geschäftsführung ein gestandener Magier zur Seite steht, der als gleichberechtigter Gesprächspartner mit dem Chief besprechen kann, was die Organisation braucht.

*Die gesamte Facility-Abteilung saß während des ersten Lockdowns wochenlang zu Hause, ohne Arbeit. Kroketten machen und Kopieren geht nicht von zu Hause. Jeder von uns war glücklich, als wir wieder zur Arbeit gehen konnten. Aber es gibt auch die Angst vor Ansteckung und großen Gruppen. Anfällige Kolleginnen und Kollegen oder solche mit einem gefährdeten Partner blieben lieber zu Hause. Alles ist eine zweischneidige Sache. Wir arbeiten an einer Hochschule, also mit vielen Studierenden, die zur Gruppe der Virus-Spreader gehören. Und so fühlen sich Mitarbeitende und Dozierende unsicher, doch das Arbeiten von zu Hause aus hat auch seine Schattenseiten. Ständig muss man umschalten, wenn sich Maßnahmen verändern, wenn sie verschärft oder gelockert werden … Menschen verlieren den Überblick. Wir hören viele »Wie war das noch mal«-Fragen. Diese Situation erfordert wirklich eindeutige Führung mit Führungskräften, die in ihren Entscheidungen und Aussagen konsequent sind. All das stellt auch hohe Anforderungen an die Flexibilität der Menschen. Und die geht ab und an verloren. – **Erfahrung aus dem Feld***

Krisenentscheidungen und Richtlinien wahren

Neben der Notwendigkeit, Geschichten und Emotionen zu teilen, müssen in dieser Zeit auch regelmäßig unpopuläre Entscheidungen getroffen und umgesetzt werden. Das ist die Aufgabe des Chiefs – aber auch die von Menschen am Krankenbett, der Polizei im Einsatz, den Lehrkräften im Klassenzimmer und den Mitarbeitenden des Hotel- und Gaststättengewerbes. Das fällt im Augenblick nicht immer leicht, weil die Maßnahmen nicht immer klar sind und sich regelmäßig ändern können. Es hilft enorm, wenn die Geschichte, die hinter den Maßnahmen steht, für alle klar und verständlich ist. Das ist derzeit nicht der Fall. Deshalb werde ich im letzten Kapitel über eine gemeinsame Geschichte, ein kollektives Narrativ sprechen. Inzwischen müssen wir mit dem klarkommen, was wir haben, und das ist nicht immer einfach.

Durchhalten in der liminalen Phase

Der Umgang mit der Verwirrung, die Menschen während der Liminalität aufgrund der fehlenden kulturellen Rahmenbedingungen und der Unsicherheit über ihre soziale Position erleben, erfordert eine Reihe von Maßnahmen:

- Nutzen Sie Rituale: Schauen Sie zurück und nach vorne und grenzen Sie Übergangsmomente rituell ab, sodass alle sich orientieren können.
- Managen Sie die Unsicherheit: Vermitteln Sie kein falsches Gefühl der Sicherheit, erklären Sie, dass Veränderung verwirrend und schmerzhaft ist, und geben Sie Orientierung und Deutung; sorgen Sie für eine Vision durch Kontakte nach außen und nach oben; erzählen Sie Geschichten und hören Sie zu; ritualisieren Sie Erfolge und Rückschläge; und vergessen Sie nicht: Es ist erst vorbei, wenn es vorbei ist.
- Ermutigen Sie zum Lernen in konfusen Zeiten: Nutzen Sie die liminale Phase zum Lernen und zum Kulturtransfer; gerade in verwirrenden Zeiten lernen die Menschen am meisten.
- Verhalten Sie sich rollenbewusst: Unterscheiden Sie zwischen der verantwortlichen Person für das Tagesgeschäft (Chief) und der verantwortlichen Person für das Außergewöhnliche (Magier).

Ich will

Ich will, dass man auf Abstand bleibt
So wie die Wissenschaft beschreibt
Dass jeder nun begreift, das ist so groß …
Jetzt kein politisches Gefecht
Menschsein stattdes', begreif nur recht
Wir tanzen in der Dämm'rung mit dem Tod

Ich will dich wieder nah und froh
Drei Küsschen, das gehört sich so
Und dann nach Pisa, Potsdam oder Pampelona
Nur um zusammen wegzufahr'n
Die langen Stunden in der Bahn
Und niemand (niemand!) spricht mehr von Corona

Kein »Was hab ich euch gesagt?!«
Nicht noch mehr Regeln, ungefragt
Und keine Uniformierten, die kontrollieren
Will keinen Lockdown wochenlang
Mir ist vor etwas Ruh' nicht bang
Doch die Familie würd' das wirklich deprimieren

Ich will ganz einfach ins Café
Möcht an den Ouderkerker-See
Und anderthalb Meter dann obsolet
Will Frühling so wie immer hier
Du mit mir und sie mit ihr
Will dass es allen besser geht
Ja, allen wieder besser geht …

Dolf Jansen

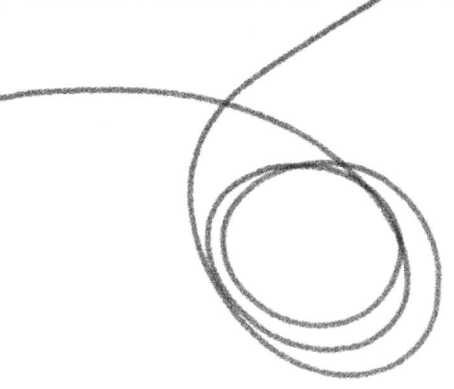

9

Schaffen Sie Perspektive: Schöpferkraft

Die Zukunft ist unsicher. Das ist die Zukunft natürlich immer, doch aufgrund der Corona-Pandemie noch ein wenig mehr. Nachdem wir uns durch den Corona-Kulturschock etwas von unserer alten Normalität gelöst haben, bietet sich uns eine außergewöhnliche Möglichkeit zu gestalten. Ich glaube nicht, dass alles möglich ist, aber ich bin überzeugt, dass unser Verhalten den Lauf der Dinge beeinflussen kann. Wir können unsere Träume in die Zukunft projizieren und versuchen, sie durch unsere Worte und Taten im Hier und Jetzt zu verwirklichen. Wir können unsere Alpträume bändigen, indem wir heute vernünftig miteinander umgehen und weise Entscheidungen treffen. Menschen schaffen gemeinsam Kulturen und Kulturen schaffen Menschen. Ein historischer Augenblick – was werden wir damit anfangen?

Die Zukunft auf lange Sicht.

Positiv: *Corona war der Schock, den wir gebraucht haben. Die Erde ist gerettet.* Negativ: *Die Erde ist ein schrecklicher Ort, eine Klimakatastrophe folgt der nächsten. Wir sterben aus.* – **Erfahrung aus dem Feld**

Das ist ein Kapitel über das Schaffen von Kultur, um mit positiver Energie Antworten auf Fragen wie die folgenden zu finden: Können wir uns schnell genug entwickeln, um mit den Veränderungen Schritt zu halten? Was wird uns die Zukunft bringen? Was können wir hiervon lernen? Wie können wir weiter in Möglichkeiten denken? Wie sorgen wir dafür, dass wir diese Zeit nicht damit verschwenden, in der Vergangenheit hängen zu bleiben?

*Ich gehe davon aus, dass die Welt nie wieder so sein
wird wie vor Corona. Die Menschen werden nie wieder so »verschmust« sein, es wird mehr digitale Nomaden geben und die aktuell entstandenen Gegensätze
und Polarisierungen werden auf die eine oder andere
Weise einen bleibenden Effekt haben. Und diese Periode ist ein Katalysator für Innovation. Deshalb sehe
ich die Veränderungen nicht nur negativ, im Gegenteil,
ich denke, es wird auch viel Gutes entstehen.*
– Erfahrung aus dem Feld

9.1 Perspektive und Schöpferkraft

Wir sind gezwungen, andere Entscheidungen zu treffen. Über so praktische
Dinge wie Online-Zusammenarbeit und die sinnvolle Nutzung technischer
Möglichkeiten. Aber auch über moralische Fragen wie: was wir in unserer
Arbeit, der Familie, der Gesellschaft und der Welt wirklich wichtig finden.
Die praktischen organisatorischen Fragen stehen mit allem anderen um uns
her in Verbindung. Mit unserer Müdigkeit, dem Stress, dem Suchen in der
Unsicherheit, dem sich Verlieren durch die physische Distanz, dem Ärger
über zu viel oder zu wenig Maßnahmen, der Unmöglichkeit sich zu umar-
men und aus nächster Nähe in die Augen zu schauen, die Angst vor dem Leben und dem Tod ... all das sind wesentliche, zutiefst menschliche Gefühle.
Die praktischen Fragen vermischen sich mit all diesen Emotionen. Wir er-
richten nun hybride Organisationen – wegen einer Katastrophe, und nicht,
weil wir das alle gern wollen. Wir fühlen Verlust und entdecken neue Wege,
die plötzlich unverhoffte Vorteile versprechen. Hybride Führung in dieser
Corona-Krise beinhaltet praktische Dinge, aber auch um den Umgang mit
tiefen Gefühlen.

*An alle, die mir privat mitteilen, dass ich aufgrund meiner Follower-Zahl positiver sein sollte. Ich habe in 27 Jahren Unternehmen noch nie zuvor so viel Verzweiflung und Panik und sogar Selbstmordtendenzen bei meinen Mit-Unternehmern erlebt. Ich werde das nicht schönreden. – **Tweet von Petra de Boevre, Mädchen aus dem Spirituosenladen***

Perspektive

Wir haben keinen direkten Einfluss auf die Corona-Maßnahmen, und schon gar nicht auf die Launen des Virus'. Die fehlende Aussicht auf Verbesserungen wirkt auf viele Menschen lähmend. Deshalb ist es jetzt bitter nötig, sich Ziele zu setzen, sodass man gemeinsam auf etwas hinarbeiten, sich auf etwas freuen und, wenn es gelungen ist, den Erfolg feiern kann. Perspektive gibt Halt und Energie. Sie fördert kreative Schöpferkraft im Team und ist ein gutes Gegenmittel gegen Lähmung. Finden Sie deshalb gemeinsam heraus, worauf Sie einen Einfluss haben. Sie können sich mit Ihrem Team klare kurzfristige Ziele setzen. Projekte starten, die unabhängig von Corona-Launen sind. Veränderung geht immer mit Entscheidungen einher und Sie können heute schon entscheiden, wie hybrid sie in Zukunft zusammenarbeiten wollen.

An meinen schlechten Tagen denke ich: Mein Berufs-
stand ist tot. Ich denke in Jahreszeiten. Im nächsten
Frühjahr wird es besser. Jetzt geht es nur darum, Tag
für Tag durchzukommen. Ich stelle fest, dass ich Wör-
ter wie »behalten« und »vermissen« am häufigsten ver-
wende. – Erfahrung aus dem Feld

Entwickeln Sie eine Strategie

Um zu überleben, müssen Sie sich an Ihr Umfeld anpassen. Und wenn sich
die Umgebung schnell verändert, müssen Sie Mittel und Wege finden, um
sich mitbewegen und antizipieren zu können. Im Idealfall, indem Sie ausgehend von einer klaren Strategie flexible Entscheidungen treffen. Nun kommt
es auf gutes Improvisieren an, was etwas völlig anderes ist, als wirr auf alle
möglichen Impulse zu reagieren, in der Hoffnung, dass Sie mit derlei ad hoc
Entscheidungen schon irgendwie durchkommen. Mit einer guten Strategie
wissen Sie genau was zu tun ist, um das Positive in dem was war, beizubehal-
ten, und das was sein wird, in Worte zu fassen. Erarbeiten Sie deshalb eine
Strategie mit drei Elementen: Ehrgeiz, Umfeld und Zukunft.

Ehrgeiz bedeutet, wofür Ihre Organisation steht, was ihre Existenzberechtigung ausmacht. In Abschnitt 3.2 habe ich bereits über das Definieren der
Organisationskultur gesprochen. Sie spielt auch hier eine wesentliche Rolle:
woher kommen Sie, was wollen Sie behalten, was ist der Kern, der Mehrwert, was ist die Seele der Organisation? Wenn Sie all das klar vor Augen
haben, lassen sich leichter Entscheidungen für die Zukunft treffen. Starten
Sie bei der Mission Ihrer Organisation und schauen Sie ganzheitlich auf das
Jetzt und auf die Zukunft. Die Zukunft ist die Vision, die Sie erschaffen, um
Ihrem Handeln Sinn zu geben. Wie die Zukunft genau aussehen wird, lässt
sich natürlich nicht vorhersagen, doch die tägliche Arbeit an einem höheren
Ziel sorgt für Fokus und Motivation. Wie weit man vorausschauen kann

oder muss, unterscheidet sich nach Branche, Tätigkeitsfeld und Produkt. Entscheidungen für die Zukunft müssen Sie im Jetzt treffen. Das wird Ihnen nur dann möglich sein, wenn Sie ein wachsames Auge auf das Umfeld haben, das dritte Element der Strategie. Die Umgebung im Auge zu behalten bedeutet zu wissen, was der Markt, die Konkurrenz, die Kundeschaft machen. Was sind die Trends? Zahlen Sie darauf ein? Werden Sie Vorreiter oder warten Sie noch ab? Was verlangt Ihr Ehrgeiz, Ihre Zukunftsvision?

Diese Corona-Zeit ist voller komplexer Probleme, ohne klare zeitliche Begrenzung und selten mit dem Gefühl, den Lauf der Dinge unter Kontrolle zu haben. Wenn es gelingt, sich gemeinsam auf ein herausforderndes kurzfristiges Ziel zu fokussieren, das auf die langfristige Strategie einzahlt, kann in diesem Chaos ungeheuer viel Energie freigesetzt werden. Also nicht einfach nur ein paar kleine Projekte, sondern sinnvolle Aktionen, die zum großen Ganzen beitragen. Gemeinsam Schritt für Schritt, immer improvisierend mit allem, was kommt, an etwas Größerem bauen. Ich bin nicht davon überzeugt, dass wir den Lauf der Dinge vollständig kontrollieren können, selbst nicht mit detailliert ausgearbeiteten Stufenplänen. Aber ich glaube, dass wir uns mit einem globalen Plan und klar formulierten Ausgangspunkten mit allen unerwarteten Veränderungen und Rückschlägen gut mitbewegen und improvisieren können. Dabei ist die Geschichte, die wir einander erzählen, außerordentlich wichtig.

Narrative of Change – die Geschichte der Veränderung

Erschaffen Sie gemeinsam mit Ihrem Team ein Bild von der Zukunft, dass herausfordernd und zugleich real genug ist. Etwas, woran alle glauben können, wozu alle gehören möchten, woraus Sie gemeinsam Hoffnung schöpfen können. Diese Geschichte, dieses Narrativ, spielt eine nicht zu unterschätzende Rolle bei der Lösung komplexer Probleme. Sie gibt uns eine Sprache und Rahmenbedingungen, innerhalb derer wir selbst etwas unternehmen können, statt machtlos abwarten zu müssen, bis »die Politik« oder »das Management« etwas unternehmen. Sie schafft Übersicht und Einsicht, was wiederum zu Ruhe, Energie und Zusammengehörigkeit führt.

Corona ist Mist, aber wie ich das sehe, ist es ein kalt-
blütiger Katalysator. Es macht gnadenlos sichtbar, was
in den Schatten der Gesellschaft bereits existierte: die
ungleichen Arbeitsbedingungen, die Auswirkungen des
freien Marktes im Gesundheitswesen und anderen Be-
reichen, die übermäßige Flexibilisierung, die schlechten
Ausgangsbedingungen für junge Menschen. Die Klima-
auswirkungen. Alles schreit nach einer Neu- oder
Umgestaltung des Wirtschaftssystems, was wiederum
Auswirkungen auf die Arbeit haben wird. Ich hoffe,
dass mehr Menschen den Wert von Solidarität und ei-
ner inklusiven Gesellschaft erkennen werden.
– Erfahrung aus dem Feld

An etwas glauben und auf etwas hoffen

Durch die Corona-Maßnahmen müssen wir alle Opfer bringen. Vorzugs-
weise für etwas, woran wir glauben und wovon wir hoffen, dass es gelingt.
Kein Horrorszenario, entstanden aus Ängsten und Einschränkungen. In
»De Volkskrant« las ich ein Interview mit Rudi Westendorp, ein Geriater,
der monatelang Mitglied des Corona-Beraterteams in Dänemark war. Er
vergleich das Corona-Virus mit dem HIV-Virus: »Corona ist auch eine
SÜK[1], jedoch keine sexuell, sondern eine sozial übertragbare Krankheit.
Aus der Aids-Epidemie haben wir gelernt, dass wir die Zahl der Sexualpart-
ner:innen einschränken müssen und keinen ungeschützten Sex haben soll-
ten. Nun lernen wir, dass wir das Zusammensein in ständig wechselnden
Gruppen vermeiden sollten und uns voreinander schützen müssen, durch
Mund-Nasen-Bedeckung und indem wir aufs Händeschütteln verzichten.
[...] Wir werden unser Sozialverhalten beschränken müssen, ich würde

---

1.   Anm. d. Übers.: SÜK – Sexuell übertragbare Krankheit bzw. Erkrankung
      (*https://de.wikipedia.org/wiki/Sexuell_%C3%BCbertragbare_Erkrankung*)

sagen: Wir brauchen ein soziales Kondom.« Ich finde das ein hervorragendes Beispiel für ein schlecht formuliertes Zukunftsbild.

Ein soziales Kondom. Es macht mich wütend, weil ich nicht daran glauben *will*. Ich finde, das ist ein fürchterliches Zukunftsbild für mich und alle unsere Kinder. Es gibt wenig Hoffnung. Es *muss* einfach bessere Optionen geben, aus denen wir Energie schöpfen und in Möglichkeiten denken können, statt in Beschränkungen. Hoffnung bedeutet, nach Perspektiven zu suchen, und sei es nur durch winzige Gucklöcher. Ohne Hoffnung wird das Leben aussichtslos. Ich weiß auch nicht, was für Corona das beste Szenario ist, aber es gibt zum Beispiel die Ansicht, dass Menschen, die in Gebieten mit hoher Luftverschmutzung leben, anfälliger für ein Virus wie COVID-19 sind. Für mich ist es ein hoffnungsvolleres Szenario, überall für saubere Luft zu sorgen, indem beispielsweise ein landesweites Projekt »Nie mehr Staus« gestartet wird. Oder Präventionsprojekte, um einen gesünderen Lebensstil zu propagieren und gesundes Essen weltweit für alle bezahlbar zu machen. Oder dass wir das Hin und Her mit lebenden und toten Tieren rund um die Welt einschränken, um die Wahrscheinlichkeit von Virusausbrüchen zu verringern. Oder … An etwas zu glauben heißt, darauf zu vertrauen, dass es bereits Wirklichkeit ist oder werden kann. Hoffnung hält Sie in einer Realität fest, die zwar nicht greifbar, aber gefühlt möglich ist.

Reflexion über Ihre Zukunftsgeschichte

Sie können vielleicht nicht die Zukunftsgeschichte des Landes beeinflussen, doch die Geschichte Ihres Teams, Ihrer Abteilung und Organisation liegt durchaus in Reichweite. Was ist ein Szenario, an das Sie glauben und auf das Sie hoffen können? Woran möchten Sie auch morgen noch arbeiten?

Negatives erregt mehr Aufmerksamkeit als Positives

Hoffnung macht verletzlich, ebenso wie Glaube, weil sie Rückschläge außer Acht lässt, wie sehr Sie sich auch darauf einstellen. Doch Rückschläge sind unvermeidlich. Zudem ist es leider so, dass Schwarzmalerei, Zweifel säen und negativen Klatsch streuen einfacher ist, als konstruktive, positive Gedanken zu erzählen. Denken Sie nur an den Schulhof oder die Betriebskantine, wo wir nur zu gern über die letzten Gerüchte tuscheln. Oder an die sozialen Medien, auf denen wir alles tweeten und liken. Aufregung ist gut, denn dann kann man schreien und zetern. Außerdem, wo Rauch ist, ist auch Feuer … Lassen Sie mich diesen Satz umdrehen. Wenn wir solchem Rauch nichts entgegensetzen, kriegen wir wirklich Feuer. Und das ist keinesfalls das Feuer, von dem ich träume.

Abb. 9–1   Corona-Humor. Humor ist ein wichtiges Mittel, um uns zum Denken anzuregen.
(Quelle unbekannt)

Die Kraft der Worte

Worte haben Schöpfungskraft. Wie Sie und ich und wir über diese Zeit reden, hat Auswirkungen. Worte rufen Gefühle wach. Jedes Wort, dass Sie sprechen, löst bei anderen einen Gedanken aus. Und jeder Gedanke formt ein Bild. Negative Worte haben einen negativen Einfluss, positive Worte einen positiven. *Pick the frame before the frame picks you.* Wie sprechen Sie in Ihrer Organisation über Corona und die Zukunft? Ziehen Sie sich gegenseitig runter? Tun Sie so, als wäre nichts? Geben Sie einander Hoffnung?

Wie soll man mit falscher Hoffnung umgehen? Ich vertraue darauf, dass wir an so vielen Stellen wie möglich nach Lichtblicken suchen und realistisch und voller Optimismus über Dinge reden, die innerhalb der Einschränkungen möglich sind.

Mein Herzenswunsch gilt unseren Kindern. Die nach Corona geboren sind, werden es nicht mehr gewohnt sein, sich in großer Zahl auf Arbeit oder Hochzeiten oder Beerdigungen zu treffen, sich die Hand zu schütteln und drei Küsschen zu geben, ohne Maske oder unter anderthalb Meter Abstand. Wie wird sich die soziale Interaktion und die Bindung zwischen den Menschen entwickeln? Ich wünsche unseren Kindern eine schöne, soziale und sichere Welt. Und ich hoffe, dass ich ihnen noch lange die bedeutsamen Dinge unserer Zeit vermitteln kann. – Erfahrung aus dem Feld

Vorstellungskraft

Um an etwas glauben zu können, was man nicht sehen kann oder das es noch nicht gar nicht gibt, braucht es Vorstellungskraft. Wird ein Zukunftsbild mit der richtigen Vorstellungskraft präsentiert, so kann man etwas vor sich sehen, was noch nicht ist, aber durchaus sein kann. Man kann es sogar riechen, hören und schmecken. Es geht um Bilder, die unsere Fantasie anregen. Starke Geschichten, die Energie freisetzen, die Neugier auf mehr wecken und die dem Unsichtbaren Raum geben. Wenn wir keinerlei Vorstellung davon haben, was hybrides Arbeiten für uns bedeutet, werden wir daraus in der Regel auch keine Energie ziehen. Geben Sie ein paar Randbedingungen vor und lassen Sie gemeinsam mit Ihrem Team der Fantasie freien Lauf. Wagen Sie es, in großem Stil zu denken. Das ist eine Zeit voller

Ideen und Konzepte, die wir miteinander greifbar machen müssen. Laden Sie Künstler, Musiker und Schriftsteller ein. Die können dabei unterstützen, Ideen Gestalt zu geben. Wichtig ist, dass Sie so viele Ideen wie möglich für die Zukunft sammeln. Ideen, keine Lösungen. Die Lösungen kommen später, wenn Sie die Ideen und Ideale verwirklichen. Vorstellungskraft bedeutet, innerhalb weniger Randbedingungen eine Geschichte voller Hoffnung und Anziehungskraft zu finden.

Ich spüre, dass ich gar nicht so sehr in das hektische Leben zurück will und mir mehr Zeit für die Dinge nehmen möchte, die sich entfalten. Wir haben eine Reise zu innerer Einkehr vor uns. Ich hoffe, dass wir demnächst sagen können: »Wir haben unsere Lektionen gelernt und Schritte in Richtung einer besseren Welt unternommen«. – Erfahrung aus dem Feld

Eine kraftvolle und energiegeladene Zukunftsgeschichte

Welche wilden Ideen, Ausblicke und Ideale haben Sie als Team? Wofür wollen Sie sich einsetzen? Welche der positiven Aspekte dieser Zeit können Sie verstärken und vergrößern? Erschaffen Sie eine kraftvolle, energiegeladene Geschichte mit Gespür für alle unterschiedlichen Perspektiven, Ängste und Hoffnungen. Eine Geschichte mit der rechten Balance zwischen Vernunft, Fakten und Fiktion. Fiktion? Ja, es muss schon eine emotional ansprechende Geschichte werden, die ein Ideal verkörpert, eine kollektive Fantasie, an die wir alle glauben können. Eine Geschichte mit (neuen) Regeln, die neues Zusammenarbeiten und Zusammenleben ermöglichen, die herausfordernd, aber doch noch umsetzbar sind. Eine Geschichte, die Ecken hat, aber nicht zu viele. Bei der man unabhängig von seinen Ansichten zu Corona gern mitmachen will. Eine Geschichte, die anregt und neugierig macht. Die grandios und mythisch ist, zugleich aber auch klein und praktisch genug, um sofort mit der Umsetzung zu beginnen. Die in moralischen Fragen Orientierung bietet. Eine Geschichte mit Blick für Erneuerung. Eine Nuance. Ein Zweifel, denn Zweifel vergrößert die Welt. Es braucht nicht sofort eine grandiose, stimmige und vollständige Geschichte zu sein. Es darf auch einfach ein Anfang sein, an den wir glauben und aus dem wir Hoffnung schöpfen können. In einer Sprache, die uns berührt und weiterbringt. Visualisieren Sie, finden Sie passende Musik, erstellen Sie ein Stimmungsboard, erfinden Sie passende Rezepte, wählen Sie dazu passende Parfums und geben Sie dieser Zukunft Farbe. Erschaffen Sie gemeinsam ein Bild und eine Geschichte, die zusammen Halt und Richtung geben und Wirklichkeit werden *könnten*. Nehmen Sie sich dafür Zeit, ob online oder offline, ganz gleich.

Das Orakel befragen

Die Zukunft als eine Geschichte vor sich zu sehen, erfordert viel Vorstellungskraft. Alle von uns verfügen über diese Kraft, doch nicht jeder Mensch kann gleichermaßen leicht darauf zugreifen. Ich nutze regelmäßig eine einfache und kraftvolle Orakelübung, die Sie so magisch oder praktisch gestalten können, wie Sie mögen. In wenigen Schritten können Sie Ihren eigenen Trend beobachten. Ein wundervolles Hilfsmittel, um gemeinsam eine detailreiche und anschauliche Geschichte für die kommende Zeit zu kreieren.

Orakel-Übung

Ehe ein Orakel befragt wird, unterziehen sich Menschen meistens einer Reihe von Reinigungs-, Unterwerfungs- und Opferritualen. Ich denke, dass es für dieses Orakel und in dieser Zeit ausreicht, sich die Hände zu desinfizieren. Sie brauchen eine Packung Fotokarten. Die gibt es in verschiedenen Varianten zu kaufen, in den Quellenangaben zu diesem Kapitel finden Sie als Beispiel die Karten, mit denen ich gern arbeite. Sie können diese Übung allein oder mit anderen durchführen, eventuell auch online. Das sind die Schritte:

$\rightarrow$

■ Überlegen Sie sich eine Frage an das Orakel … in Formulierungen wie:
Soll ich oder soll ich nicht? Soll ich dies oder das …? Wie kann ich …?
Erläutern Sie dann Ihre Frage.

■ Ziehen Sie pro Person ohne hinzusehen vier Karten. Jede Karte steht für
etwas anderes:
  · Zukunft: Wie sieht sie aus, wenn sie Realität geworden ist?
  · Was sind Hindernisse, was erhält sie aufrecht?
  · Was können Sie selbst tun?
  · Wer oder was kann Sie dabei unterstützen?

■ Drehen Sie die Karten eine nach der anderen um, betrachten Sie die Bilder eingehend und beginnen Sie zu assoziieren. Wenn Sie die Übung
als Gruppe durchführen, können Sie gemeinsam überlegen, was die Bilder bedeuten könnten. Wer die Karte gezogen hat, darf am Ende entscheiden, was sie bedeutet.

9.2   Akzeptieren und experimentieren

Es ist verlockend, immer weiter zu reden und zu beraten, bis man alles über-
blickt und so die beste Entscheidung treffen kann. Doch dafür ist jetzt nicht
der rechte Zeitpunkt. Für Veränderung muss man manchmal Opfer bringen.
Stecken Sie den Rahmen ab und kommen Sie in Bewegung. Sie brauchen
nichts zu überstürzen. Führen Sie gute Dialoge und Debatten und betrachten Sie alle Perspektiven (Kapitel 6), hören Sie auf die Stille (Kapitel 7) und
treffen Sie Entscheidungen. Nicht unbedingt fürs Leben, sondern für jetzt.
Schritt für Schritt. Wechseln sie von Zweifel zu Tatkraft, und wieder zurück.
Immer mit der Pippi-Langstrumpf-Philosophie: Ich habe das noch nie
gemacht, deshalb denke ich, dass ich es kann. Schätzen Sie das Risiko ab
und experimentieren Sie. Im Experimentieren formt sich die Zukunft.

Unmittelbare Einsicht notwendiger Veränderungen

Der zweite Lockdown hat mich härter getroffen als der erste. Während des ersten Lockdowns war da vor allem ein überwältigendes Gefühl von etwas Neuem. Etwas, das wir nicht kannten. Bei meiner Arbeit geht es darum, was im direkten Kontakt zwischen Menschen entsteht. Im Theater entsteht alles miteinander, an genau diesem Abend und diesem Ort. Dann erlebt man etwas Besonderes. Nicht auf Distanz, sondern ganz nah dran. Das Gleiche gilt für den Unterricht an der Hochschule. Ich suche immer nach der Begegnung, nach dem Zweifel und dem Verständnis. Die gleiche Geschichte wird immer wieder anders, weil sie entsteht, während wir zusammen in *einem* Raum sind.

Während dieser ersten Periode haben wir vor allen die plötzliche Ruhe genossen und über die Hektik und den Stress der vorangegangenen Jahre nachgedacht. Damals dachten wir, wir könnten unsere Arbeit nach dem Sommer 2020 einfach wieder aufnehmen. Und dann kam der zweite Lockdown. Am Tag unserer dritten Vorauführung. Einen Monat, bevor alle Kurse wieder aufgenommen werden sollten. Inzwischen konnte man schon wieder Vorträge vor neunzig oder hundert Personen halten, wenn für ausreichend Abstand gesorgt war. Und plötzlich war auch das nicht mehr möglich. Ab diesem Moment war für mich nicht mehr die Rede von einer zu überbrückenden Periode, sondern ich wurde mir beinahe unmittelbar der Notwendigkeit von Veränderung bewusst.

Das Streben nach den Dingen, wie sie waren, erscheint plötzlich unsinnig oder zumindest opportun. Sich einzugestehen, dass über einen neuen Ansatz nachgedacht werden muss, war unvermeidlich. Ein neuer Ansatz. Andere Arbeitsformen. Dabei dennoch auf der Suche nach Wahrung des Kontakts. Von Beziehung. Von Erleben. Als erstes habe ich mich in den Entwurfsprozess unserer neuen Theatervorstellung zurückgezogen. Wo können wir im gemeinschaftlichen Zweifel innerhalb der Gesellschaft neue Hoffnung geben? Vor welchen Fragen stehen wir? Und siehe da, neue Gedanken tauchen auf. Mehr denn je denken die Menschen in unserem Umfeld mit und versorgen uns mit neuen Ideen. Wie kann die neue Art sich zu treffen aussehen? Nicht nach einer Rückkehr zum Gewesenen streben, sobald es einen Impfstoff gibt. Ich beschäftige mich viel mehr mit Dingen, die mir wichtig sind. Damit, warum ich das begonnen habe, was ich mache. Und so herauszufinden, auf welchen anderen Wegen ich das ebenfalls erreichen kann. – *Peter Heerschop, Kabarettist*

Bleiben Sie nicht hängen

Menschen tun häufig von Natur aus alles dafür, sie selbst zu bleiben und ihre Identität zu bewahren. Wir treffen radikale Entscheidungen, ziehen um, wechseln den Job und den Partner oder die Partnerin, um unsere Identität ohne große Mühe weiterführen zu können. Wir wollen gegenüber unserem eigenen Netzwerk loyal bleiben. Doch unterdessen können wir uns die Welt nicht gefügig machen, sie dreht sich einfach weiter und verändert sich jetzt sehr schnell. Deshalb müssen wir in Bewegung kommen. In der ersten Periode hatten wir zu viel um die Ohren, um uns über langfristige Dinge Gedanken zu machen. In dieser zweiten Welle ist es an der Zeit, die Perspektive zu wechseln und uns mit Innovationen und noch langfristiger an die Arbeit zu machen.

Die große Gefahr ist, im »ja, aber früher« hängen zu bleiben, im Heimweh nach dem Gewesenen zu ertrinken, im Zukunftskummer über das festzusitzen, was nicht sein wird. Das alles ist erlaubt. All das gehört zur Liminalität, in der wir uns befinden, aber setzen Sie sich und Ihrem Team ein Zeitlimit. Schaffen Sie »Hast du es auch so satt«-Rituale. Haben Sie es mal einen Nachmittag lang alles satt, weinen Sie eine Stunde, jammern Sie ein Meeting lang. Essen sie ab und zu ein extra Stück Schokolade oder etwas von diesem einen leckeren französischen Käse. Richten Sie sich irgendwo eine Wurf- und Schmeißecke ein, und singen Sie oder treiben Sie Sport, um Ihren Frust loszuwerden. Finden Sie den passenden Rhythmus für diese merkwürdige Zeit. Toben Sie ab und zu, und stehen Sie dann wieder still. Suchen Sie nach innerer Stille, aber bleiben Sie in Bewegung.

Neue Ordnung

Bei jeder Veränderung, die den Status quo in Frage stellt, steht auch die Machtordnung zur Diskussion. Wenn wir andere Dinge wichtig finden, werden wir andere Entscheidungen treffen und unser Geld anderweitig ausgeben. Wenn Sie beispielsweise unseren Umgang mit Tieren, und die gesamte Fleischindustrie, die drum herum entstanden ist, als eine der Ursachen der Pandemie betrachten, und das nicht länger unterstützen wollen, werden Sie am Samstag etwas anderes in Ihren desinfizierten Einkaufskorb legen. Sobald ein paar Millionen Menschen sich dazu entschließen, wird das in vielen Bereich zu großen Verschiebungen führen. Dasselbe gilt für Fliegen und Autofahren. Derartige Entscheidungen würden eine Reihe von Sektoren hart treffen, die sich mit großangelegten Marketingkampagnen und politischer Lobbyarbeit dagegen zur Wehr setzen werden. Liminalität ist immer eine Periode, in der neue Dinge ausprobiert werden und die alte Ordnung versucht, alles beim Alten zu belassen. Deshalb erfordern nachhaltige Veränderungen eine gute Zusammenarbeit zwischen Chiefs und Magiern. Neue Sicherheit bei den einen verursacht neue Unsicherheit bei den anderen. So läuft das bei komplexen *wicked* Problemen wie einer Pandemie, bei denen alles mit allem zusammenhängt.

Innerhalb des Gesundheitswesens hat Corona ebenfalls eine erfreuliche Entwicklung ausgelöst. Da anfangs niemand wusste, wie man mit dieser Krankheit umgehen muss, saßen Spezialisten und Pflegekräfte gleichberechtigt an einem Tisch: Sie befragten einander zur jeweiligen Fachdomäne und arbeiteten in kurzen Zyklen von Forschen, Handeln, Erfahren und Anpassen … Hand in Hand für die beste Behandlung des Patienten. Ich würde diese Ebenbürtigkeit gern beibehalten, aber wie? Daran knobele ich noch herum.
– Erfahrung aus dem Feld

Nicht alles auf einmal

Irgendetwas in mir ruft, dass wir diese Zeit nutzen müssen, um zu handeln, uns rigoros zu verändern und jetzt die Dinge zu stoppen, die wir in Zukunft nicht mehr wollen. Doch wie soll man das inmitten dieses Corona-Kulturschocks gut hinbekommen? Ich sprach dazu mit Stopp-Strategin Marije van den Berg. Hier ihre Antwort:

Achten Sie darauf, dass Sie das Gerümpel nicht mit umziehen

Das scheint der Moment zu sein, um mit Arbeitsweisen, Plänen, Projekten, Ambitionen und Regeln zu stoppen, die schon die ganze Zeit im Weg waren. Doch eine Krise ist in puncto Stoppen mit einem Umzug vergleichbar. Wenn Sie sich nicht bereits vorher überlegen, was entsorgt werden kann, nehmen Sie am eigentlichen Umzugstag das ganze Gerümpel einfach mit zur nächsten Adresse. Auch nach dieser Krise sind wir dann wieder »Zurück auf Los«. Wir können diese Zeit allerdings nutzen, um das richtige Stoppen vorzubereiten. Indem wir uns überprüfen, in diesem großen Organisations-Experiment, in dem wir fast alles gestoppt haben. Angefangen bei den stundenlangen Abstimmungs-Meetings bis zu dem sich dahinschleppenden Projekt, an das niemand mehr glaubte. Wie schön, dass es die nicht mehr gibt.

Also führen Sie gemeinsam Listen: Was haben wir gestoppt? Was bringt uns das? Was kostet das? Und: Was spricht dafür und was dagegen, es einfach so zu belassen, wenn Corona nicht mehr ist? Die Trigger für all die Regeln, Routinen und Projekte sind schließlich nicht einfach so verschwunden. Sobald wieder alle in einen einzigen Raum dürfen, dann wird die Besprechung auch wieder so geplant. Besser also, schon heute festzulegen, womit genau Sie aufhören, und somit auch nicht wieder beginnen wollen, was Sie sich dafür abgewöhnen und welche Trigger Sie dazu beseitigen müssen … Damit erhöht sich die Chance, nicht wieder anzufangen. Sorgen Sie dafür, dass Sie das Gerümpel nicht mit umziehen. – *Marije van den Berg, Stopp-Strategin und Autorin des Buches »Stop«*

Ich finde es einen guten und beruhigenden Gedanken, wenn Marije van den Berg meint, dass wir nicht sofort und für immer mit allem aufhören müssen. Zuerst gut beobachten und gute Gespräche führen. Und dann, wenn die Zeit dafür reif ist, handeln. Bleibt noch die Frage, wann die Zeit reif dafür ist. Ich vermute, dass dieses Timing sich von Aktivität zu Aktivität und Vorhaben zu Vorhaben unterscheidet. Und ich wünsche mir von Herzen, dass das Stoppen nicht aus Angst vor neuem und unbekanntem Terrain verzögert wird, sondern dass wir Personen, die voraus denken, freistellen, um neue und unbekannte Dinge auszuprobieren, sodass das Aufhören leichter fällt, weil es bereits ein Beispiel gibt, wie es sein kann.

9.3   Falsche Perspektive: Sinn von Unsinn trennen

Im Augenblick ist es schwierig, sich im Rahmen der Corona-Debatte kritisch zu äußern. Ehe man sich versieht, wird man mit allen möglichen skurrilen Personen in einen Topf geworfen, oder genau aus dieser Ecke in den sozialen Medien mit einen Shitstorm überzogen. Immer häufiger werden Drohungen geäußert. Menschen werden vorsichtiger oder aber expliziter in ihren Aussagen. Ich empfinde diese Entwicklung als besorgniserregend. Die Medien und Regierungsvertreter benutzen Kriegsterminologie über den Umgang mit dem Virus: wir werden es besiegen, eindämmen, niederschlagen … So entsteht der Anschein, als wäre man ein Deserteur oder Verräter, wenn man diese Vorgehensweise in Frage stellt. Natürlich müssen wir uns in Krisenzeiten eines kollektives Narrativs bedienen, um die erforderlichen Maßnahmen zur Reduzierung der Ansteckung zu ergreifen. Zugleich wird diese Beschränkung jedoch durch Gruppen, die sich mundtot gemacht fühlen, als Zensur aufgenommen. Eine spannende Dynamik, in der Sinn nicht immer von Unsinn zu unterscheiden ist.

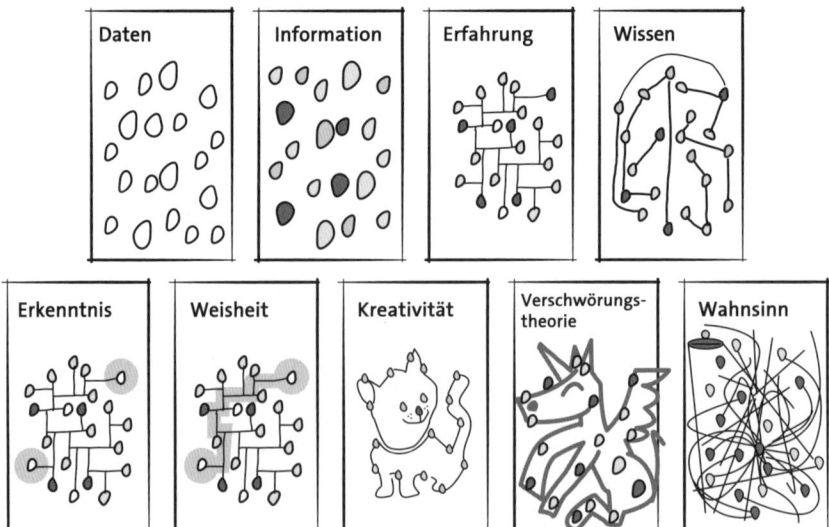

Abb. 9–2   *Menschen brauchen Geschichten, die sie aus den vorhandenen Informationen erschaffen.*
(Quelle unbekannt)

Diese Spannungen werden nicht für jedem direkte Auswirkungen auf den Arbeitsalltag haben, doch eine beträchtliche Anzahl von Menschen muss die Corona-Maßnahmen gegenüber Mitarbeitern, Kunden, Schülern, Familienmitgliedern und Klienten erklären und durchsetzen. Das RIVM gibt Richtlinien vor, im Rahmen derer man eigene Entscheidungen in Geschäften, Schulen, Theatern und Büros treffen kann. Das kann heftige Diskussionen auslösen, und ich erwarte, dass diese in den kommenden Wochen eher noch lebhafter werden.

Sinn von Unsinn trennen

Wir müssen lernen, mit der Unsicherheit durch das Corona-Virus zu leben, dürfen unser Leben aber nicht komplett davon bestimmen lassen. Meine ich. In dieser Unsicherheit suchen viele Menschen nach Halt und so haben wahnsinnige Verschwörungstheorien die Chance, sich schnell verbreiten. Die Herausforderung ist, gemeinsam Wege zu finden, um zusammen zu arbeiten, zu leben und zu bestehen. Bei vielen Dingen werden wir Experten vertrauen und unseren eigenen Weg durch all die aufkommenden Meinungen und Geschichten finden müssen. Ich gebe im Folgenden elf Tipps, um zu eigenen Schlussfolgerungen zu kommen.

Elf Tipps, um zu eigenen Schlussfolgerungen zu kommen

Wenn es darum geht, Menschenleben zu retten, sind die meisten Menschen bereit, Opfer zu bringen. Aber wir wollen uns dann auch sicher sein, dass die anderthalb Meter tatsächlich nötig sind und dass das Tragen einer Maske wirklich funktioniert. Stimmen die Berechnungen und Schlussfolgerungen der Experten? Diese Einschätzung lässt sich besonders schwierig treffen, da offenbar unterschiedliche Schlussfolgerungen existieren, die logischerweise mit zunehmenden Erkenntnissen immer wieder angepasst werden. Wir werden mit der Unsicherheit leben lernen müssen, dass wir es nicht genau wissen. Hat man sich gerade mit der einen Erklärung angefreundet, folgt ihr bereits eine andere. Zudem unterscheiden sich das Vorgehen und die Meinungen regional. Die Verschwörungstheorien fliegen nur so durch das Internet … Es ist wichtig, den eigenen Kopf zu gebrauchen, doch wie trennt man Sinn von Unsinn? Zu Unterstützung habe ich elf praktische Tipps zusammengestellt, um im Wirrwarr der Informationen zu eigenen Schlussfolgerungen zu kommen.

1. Niemand sieht die ganze Wahrheit. Vielleicht kennen Sie die Geschichte von der Gruppe blinder Männer, die dem König gemeinsam beschreiben sollen, was ein Elefant ist. Der eine beschreibt den Rüssel, ein anderer ein Bein und wieder ein anderer die Ohren. Schnell geraten sie darüber in Streit, wer die beste Beschreibung liefert, bis sie die Beschränktheit der eigenen Wahrnehmung erkennen, ihre Beobachtungen zusammenführen, miteinander vergleichen und so gemeinsam zum Bild des gesamten Elefanten finden. Sobald man von der eigenen Meinung überzeugt ist, liest man oft nur noch die Quellen, die diese Meinung bestätigen. Hüten Sie sich deshalb vor einem Tunnelblick und ziehen Sie die eigenen Ansichten regelmäßig in Zweifel. Stellen Sie Fragen, hören Sie auf andere Meinungen und lesen Sie auch andere Artikel. Akzeptieren Sie, dass immer auch entgegengesetzte Meinungen geäußert werden und finden Sie Ihren Weg dazwischen. Seien Sie sich als Experte Ihrer eingeschränkten Sicht auf die Details bewusst und machen Sie das transparent.

2. Unerwartete Entdeckungen. Wenn jemand von etwas schreibt, »das noch niemand entdeckt hat«, haben Sie möglicherweise etwas Einzigartiges vor sich. Nun ist es an der Zeit, genau nachzuforschen, ob diese Neuigkeit brillant oder Unsinn ist. Bleiben Sie besonders wachsam, wenn dazugesagt wird, »dass niemand es hören will«. Das kann natürlich bedeuten, dass diese neue Erkenntnis der bestehenden Ordnung nicht passt, es kann aber auch sein, dass der Schreiber auf Sensation aus ist. Dann sind genauere Nachforschungen angeraten.

3. Den Experten erkennen. Facebook ist eine andere Plattform als eine medizinische Fachzeitschrift. Jemand, der jahrelang ein Fachgebiet studiert hat, weiß vielleicht mehr, als ein Studieneinsteiger. Ein emotionsgeladener Nachbar, der alles Mögliche behauptet, ist nicht immer der beste Ratgeber. Informationen aus vagen Quellen sollten Sie mit der gebotenen Vorsicht begegnen. Sorgen Sie dafür, dass Sie in der Lage sind, Expertise zu erkennen, und ihre eigene Expertise oder ihr Fehlen deutlich zu machen. Informieren Sie sich dazu über jemandes Reputation, über die Fundiertheit einer Nachricht, die Laufbahn einer Person, frühere Publikationen, die Institution, von der die Nachricht stammt. Und ... seien Sie sich Ihrer eigenen Voreingenommenheit gegenüber der Glaubwürdigkeit bestimmter Menschen, Zeitungen und Institutionen bewusst.

4. Sprachgebrauch. Bleiben Sie wachsam, wenn Sie einen wichtigtuerischen Text voller Fehler und Emoticons vor sich haben. Wenn jemand behauptet, »im Namen der gesamten Bevölkerung« zu sprechen, dann überprüfen Sie, inwiefern dem wirklich so ist. Vielleicht handelt es sich dabei um einen Versuch emotionaler Beeinflussung. Versuchen Sie, hohle Phrasen auf konkrete Dinge zurück-zuführen, um wirklich zu begreifen, worum es geht. Hüten Sie sich vor Einzeilern. Manchmal treffen Sie den Nagel auf den Kopf, oft aber auch nicht. Seien Sie sich der Kraft von Einzeilern bewusst und setzen Sie sie klug ein.

5. Ihre eigenen Emotionen. Wenn ein Text oder ein Bild Sie emotional stark anspricht, sollten Sie herauszufinden versuchen, woran das liegt. Berührt es eine Sehnsucht, eine Hoffnung, eine Angst? Der Impuls kann sein, es schnell auf den sozialen Medien zu teilen, vorzugsweise in Verbindung mit einer deut-lichen Meinung. Prüfen Sie, ob an der Geschichte wirklich etwas dran ist und ob Sie sich an der emotionalen Verbreitung beteiligen wollen.

6. Die eigenen Sehnsüchte kennen. Seien Sie sich darüber im Klaren, worauf Sie hoffen und wonach Sie sich sehnen. Die Wahrscheinlichkeit ist groß, dass Sie nur noch auf die Meinungen hören, von denen die von Ihnen erwünschte Situa-tion unterstützen wird. Doch die richtige, wahrheitsgetreuste Information ist nicht immer die, die Sie hören wollen. Folgen Sie Ihrer Intuition, aber lassen Sie sich nicht von ihr blenden. Scheuen Sie sich nicht vor Kritik und bleiben Sie neu-gierig auf die Geschichten anderer, auch wenn diese schmerzhaft sind.

7. Fake Accounts, Fake News. In den sozialen Medien gibt es viele Fake Accounts, die von Original Accounts kaum zu unterscheiden sind. Überprüfen Sie Informationen besser zweimal, ehe Sie sie für wahr halten und weitergeben. Weisen Sie andere auf diese Fake Accounts und Falschnachrichten hin und … legen Sie selbst keine Fake Accounts an!

8. Folgen Sie der Spur des Geldes. Unabhängige Information existieren praktisch nicht. Wenn Sie von einem Standpunkt angetan sind, dann prüfen Sie, wer an dieser Wahrheit ein finanzielles Interesse haben könnte. Und finden Sie heraus, ob das schlimm ist. Und andersrum: Machen Sie es transparent, wenn Sie selbst an irgendetwas ein finanzielles Interesse haben.

9. Die Details lesen. Eine fundierte Meinung bildet man sich nicht auf Basis von Überschriften. Machen Sie sich die Mühe, sich in die Materie zu vertiefen. Lesen Sie einen Artikel von Anfang bis Ende. Greifen Sie zu einem Buch, hören oder schauen Sie sich Dokumentationen an und informieren Sie sich breit. Lesen Sie auch die Dinge, die scheinbar zu Ihren Ideen im Widerspruch stehen. Vor allem bei komplexen Themen ist Zurückhaltung angebracht. Wenn Ihnen die Information zu kompliziert erscheint, dann halten Sie sich mit Ihrem Urteil zurück und suchen Sie nach einem Experten, der Ihnen bei der Deutung behilf-lich sein kann (siehe Punkt 3).

10. Am Rauschen vorbei hören. So gern wir sie auch strukturieren möchten, Kommunikation ist ein wüster chaotischer emotionaler Prozess. Fortwährend laufen zur gleichen Zeit Machtspielchen ab: der oder die Cleverste der Gruppe sein wollen, Gewohnheiten und Privilegien bewahren wollen, Überzeugungen verteidigen und Handlungsspielräume erobern wollen. Um einander wirklich hören und zu neuen Erkenntnissen gelangen zu können, müssen wir an diesem Rauschen vorbei weiter einander zuhören. Stellen Sie Ihr Urteil zurück und suchen und finden Sie. Sie können unsere globalen Fragestellungen ohnehin nicht als einzelne Person lösen.

11. Wahrheit ist Macht. Wem man geglaubt, der hat die Macht, die Welt zu beeinflussen. Das ist weder richtig noch falsch, sondern eine Tatsache. Und diese Macht hat zwei Seiten: die Macht, öffentliche Aufmerksamkeit und Recht einzufordern, und die Macht, Dinge unter den Teppich zu kehren. Bleiben Sie wachsam, wenn Menschen behaupten, dass sie im Besitz der absoluten Wahrheit sind. Der Kern unserer Demokratie besteht darin, einen Weg zu finden, alle Meinungen zu hören und eine gemeinsame Geschichte zu finden, der alle folgen können. Nicht einfach, aber durchaus bedeutsam. Die Alternativen, diese Corona-Krise zu überwinden, sind somit auch das Resultat eines moralischen Streits: Von welchen Stimmen lassen wir unsere Entscheidungen stärker beeinflussen? Was glauben wir und was nicht?

9.4 Falsche Hoffnung: Achtung vor Cargo-Kulten

Bereits an anderer Stelle in diesem Kapitel schrieb ich: Hoffnung hält Sie in einer Realität verankert, die nicht greifbar, gefühlt jedoch durchaus möglich ist. Manchmal erhofft man etwas, das unmöglich und völliger Unsinn ist und niemals eintreten wird. Das ist falsche Hoffnung, und die hält Sie in einer nicht existenten Realität gefangen, die gefühlt möglich ist, aber nie zur Realität werden wird. Ab und zu von etwas zu träumen, das es nicht gibt, ist wundervoll, doch zu lange und mit zu viel Hingabe betrieben, wird es unvernünftig und manchmal selbst gefährlich.

Da wir im Moment vieles nicht wissen, müssen wir unsere Hoffnung auf irgendetwas gründen. Wenn es um das Ende der Corona-Maßnahmen geht, höre ich viele verschiedene Optionen. Manche haben ihre Hoffnung auf einen Impfstoff gesetzt. Andere auf einen besseren Schnelltest. Auf Vorbeugung. Auf Menschen, die den sogenannten *deepstate* (Staat im Staate – Anm. d. Übers.) aufrollen. Auf eine Gruppe außerirdischer Echsen, die uns befreien werden. Auf die Idee, dass das in Kürze alles verbeizieht und wir einfach in unser altes Leben zurückkönnen. Auf … Suchen Sie sich etwas aus.

Wenn ich genau wüsste, worauf es sich lohnt, seine Hoffnung zu gründen, würde ich es Ihnen verraten. Aber ich weiß es auch nicht. Leider. Doch eines weiß ich sicher – Glaube und Hoffnung sind gut (und Liebe auch, immer). Ich weiß, dass Perspektive, eine gute Zukunftsgeschichte und Vorstellungskraft unabdingbar ist, um eine erst noch zu erschaffende Zukunft zu verwirklichen. Und dass man sich nicht in falschen Hoffnungen verstricken will. Unter diesem Aspekt muss ich in diesen Wochen oft an die wahre Geschichte des Cargo-Kults denken.

Cargo-Kult

Im Stillen Ozean entwickelte sich um 1900 ein Cargo-Kult, eine Warenkult, der auf mehreren Melanesischen Inseln jahrelang Bestand hatte. Kolonialmächte hatten auf diesen Inseln ihre Basen aufgeschlagen, die sie mit Hilfe von Flugzeugen versorgten. Die Inselbewohner beobachteten, wie ein ums andere Mal aus dem Bauch der Flugzeuge verschiedenste Güter zum Vorschein kamen: Kleidung, Nahrung, Medikamente, Waffen. Für sie waren all das unbekannte Dinge, sie hatten keine Vorstellung, wie sie hergestellt wurden und schrieben den Flugzeugen göttliche Eigenschaften zu. Und – sie wollten diese Güter auch. Sie beobachteten sehr genau, welche Rituale die Militärs vor der Landung ausführten und ahmten sie nach. Sie bauten Landebahnen, entzündeten Feuer, sie befestigten Holzstücke wie Kopfhörer auf ihren Köpfen und benutzten lange Bambusstöcke als Antennen.

Um ihre Chancen zu erhöhen, bauten sie auch hölzerne Flugzeuge. Stunden über Stunden warteten die Melanesier in der Hoffnung auf Waren neben ihren Landebahnen. Ab und an ahmten sie militärische Paraden nach, um dem Ritual noch mehr Kraft zu verleihen. Alles genau so, wie sie es bei den Militärs beobachtet hatten. In der Hoffnung auf ein Flugzeug, das niemals kam. Die Form war perfekt, alle Vorschriften waren eingehalten, die Rituale hatten sie

→

> perfekt ausgeführt, doch mit ihren Annahmen lagen sie komplett daneben. Die Cargo-Kulte hielten lange an, unter anderem wegen Stress und Traumata aufgrund des Kulturschocks, den diese Menschen durch den Kontakt mit den Militärs erfuhren. Doch die Flugzeuggötter ließen sie im Stich und die erträumten Waren blieben aus. Unterdessen wurde durch die falschen Hoffnungen ihre eigene traditionelle Gemeinschaft zerrüttet und das Land verwahrlost.
>
> Ich hoffe inständig, dass die Hoffnung auf einen Impfstoff kein Cargo-Kult ist.

Hüten Sie sich vor falscher Hoffnung

Glauben Sie an etwas voller Hingabe, doch folgen Sie Ihrem Glauben nicht blind. Führen Sie für alle Dinge, die Sie in diesen volatilen Zeiten mit voller Hingabe tun, regelmäßig einen Realitätscheck aus. Vermeiden Sie, wochenlang hart an etwas zu arbeiten, das sich vielleicht als Hirngespinst entpuppt. Rituale geben halt, aber Sie wollen sie sicher nicht für etwas aufführen, was von Anfang an keinerlei Erfolgsaussichten hat.

Woran man dann glauben soll? Das liegt ganz bei Ihnen. Träumen, hoffen und glauben Sie und bleiben Sie wachsam. Entscheiden Sie sich gemeinsam mit Ihrem Team für eine Perspektive und legen Sie los. Ganz gleich, wofür Sie sich entscheiden, wichtig ist, was Sie denken, sagen und tun. Denn Menschen formen Kulturen und Kulturen formen Menschen.

Ich hoffe …

… dass wir bewusster leben und uns als Menschen nicht länger über die Natur stellen werden und diese lediglich ausbeuten.

… auf die Kreativität, auf die Tatkraft von Menschen, die Anpassung von Betrieben, und auch auf eine neue Generation von Unternehmer:innen, die Chancen erkennen.

… dass wir uns schnell wieder um den Hals fallen können.

… dass die meisten Menschen etwas taugen und ihr Mitgefühl, ihre Kreativität und Flexibilität zeigen.

… dass genügend Menschen in unserem Umfeld diese COVID-Periode ernst nehmen.

… dass Kinder und Jugendliche Wege finden, sich gut zu entwickeln. Ich gönne ihnen den Spaß, den ich früher hatte.

… dass jeder Mensch etwas für sich findet, das auch jetzt funktionieren und Hoffnung für die Zukunft bieten kann.

… dass wir gemeinsam nach dem suchen, was funktioniert, wobei wir »Gegner« ernst nehmen, ohne dass sie per se ihren Willen bekommen.

*… dass wir weiterhin Menschen unsere Zuwendung schenken, die sie derzeit unglaublich dringend brauchen. Zuwendung ist eines der billigsten und doch kostbarsten Dinge auf Erden. – **Erfahrung aus dem Feld***

9.5   Wir können das

Für Sie und mich ist eine Pandemie etwas Neues, doch als Menschheit haben wir schon häufiger große Katastrophen erlebt und überstanden. Ich hoffe, dass uns diese Reise an einen Ort bringt, an den wir gehören. Wer weiß, vielleicht treffen wir uns ja unterwegs. Suchend. Findend. Und ich hoffe, dass wir einander dann Abkürzungen zeigen, Tipps für neue Routen geben und Geschichten über schöne Aussichtspunkte erzählen werden. Ein bekanntes Sprichwort über Leben und Verändern sagt, dass es nicht um das Ziel geht, sondern um die Reise. Das gibt mir Halt. So gesehen sind wir jetzt alle genau da, wo wir hingehören.

Was nun, wo alles wichtig ist?
War'n wir hier dann also doch umsonst?
Ich weiß schon lang nicht mehr
Doch das reicht völlig aus

Alles ist gesegnet
Vielleicht kommt alles hin
Und alles ist zu belegen
Auch weiß ich oft nicht wie
Ich weiß nicht, was wir tun
Es scheint genug

Typhoon & Freez – »Alles Is Gezegend«

Anhang

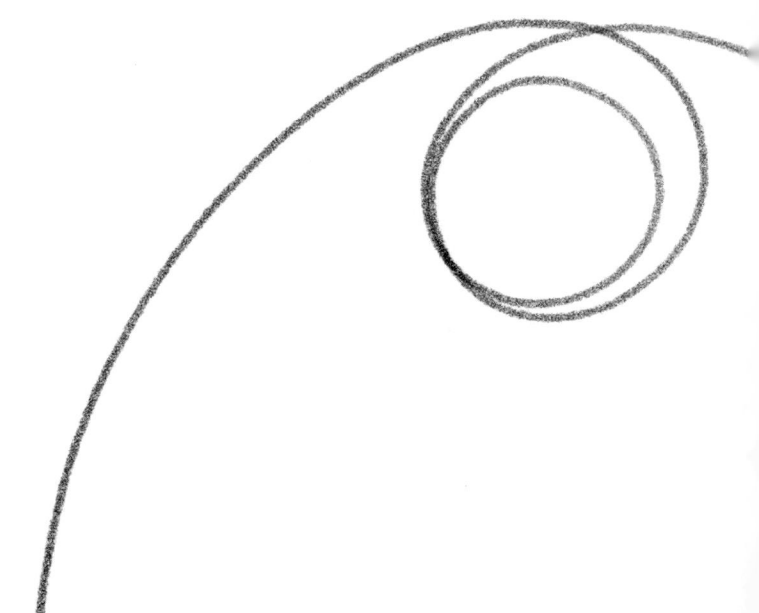

A1   Quellen und weitere Informationen

Kapitel 2

- Kalervo Oberg: Cultural Shock: Adjustment to New Cultural Environments; Practical Anthropology 7 (1960), S. 177–182
- Dieses Kapitel ist eine überarbeitete Version des früher als longread erschienen Artikels »Corona cultuurshock: crisis of transformatie?«, Jitske Kramer, April 2020. PDF-Download oder online lesen: *https://www.managementimpact.nl/artikel/corona-cultuurshock-crisis-of-transformatie-longread-van-jitske-kramer/*
- Vortrag »Als dit een Film was…« am 10. April 2020 in Zusammenarbeit mit Collectief Ruimte om te Raken: *https://www.youtube.com/watch?v=XprTCX1sMPY*
- Heim-Webinar »Cultuurshock« am 16. April 2020 in Zusammenarbeit mit Denk Producties: *https://www.youtube.com/watch?v=BFe4xnG6oRU*
- Hier ist die Infografik zum Phänomen Kulturschock zu finden: *https://www.youtube.com/watch?v=ek6WtrhDLp8*

Kapitel 3

- Die LinkedIn-Onlineumfrage, die ich am Beginn dieses Kapitels erwähne, wird in einem Artikel von *Het Financieele Dagblad* zitiert. Ich habe die Zahlen von dort übernommen, konnte die urspüngliche Quelle jedoch nicht finden. *https://fd.nl/achtergrond/1361606/eenzaamheid-grijpt-thuiswerkers-naar-de-keel*
- GitLab hat sein wundervolles Unternehmenshandbuch zum hybriden Arbeiten öffentlich zugänglich gemacht. Unter *https://about.gitlab.com/handbook/* gibt es eine ausführliche Übersicht. Dort finden Sie Antworten auf viele Ausstattungsfragen, die Ihnen beim Aufbau Ihrer eigenen hybriden Arbeitskultur helfen können. (Danke an Erwin Blom für diesen praktischen Tipp.)

- Das Schema der sechs Niveaus hybriden Arbeitens von Matt Mullen-weg habe ich über *Frank Watching* kennengelernt. *https://www.frankwatching.com/archive/2020/06/25/thuiswerken-5-niveaus-communicatie/*
- Sie wollen mehr über Organisationskultur und darüber, wie Menschen Tribes formen, wissen? Dann schauen Sie sich diese Bücher an:
  - Danielle Braun, Jitske Kramer: Corporate Tribe – Modelle und Werkzeuge für Führung, Management und Organisation; Schäffer-Poeschel, 2018
  - Danielle Braun, Jitske Kramer: Building Tribes – Reisgids voor organisaties; Management Impact, 2018

Kapitel 4

- David Marquet: Reiß das Ruder rum! – Eine wahre Geschichte über Führung und darüber, wie Mitarbeiter zu Mitgestaltern werden; dpunkt.verlag, 2020
- Adam Kahane: Power and Love – A Theory and Practice of Social Change; Berrett-Koehler Publishers, 2009
- Studie des CNV zu mentalen und physischen Beschwerden bei Heimarbeitern: *https://www.cnv.nl/actueel/nieuws/nieuwsdetail/cnv-onderzoek-thuiswerker-vaker-last-van-fysieke-klachten/*
- Mit Dank an Stijn Thiecke, der mich auf diese recht aktuelle Studie zu den unterschiedlichen Stressreaktionen von Männern und Frauen hingewiesen hat: S.E. Taylor, L.C. Klein, B.P. Lewis, T.L. Gruenewald, R.A. Gurung, J.A. Updegraff: Biobehavioral responses to stress in females: Tend-and-befriend, not fight-or-flight; Psychological Review, 2000, 107(3), S. 411–429
- Information über Armut hinter der Haustür (PDF-Download von *SCP.nl*): *https://www.scp.nl/publicaties/publicaties/2020/07/09/verwachte-gevolgen-van-corona-voor-scholing-werk-en-armoede*

Kapitel 5

- Danielle Braun, Jitske Kramer: Corporate Tribe – Modelle und Werkzeuge für Führung, Management und Organisation; Schäffer-Poeschel, 2018
- Keith Johnstone: Improvisation und Theater; Alexander, 2018
- Danielle Braun, Jitske Kramer: Building Tribes – Reisgids voor organisaties; Management Impact, 2018
- Danielle Braun, Jitske Kramer: Jam Cultures: About Inclusion; Joining in the Action, Conversation and Decisions; MGMT IMPACT PUB, 2021

Kapitel 6

- Ein guter Artikel über die anthropologische Analyse von Online-Kommunikation: Elizabeth Keating: Why do Virtual Meetings Feel So Weird?; 20. Oktober 2020. *https://www.sapiens.org/language/nonverbal-communication-online/*
- Jitske Kramer: Deep Democracy – De wijsheid van de minderheid; Management Impact, 2014
- Danielle Braun, Jitske Kramer: Building Tribes – Reisgids voor organisaties; Management Impact, 2018
- Für noch mehr Tipps über Technik und Herangehensweise an Online- und Hyprid-Meetings: Matthijs Steenveld: Hybride – Organiseer interactieve bijeenkomsten. Van vergadering tot training, online & offline.; Uitgeverij Positieve Psychologie Nederland, Leiderdorp, 2020

Kapitel 7

- Im September 2020 hielt ich vor TEDx Wassenaar einen Talk über Stille mit dem Titel »Silence – The Forgotten Human Skill«. *https://www.youtube.com/watch?v=gDr_GW4JnJ0*
- Absatz 7.1 »Plädoyer und Anleitung für mehr Zweifel« wurde bereits früher veröffentlicht unter dem Titel »aarzel niet te tewijfelen« in LoopbaanVisie, Januar 2020.

- Absatz 7.2 »Wo Worte fehlen, spricht die Stille« wurde bereits früher veröffentlicht als Artikel in TVOO, März 2018.
- Verweis in diesem Artikel auf: E. Dries: Gewoon Quakers. Wie zijn de Quakers en wat doen ze. Een stripboek voor beginners; Religieus Genootschap der Vrienden (Quakers), Groningen 2015.
- Absatz 7.3 »Der Rhythmus der Stille« wurde bereits früher veröffentlicht als Artikel im LFK Magazine, Auflage 12, Dezember 2020.

Kapitel 8

- Danielle Braun, Jitske Kramer: Building Tribes – Reisgids voor organisaties; Management Impact, 2018

Kapitel 9

- Marije van den Berg: Stop. – Stopstrategie voor organisaties; Uitgeverij Thema, Zaltbommel, 2020.
  Auf *www.goedstoppen.nl/downloads* findet man Arbeitsformen, um genauer festlegen zu können, womit man stoppt.
- Bis Juli 2020 war ich Mitglied des Break-Out-Teams und habe in Gesprächen mit verschiedenen Team-Mitgliedern (Thijs Vink, Evelien Ketelaar, Teun Toebes, Rick Brink, Pieter Lossie und Eva Wals) die elf Tipps, um Ihre eigenen Schlüsse zu ziehen, zusammengestellt.
- Interview in *De Volkskrant* mit Geriater Rudi Westendorp:
  https://www.volkskrant.nl/nieuws-achtergrond/in-denemarken-is-de-tweede-golf-alweer-voorbij-wat-doen-ze-daar-beter-als-ik-hier-geen-mondkapje-draag-dan-krijg-ik-vragen~b39b0742e/
- Für die Orakel-Übung nutze ich gern die Twynstra Gudde Karten, die man über *managementboek.nl* bestellen kann:
  https://www.managementboek.nl/boek/9782100000159/twynstra-gudde-kaarten-twynstra-gudde

A2   Über die Autorin

Jitske Kramer bereist die Welt, um von traditionellen Heilern, Führern, außergewöhnlichen Innovatoren und beliebigen Passanten zu lernen. In Zeiten von Corona reist sie vor allem virtuell und durchstreift täglich das Internet auf der Suche nach Geschichten und Mustern.

Sie betrachtet die Welt und Organisationen mit den Augen einer Anthropologin. Das Fachgebiet *Kulturelle Anthropologie* geht der Frage nach, was es bedeutet, unter Menschen innerhalb und außerhalb von Organisationen menschlich zu sein. 2012 etablierte sie die Methode *Deep Democracy* in den Niederlanden und hält dazu gemeinsam mit ihrem Team von *Human Dimensions* zahlreiche Trainings. Sie ist immer auf der Suche nach Wegen, starke Tribes aufzubauen und die gegenseitigen Beziehungen zu festigen. Jitske trägt ihr Wissen mittels kraftvoller Vorträge und Masterclasses in die Welt von Organisation, Zusammenarbeit und Führung – um die Stärke und die Ergebnisse von Einzelpersonen und Gruppen zu verbessern (und die Welt einfach ein bisschen schöner zu machen). Es ist ihr Ehrgeiz, Organisationen zu aktivieren und sie für alles und jeden ungeheuer anziehend zu machen. Und am liebsten auch noch schrecklich einfach. In ihren Geschichten wird Vertrautes fremd. Und Fremdes wird vertraut.

Dr. Jitske Kramer (1973). Kulturanthropologin. Sprecherin. Unternehmerin. Facilitatorin. Gründerin von Human Dimensions. Trainerin des Jahres 2013. Autorin von *Normaal is anders!*, *Deep Democracy – De wijsheid van de minderheid*, *Wow! Wat een verschil*, *Jam Cultures – Over inclusie: meedoen, meepraten, meebeslissen*, *Voodoo – Op reis naar jezelf via eeuwenoude rituelen* und Ko-Autorin von *De Corporate Tribe* (Managementbuch des Jahres 2016) und *Building Tribes*. Arbeitssprachen: Niederländisch und Englisch. Mehr Informationen:

www.jitskekramer.nl
www.humandimensions.nl

Jef Cumps

Soziokratie 3.0 –
Der Roman

Das volle Potenzial von Menschen
und Organisationen freisetzen

→ Aus dem Englischen von Stefan Roock

2021
256 Seiten
zweifarbig, Broschur
€ 26,90 (D)

ISBN:
Print   978-3-86490-782-1
PDF   978-3-96910-282-4
ePub   978-3-96910-283-1
mobi   978-3-96910-284-8

Auf *dpunkt.de* auch als Bundle
erhältlich

*»Das Buch beschreibt die Geschichte
einer Führungskraft, wie ich sie schon
bestimmt 100 Mal erlebt habe. Eine
Führungskraft, die weiß, dass der Status
quo nicht gut genug ist. Nicht gut genug
für das Business, nicht gut genug für
die Kunden und nicht gut genug für die
Mitarbeiter. Diese Führungskraft macht
sich auf die Suche nach etwas anderem.
Jef erzählt diese Geschichte mit bewun-
dernswerter Ruhe [...]. Gleichzeitig erläutert er mal so nebenbei Soziokratie 3.0.«*
Sohrab Salimi – CEO, CST und
Certified Agile Leadership Trainer
der Scrum Academy GmbH

Dieser Businessroman stellt Soziokratie 3.0
(S3) als ein praktisches Modell für agile, wider-
standsfähige und sinnstiftende Organisationen vor. Auf der Grundlage von Gleichstellung,
kollektiver Intelligenz und einer anpassungs-
fähigen Organisationsstruktur bietet S3 eine
Reihe bewährter Muster wie Konsententschei-
dung, Driver Mapping und Proposal Forming,
um Komplexität zu beherrschen und effektiver
zusammenzuarbeiten.

Erzählt wird die Geschichte der Transformation eines typischen Technologieunterneh-
mens, das aufgrund seines starken Wachs-
tums in Schwierigkeiten geraten ist.
Entscheidungen werden zu langsam getroffen,
es mangelt an Kommunikation und der Team-
geist geht verloren: Das Unternehmen ist in
seinen Prozessen schwerfällig geworden. Als
neuer Geschäftsführer muss Chris das Unternehmen retten und wieder zu Erfolg führen.

Jef Cumps erklärt eindrucksvoll und auf unter-
haltsame Weise, wie eine Organisation so
aufgebaut wird, dass sie nicht nur überlebt,
sondern als humanes, innovatives und wider-
standsfähiges Unternehmen auch gedeiht und
für die Zukunft gerüstet ist.

www.dpunkt.de

L. David Marquet

Reiß das Ruder rum!

Eine wahre Geschichte über Führung und darüber, wie Mitarbeiter zu Mitgestaltern werden

→ Aus dem Englischen von Ralf Lethmate, Urs Reupke und Wolfgang Wiedenroth

2020
266 Seiten, Broschur
€ 24,90 (D)

ISBN:
Print   978-3-86490-737-1
PDF   978-3-96088-990-8
ePub   978-3-96088-991-5
mobi   978-3-96088-992-2

Auf *dpunkt.de* auch als Bundle erhältlich

»Ich kenne kein besseres Modell zur Entwicklung von Leadership als das von Captain Marquet. Sie werden auf den folgenden Seiten ein Modell für Ihren persönlichen Weg finden.«
Stephen R. Covey

»[David Marquet] ist die Art von Führungspersönlichkeit, die nur einmal in einer Generation auftaucht. Er ist die Art von Führungspersönlichkeit, die nicht nur weiß, wie man führt, sondern auch, wie man Führungskräfte aufbaut.«
Simon Sinek

»Reiß das Ruder rum!« ist die faszinierende und packende Geschichte des Marineoffiziers L. David Marquet, der das U-Boot USS Santa Fe von miserablen Leistungsbewertungen hin zur Beurteilung als bestes Schiff der nuklearbetriebenen Flotte der US Navy geführt hat, indem er den traditionellen Denkansatz »Leader-Follower« der US-Marine infrage stellte. Stattdessen gab er so viel Kontrolle und Entscheidungskompetenz wie möglich an sein Team ab und schuf damit einen neuen Rahmen, den er »Leader-Leader« nennt. In seinem Buch schildert er die Ereignisse, Entscheidungen und Prinzipien, die seinen herausragenden Führungsstil und »Leadership auf allen Ebenen« begründet haben.

Mit diesem Ansatz können Sie unabhängig vom Typ Ihrer Organisation und von Ihrer Position Arbeitsplätze gestalten, an denen jeder Mitarbeiter Verantwortung für sein Handeln übernimmt, im Sinne der Ziele der Organisation handelt und jeder Einzelne zum Leader wird.

www.dpunkt.de